ザ・ビリヤード

或る尻軽八十路男の半生譚

the Billiards,

原 一夫
Kazuo Hara

Parade Books

目次

初めての工房
（１９９７年・５５歳）

1章　僕のスタート

初めに

２０２２年1月3日、朝日ホーム居室にて。

「ワォー、正月からえらいまたたくさんの細かい字、書いてるんやねぇ？」

後ろに立った妻比呂子が、僕のＰＣモニターを覗きながらそう言った。

「ちょっと僕の半生の作文みたいな物をつづってんだ」と僕。

「作文！　エッ、それって小説ってこと？　へェー……柄に似合わん小難しいことをやり出したんやね」

「これまでどう生きて来たかとか、日頃頭に浮かんでいる疑問なんかをＷｅｂで調べたりして芋ずる式に書きなぐってるだけだよ。気取って言ったら随筆かな……」

「ふーん、でもお金かかれへんしエエ趣味や」妻らしい感想であった。

しかし、まだあとがあった。

「……あんたならロマンチストなところがあるから『ローマの休日』の続編辺りがええんやない？　どないかしてあの映画のアン王女と新聞記者のジョーを再会させて、結婚まで持って行ったってぇなぁ」


僕は、無言を通した。

「そんな70年も前の化石の様な白黒映画、今時誰が分かる？バカちゃうか！」と、口に出そうだったが止めた。関西弁の倍返しを恐れたのだ。

そんな流れで何とか昔の記憶を手繰り寄せ、ミミズの行進のようだがキーを叩き始めた。

ただ、内容についてはこれを書く前に覚悟した。

「何も遠慮せず自由に、正直に吐き出そう！」をモットーに通すつもりだ。

何故なら嘘を書いたら、後から自分でそれを真面目に読む気にならないだろうと思った。他人は騙せても、どう手懐けても嘘であることを知っている自分を騙す事は出来ないからだ。

ただ真実を記載することは当然僕や家族の生き恥を、晒すことになるやもしれない。だが自叙伝を書くと決めたら、その恥かきの覚悟は大前提の筈だ。

それにこの歳だ、もういいじゃないかと考え直した。この際全部吐き出し過去のしがらみや禍根、後悔を振り切って、もう直ぐ断崖絶壁の高所から天国という緑紺の滝つぼへ一気に頭から「ドボン！」と飛び込む思いで消え去るはずだ。そう考えられるのも八十路という平均寿命を通過した強みと言える。過去の悔恨に居直れるのだ。それに『人の噂も七十五日』、気にするほどの事ではない。

そんな覚悟で僕の八十路までの半生の俯瞰録はやっと始まったのです。

ただ、何しろ八十年です。

色々な出来事が「書きたい」と「思い出しても、時期不詳」の繰り返しでした。でも何とか脱稿しました。ヤッター！ です。

今はもう肩の荷をすべて下ろし、思い残すこともなくヤレヤレという感じです。

出版元の話では、本誌は有名書店の紀伊国屋や国会図書館そしてアマゾン電子書籍にも配本されると言う。予想だにしなかった稀有の体験である。僕の人生最大の打ち上げ花火になるだろう。嬉しいの一言に尽きる。2、3冊でも買って貰えればなぁ。皆様に礼状の一つでも出したい気分である。

ただ、書き終わったエピソードを眺めていると、それらの出来事はすべて夢の中で起こったが如く感じられるのです。そう誰の人生かも分からない、長大な走馬灯を見終わったかのような思いなのだ。

当初本紙は、僕の遺書代わりにと思って書き始めた。遺書は後日、当然人に見せることになる。

しかし……と思った。こんな自画自賛の拙稿を見せるということは、逆に考えれば人に対して僕の口臭を嗅ぐことを強要するに等しい。そう途中で躊躇し出したのです。

と言って書き遺したいという渇望は消すことは出来そうもない。このままでは死に切れない。

「じゃどうする？」、僕は熟考した。そして結論を得た。

「上梓した一冊を僕のお棺に入れてもらおう！ そうしたら、天国でそれを読めばいい。愛読書となって、退屈することはあるまい。It's a good idea! Wonderful.

そう覚悟したらやっと気持ちが楽になり、この回顧録のキー叩きを再開したのです。

前置きが長くなりました。Sorry!

本紙、話の大筋はこうである。タイトルの「ビリヤード」、例えるなら僕の人生は緑のビリヤードテーブルだと言いたいのです。で、そのビリヤード台で僕は最初に転がる手球と呼ばれる白いボールである。

そのボールを弾く棒、キュースティックと言うらしいが、僕のボールに転がる動力を与えてくれる。言うならばそれは神だ。しかし僕は無神論者である。

ポケットと呼ぶらしいが、ビリヤードテーブルの周囲の6個の穴。そのどれかに僕のボールが入ったら、人生のThe end。あの狭いテーブルに穴が6個もあるということは、人生は落とし穴だらけという事だ。

僕の白いボールは今、そのポケットの一つのすぐ手前にいる訳だ。まだポケットまで2、3転び出来るはずだ、多分……。

しかしこれまで転がってきた間に、横から斜めからと当たって、その方向を変えてくれたボールは両手両足指でも数え切れない。振り返えればどのボールも善意に満ち溢れ、僕もまた当てられた方向へ素直に転がった。だからこそ、今の余生があるのだろう。

では僕のこれまでの道程や当ってくれた沢山のボールの幾つかについて、話を進めよう。

母

先ずは、ビリヤード台上の真っ赤なボールである。そのボールは母タキノだ。

僕に人生という膨大な時間と貴重な経験、そして健常な身体を与えてくれたのだから、敬意を表し少し丁寧に説明させて頂きたい。

しかしこれも結論から言うと、皆んなと同じだろうが、僕は母に十分愛されていたことに尽きる。出産の決断には悩んだろうが、何しろ僕は初めての息子だった訳だ。多分何回も抱きしめられ、オッパイを飲んだはずだ。

かっての母との日常を反芻すると、そのことには自信を持って言える。僕を見る優しかった目も直ぐ思い出せる。その自信はこの歳になるとなお更嬉しい。それを身体で覚えているから、僕はもう十分生きたと満足感を持てるのだ。

そう考えるのも80近くになって、身体的に困った症状が出始めたからだ。手脚や顔面にシビレと強張りが広がり、かつ強くなってきたことだ。10年前に発症した脳溢血の後遺症の更なる悪化だ。そのシビレはトイレへ歩くなど体を動かすことでより強くなる。それはまるで左手脚にデンキウナギを飼っているようなビリビリ感だ。多分手足の筋肉内の神経チャンネルで、カルシュウムイオンが怒涛の如くやり取りされていて、強い静電気流を発しているのだろう。そんなシビレでたまらなくなると、無意識に頭の中で、「お母ちゃん……助けてー」と、呟いていることがある。ふっと出るので止めようがない。脳の一部でまだジジイになってない、子供の部分が僅かながらも残っているのだ。このことは妻にはなぜか、話せなかった。普段は何でも喋るのにだ。

そしてそのあとに、時には、「♬……濡れて泣いてるジャガタラお春……」と続くのだ。

母が好んで口遊んでいた唄だ。ネットで見ると、歌手の渡辺はま子が昭和13年に出した「長崎物語」であった。出だしの、「♬赤い花なら曼殊沙華……」は、僕も大昔にラジオかで何度か聞いたことを覚えている。ということは、今の僕に幼児回帰が始まったのかとさえ思えて怖くなる。

そんな僕の中学生の頃の、母との楽しい思い出の一つが寿司屋だ。何かの切っ掛けで、母が僕と義弟Kを寿司屋へ月一くらいで連れて行ってくれた。場所は兵庫区の当時神戸市唯一の繁華街であった新開地と呼ばれた通りだ。

その通りは滑り台とブランコだけの、広い湊川公園の入り口近くから始まっていた。その大通りには映画館やストリップ劇場そして飲食店などが通りの両側に連なっていて、結構昼間から賑わっていた。

母の連れて行ってくれる東（アズマ）寿司は、そんな通りの入口近くにあった。行く前に僕と弟を見て、「お父ちゃんには、内緒やよ」と母は唇に指を立てた。

当時僕たちは、二階建てのまあまあ大きな家で暮らしていた。義父が改装して二階を4部屋ほどのアパートにして貸し、下の玄関の間で母にお好み焼き屋をやらせていた。

お好み焼きの客は近所の人たちや子供たちである。近くにモナミ美容室という店があって、そこの女性の美人オーナーが毎日二人の従業員を連れて、昼食代わりに食べに来ていた。また、家の向い隣の「永久糊」という会社の従業員もお客であった。そんなことで母にはヘソクリがあったのだ。

その寿司屋で注文するのは何時も「盛り合わせ三人前」であった。朱で縁取った黒塗りの寿司桶を覚えている。当時僕らにとっては大御馳走で、弟と卵焼きが入っている巻き寿司にかぶり付いた。赤身のマグロなど握りも数個入っていて、本当に美味かった。

そんな二人を母は満足そうに見守っていた。そしていつも、「じゃ、これお食べ」と言って、母はいつも自分の寿司桶の中の伊達巻の厚い帯状の卵焼きを二つに切って、僕と弟に分けてくれた。僕たちがそれを好きなことを知っているからだ。最後に、やっと落ち着いたという素振りの弟が、顔が隠れる程の大きな湯飲みでお茶を飲んで、終わるのだった。

将来僕が歩けるようになったら、母を偲んでもう一度訪れたい寿司屋である。まだやっていればそこに座ると母の優しい笑顔が思い出せるだろう。

誕生

ただ僕の出生は単純ではない。最も当時の戦後間もない世間では、その手の話は掃いて捨てるほどだったろうが。マリリン・モンローと同じだ。まだ孤児院に入れられなかっただけマシと思うべきかも。

僕は先の大戦の最中に生まれ、父の名も顔も知らずに育った。母は若い頃、実家の淡路島を単身飛び出し大阪で生きて行ったと言う。その一つからも、僕の出生もおおよその想像がつく。ただ、その無鉄砲さには敬意を持っている。むしろ誇りにさえ感じている。母は自分のビリヤード球の方向を、その度胸で自ら変えたんだから。僕には怖くて到底まねできない行動だ。

母は僕の父親の思い出話は何一つ教えてくれず、50歳の若さで他界した。肝硬変だった。僕が結婚6年目の時だ。ちょっと斜に構えた写真館で撮ったような、若い時の母の写真を一度見た記憶がある。縦縞の着物姿であった。セピア色に焼けてはいたが、お爺さんに似たのであろうきれいな眉と目鼻立ちのすっきりとした、面長な美人であった。幼い時に母が三味線を爪弾いてるのを聞いた記憶も、うっすらながらある。

母はその容貌からもそして酒好きであったということからも、淡路島という地味な田舎には収まらない奔放な性格であったのだ。だが、瓦と稲穂だけの風景、加えて兄嫁の独楽鼠のように働く毎日を僕も見ていたので、母が出奔した心情は十分理解出来る。僕もそういう弾ける部分のＤＮＡをよく自覚するからだ。

僕の実父についての情報は、次の一事だけであった。

故郷を捨てた母と幼児の僕が大阪で世話になった山崎という姓の老夫婦に、娘さんが一人いた。みよこねえと呼んで、僕は小さい時からよく面倒を見て貰っていたようだ。15歳くらい上だった。彼女から実父の話を初めて聞いた。彼女は結婚し、戦後尼崎市の杭瀬という所に住んでいた。子供の頃に一度だけ、僕は彼女の家へ泊りがけで遊びに行った。いつごろのことかもう覚えていない。

その日の夜二人だけになって、話してくれた彼女の昔の記憶では、「あんたのお母さんはなぁ、若い時に故郷の淡路島から一人で家出して大阪へ行ったんよ。そしてあんたの実のお父さんについてお母さんはなぁ、大阪の学生さんやって言ってたんよ。……付き合って、あんたが生まれたくらいやから、大学生やろな……」と話してくれた。

更に、「戦前はお母さんは羽振りがよかったようよ。私の母の話では、幼いあんたの着物姿の写真が家に何枚もあったって……全部、空襲で焼けたんやなぁ……」とも話してくれた。

だが彼女自身は、僕の実父の写真は見たことはないと付け加えた。それらは彼女の老母から聞いた、又聞きの話らしい。脚色もあろうが、それだけでも僕には十分だった。

それらを合わせると、「母は若い時、結構飛んでたけれど一時なりとも真面目な恋をした」と想像したい。もし母が、実家を単身飛び出した尻軽の単なる突っ張り娘だったら、もっと世間ずれしていただろう。僕という子供が宿った時、堕ろすという選択肢も当然知っていたはずだ。その母がその恋を全うしたことは、僕が誕生している事実が証である。その一点だけで僕は満足した。その確信も僕の大切な宝物である。

そして母は大阪がB29の爆撃に曝された時、僕を背に裸同然で実家の淡路島へ必死で舞い戻ったのだ。焼け出され、何一つない女一人の焼け野原の中のその道中は、想像を絶する過酷なものであったろう。実家にはまだお爺ちゃんが健在だったが、戦災とはいえ兄嫁の切り盛りするそこへ、親子二人が転がりこんだのだ。肩身の狭い思いはもちろんのこと、蓄えも収入の道も当然なかったのだ。この歳になってそれを考えると、一人の女性としての母が哀れで、胸が熱くなる。

ただお爺ちゃんが夜、僕と母の寝起きする敷地内の納屋のような部屋へ頻繁に来てくれたのは覚えている。多分食べ物でも差し入れてくれていたのであろう。

母が帰郷した当時の様子は、二人の妹、即ち僕のおばさん達からもその後僕が淡路島を訪れるたびによく聞かされた。母のその様子は、多分近所の噂になっていたのだろう。

「タキノ姉さんはのう、お前さんを背におぶってボロボロの破れ着物一枚で、サンバラ髪のコジキのような格好で帰って来て玄関の前に立ってたんよう……まるでユウレイのようじゃったのう」と、何回も聞かされており、間違いない。

おばさんたちの話し振りには、多少の毒が感じられた。それは母が若い時突っ張り娘であって、自由を得ようと家出したのだ。それが出来なかったおばさん達には、母へのやっかみ半分の気持ちが多少なりともあったからだろう。当時の周りの、母への視線が想像出来た。

淡路島へ逃げ帰ったのは自己保全も勿論あったろうが、背中の僕の命の比重も母の中では大きかったと思う。それらの状況証拠から、僕の実父は戦地に駆り出されて戦死したか、大阪で爆死したのであろう。そうでなければ絶対母と僕を探し当ててくれた筈だ。今は静かにそう信じよう。僕は母に感謝する気持と共に、熱くなる目を閉じた。

今思うと、僕が実父のことを意識するようになってから、逆にそのことを母に何も聞けなかった。それを聞くと母を困らせることが、子供心に何となく分かっていたからだ。

だが最近頓に思うのだが、母は親の責務として、死に際にでもせめて実父とのことの真相を一言、大人になっていた僕に語っておいて欲しかった。いや強引にでも僕が聞き出すべきだった。そうすれば、僕にもちゃんとルーツがあると、人生でもっと胸を張って生きられたであろう。

小学生の高学年の時であった。母は郷里淡路島で再婚した。その経緯も結果も、当時僕は何も知らなかった。その義父と一緒の家で一度母と僕の二人だけになったことがあった。その時、何かの拍子に僕が義父のことを、「……本当のお父ちゃんじゃないことは、僕は分かってるよ！　……」と母に強く言ったことがあった。母はそれに何の反応も示さなかった。僕がそこまで言っているのに、である。

で、話は飛ぶが、会社定年直後のホーム入居から25年を経て、目出度くと言うべきか、残念ながらと言うべきか、今年八十歳を迎えたのだ。

これで僕の誕生のあらましをお話ししたことになる。ついで僕の幼児期以降から、社会人となり、そして、このホームに入居するまでのことも綴っておきたい。それで僕の半生をすべて俯瞰することになる。

鼻柱骨骨折

中学生のころまで僕は、ポカンと口を開けて何時も口呼吸をしていた。顔面の鼻柱骨を折っていたからだ。

それは先の戦時中だから僕が三つ四つの幼児期。どういう縁なのか京都の北方丹波へ母と疎開していた。雪深い福知山の、辺境の地である。

ある日外で遊んでいた僕を、家から、「カズオ、お好み焼き、焼けたよ！」と昼飯を告げる母の声がした。雪の中ヨチヨチ歩きの僕は、やっとのことで家に入った。ところがその時、座敷の上がり框の沓脱石の手前で転び、運悪くその石で顔面を強打した。鼻血が止まらず危険な状態であったらしい。母が、「もう1㎝鼻の上を打ってたら死んでたって、お医者さんが言ってたよ」と後日、何回か話してくれた。

また、容貌が気になりだした中学生の時、

「その事故の前はカズオは鼻筋が通っていて、斜めからは反対の目が、見えないくらいだったんだよ」

と僕の顔を見ながら、母が話したのをはっきりと覚えている。僕にとっては、最も聞きたくない残酷な話題だ。それでなくても左の鼻に指を入れると、骨折して突き出た骨に触り、嫌が上にもそのことを再確認するわけだ。余程強く打ち当てたのだ。その容貌のせいで、中学のころから僕は人前で目立つのを避けていた。何時しか無意識に集団を離れていた。写真を撮られるのも大嫌いだった。

中学の卒業旅行で伊勢へ行った。たまたま担任の先生と宿で二人で話す機会があった。先生は、「……ハラ君はいつも、本当におとなしいなぁ」と、感心するように言われた。本心は目立ちたくないだけなのに。そんな劣等感の反動で、幼い時の転倒事故を呪った時期もあった。母やお爺ちゃんはきれいな鼻筋だった。本来なら顔付きは母親似なのだから、あの事故さえなければ容貌で悩むこと等なかったのにと、何回も悔しい思いをした。だから母から転倒事故の話を聞くまでは、僕は実の父親が鼻の低い余程不細工な男だったんだろうと、思っていた。

傷付き易い中学生のころのあだ名は「キュウリ」であった。鼻を打ったせいで、いわいる受け口なのだ。周囲は遠慮会釈のない子供である。面白そうにそのあだ名を呼ぶ。そんなクラスメートの声は、グサ、グサと胸に突き刺ささった。黒板にキュウリの絵を描かれたこともあった。僻みの鎧を付けた僕には、友達はいなかった。そんなことから、皆んなと群れるのは苦手だった。だから一人で空想する時間が余計に楽しくなったのだ。

だが高齢者と言われるようになった今、自分の容貌に拘泥するのはバカらしくなった。定年を過ぎた頃から、人と交わる機会も減った。それでやっと鼻柱骨骨折の呪縛から解放された思いになった。いや、鼻に拘っているほどの時間の余裕が、自分には残っていないことを悟ったのだ。……だが、そのことを、ここにわざわざ書くということは、心の底にまだその怨念が沈殿しているのかも。

中学時代

初恋、それはピンクのビリヤードボールである。

僕は戦後、淡路島から神戸へ転居した。小学校はH小学校。校門の記憶だけで担任の先生など全く記憶ない。

中学校は兵庫区のM中学。2年の時、同級の女の子二人に憧れのような少し甘酸っぱい感情を初めて持った。元より大人になって想う、女性への情感とは異質であった。「好きだ」と、口にするほどの強いものではまったくなかった。遠くから憧れチョイ見する程度だ。

しかし後から考えると、それが僕の淡い初恋だったのかも。初恋の相手が同時に二人というのも、女たらしの素質があって今思えば誇らしい。二人ともその顔を今でも明瞭に思い出せる。この記憶の鮮やかさも、僕の痴呆症のバロメーターになるかもと思って大事にしている。

一人は、噂では北区の山の中にある病院の院長の娘さん。名前がカタカナ2文字だった。右腕をちょっと後ろ向きにまっすぐ伸ばし手の甲を上向きにして、無意識だろうが気取った歩き方をする娘だった。特に美人顔ではなかったように思うが、その気取った歩き方が何とも魅力的だった。健康そうなピンクのホッペで、ずーっと後になって読んだマンガのサザエさんの娘、ワカメちゃんのようなイメージで、おかっぱ頭の子だった。

もう一人は学校の近くに住む、長いお下げ髪の女の子。こちらは瞳の大きい凄い美人だった。笑った時、左口元に小さなえくぼが出来た。もちろん二人共、僕は親しく話したことなどなかった。

気取ったカタカナ2文字の娘とは、こんなことがあった。一度クラス全員で「赤い風船」という映画を観に行った、多分フランス映画だったと思うが。

先生に連れられての、団体観劇だった。場所は神戸の繁華街、新開地の中の聚楽館という外国映画専門の大きな映画館。初めて洋画を観た。その時スクリーンがよく見える真ん中辺りで、彼女と偶然隣同士に座るよう割り振られた。僕は緊張して、スクリーンにはまったく集中出来なかった。だから覚えているのは、赤い風船が青空高く舞い上がって行った終盤のシーンだけで、ストーリーはまったく記憶に残ってない。加えて、席を立つまで別に彼女から話し掛けられたわけでもなかった。見ごとな空振り三振！　で終わった。

ただ後者のお下げ美人とは、ちょっと嬉しいエピソードが実際にあった。中学何年かの時、そのお下げの娘から一度だけ年賀状を貰ったのだ。これは当時の僕にとっては、天地が逆転したかのような大事件であった。

元旦、母から「カズオにも、これ、来てるよ」と一枚の赤っぽい年賀はがきを差し出された。慌てて手に取って見ると、小西O子とそのお下げの美人の名があった。「よく知らん子やと……」母に平静を装った。と同時に、内心、「な、なぜ、僕に！　何んなんだろう?」と動転した。まったく彼女の意図が理解出来なかったのだ。「明けましておめでとうございます」と自筆の一行の青インク文字が光っていた。きれいな女文字であった。確かにあて名は僕になっている。でも僕の住所はどうして？　とは思ったが、胸ドキドキで後は何も考えられなかった。

学校でも彼女と話した記憶はなかった。第一僕は、例の鼻柱骨骨折で異性との会話なんて、何時も夢のまた夢状態であった。ただ賀状は彼女の父親のそれを利用したものだった。住所は印刷され、父親の名前の印字は、黒マジック線で消してあった。はがきを太陽で透かしたり、マジック線を消しゴムで消したりして、父親の名前を目的もなく探り当てた。でも数文字にしろ自筆で書いたくらいだから、僕に何か感情があったはずだ。単に賀状が余ったからというようなことではないだろう。数日は深夜まで、空想と深読みの森をさ迷った。

もう少し大人だったら、それを機会に少なくとも賀状で返事は出すだろう。だが僕は何もしなかった。返信まで気が周らなかった。当時年賀状は、新年の大人の挨拶だと思っていた。それだけではない。冬休みが終わって学校で彼女に会った。なのに、「年賀状、ありがとう」の一言も僕は掛けなかった。いや、掛けられなかった。何と勿体ない！

悩んだ末、僕はC級の別法を取ったのだ。後日、年賀状の住所を頼りに、僕は学校の近くのお下げ美人の家の前の素通りを3回も決行した。That's It. 無理もなかった、僕の青春時代には、まだ大分間があった。

その後は残念ながら彼女とはまったく何も、起こらなかった。その年賀状はずっとどこかに隠してクシャクシャになるまで持っていたはずなのに、何時しかなくしてしまった。今あればずっと眺めていたいお宝になったろう。もし身体がよくなったら、神戸のそのお下げ美人の娘が住んでいた辺りや中学校をもう一度訪ねてみたいと思っている。……僕はストーカー?

以上が、中学時代唯一の僕の女難騒動だ。

三木先生

先生は、情熱的な真っ赤なボールである。

中学時代、先の女難事件等以外にクリアーな思い出がもう一つある。

美術の三木先生だ。小柄だったが威厳のある強面の雰囲気を、何時も漂わせていた。当時は十分なオッサンに見えたが、今思えば三十を一寸出たくらいのまだ若い先生だったと思う。髭剃り後が青かったのと、ツイードというのか厚手の紺系のスーツ姿を先ず思い出す。四角ばった赤ら顔で、オールバックのザンバラ髪だった。それで髭剃り後の、青さが強調されて見えた。瞳が特異な灰青色だったのも、記憶として残っている。そんな先生だったが、ただ一つ今考えてもドキドキする痛い思い出がある。

ある日の三木先生の美術の授業が終わった後、先生は僕を含めた三人に教室の掃除を命じた。先生が居なくなって、僕らは竹箒でチャンバラごっこではしゃぎ回った。僕には珍しいおふざけであった。そんな時、知らぬ間に先生が入口に立っていた。と、すごい剣幕で、「貴様ら、三名、そこへ並べ！」の後、「両脚を拡げろ、歯を食いしばれ！」烈火の命令であった。

多分僕らは青くなって、Freeze 状態だったと思う。心臓がバクバクしたのを覚えている。バシッ、バシッ！　往復ビンタが三人に飛んだ。殴られたのは人生で初めてだった。何がそんなに悪かったのかも、自覚すらも出来なかった。頭の中はただ真っ白で、為されるがままであった。大きくよろけたのを覚えている。室内にいた四十人ほどの生徒はシーンと静まり返っていた。

先生は軍隊経験者であった。街中では、まだ白い着物姿の傷痍軍人がアコーデオンを弾きながら、道端で座っていた時代である。この往復ビンタ事件は、いい意味で中学での懐かしい思い出である。それで生身の先生と触れ合ったような思いになった。今はむしろ先生に「ありがとうございました」と言いたいほどの貴重な痛い記憶だ。

広辞苑

僕は中学生の時は、友達は一人しか覚えていない。K君である。何が切っ掛けで付き合いだしたのかは思い出せないが、何回か彼の家へ遊びに行った記憶は確かだ。彼にも他に友達はいなかった。

家は学校から道路沿いの、すぐの所にあった。大きな両開きの木の扉で、塀越しに見える洋風の家は正にお屋敷だった。行ったら地味な着物姿の彼のお母さんが、ケーキなどハイカラなお菓子と紅茶をいつも出してくれた。当時僕は紅茶なんて口にしたこともなく、その単語すら知らなかった。それも大きな応接間のソファに座って食べるのだ。彼のお父さんは、現在でも食品会社として社名を聞く大きな会社の常務だったか専務かだと、彼は言っていた。

K君は目鼻立ちのすっきりした中学生だったが、特に鼻は、鼻柱骨骨折の僕には羨ましいくらい立派な鷲鼻であった。しかし蓄膿症だったのか、いつも鼻声で話した。低い声だったので却って僕は、魅力を感じていた。

彼との付き合いで、思い出すのは、三つ。

先ず、多分美人だったと思うが、雪子さんという色白の妹さんがいたこと。その子とは軽い挨拶を交わす程度だったが、彼から名前は、「冬に降る、雪という字だ」と教えられた。

さらに思い出すのは、彼の雑談の中で出た、言葉である。「父親はいつも家にいない。月に数回来るかな……」と言っていた。微妙な言葉で当時はよく理解できなかったが、今思えば彼のお母さんは正妻ではなかったのだ。

当時僕が住んでいた兵庫区荒田町の家でも、既述の通り義父が二階の4室ほどをアパートにして貸していた。その北側の一室に、若い女性が入っていた。その部屋へは、時々年配の男が出入りしているのが噂になっていた。近所の人が母に、親指を立てて「今日も、これ来てるようやな？」と、薄笑いを浮かべて、陰口を漏らしていた。そういう時代であった。

それともう一つ、そのお母さんについて鮮やかな記憶がある。

何回か彼の家へ行くようになったあるとき、お母さんから、「いつも息子と、遊んでくれてありがとう」というような言葉を掛けられ、プレゼントを貰った。それは、背表紙に黒く「広辞苑」と印刷された厚みが10㎝近くあるケース入りの重い辞書であった。「遊んでくれて……」という言葉は、当時意味がよく理解出来なかったが、家に持って帰った。母が「何、それ！」とびっくりしていた。当時僕自身もその用途をはっきり分かってなかった。僕の家には、本棚はもとより、一冊の本もなかった家庭だった。

ここを書くに当たって、ちょっと広辞苑のウィキペディアを覗いて見た。「１９５５年（昭和30年）出版」とあった。そう、中学生の僕がその広辞苑を貰ったのは、初版本だったのだ。著者の新村出著と印刷された博士の名前は、広辞苑のタイトルと合わせて、表紙の小さな黒い活字で、今でも思い出せる。辞書は四六判だったろう。分厚いが、少し小さかった。

表紙の裏に、その日付と原一夫と、大きく青いインクでサインしたのを覚えている。貰ったのが余程嬉しかったのだろう。考えてみれば、僕が日本語に興味を持ちだしたのはその辞書に与かることがところが大きい。ちょっと新聞で知らない単語や熟語があると「待ってました！」とばかり、すぐそれで引いた。それは結構楽しい遊びだった。それで漢字に抵抗が無くなったともいえる。ページをめくる時に、紙が薄いなぁとも感じた。

しかしネットを覗くと広辞苑は、３０００頁強で１５００万字を収載しているとあった。今書いているこの小品は19万字で、それでも僕はフウフウ言いながらノックダウン寸前だ。新村博士のご苦労は想像すら出来ない。集積された一冊の本で母国の言語を持てるという事は、大変な幸運である。博士に敬礼！　だ。

そんな流れは、青年期の僕を小説を読み始める方向へ誘ったようだ。

最初に読みだしたのは、ハッピーエンド満載の源氏鶏太のサラリーマンシリーズ。

そして、随筆に出会った。『パイプのけむり』である。作曲家、團伊玖磨によるエッセイである。週刊誌『アサヒグラフ』(朝日新聞社)で、1964年から1000回以上にわたって連載され、2000年に同誌が休刊するまで続く長期連載となった名著だ。それが単行本になったお蔭で、僕はそれに出会ったのだ。確か6巻まで読んだと思う。その軽妙かつ上品な表現に虜となった。この『パイプのけむり』という球が僕に当たってくれたのも幸運だった。文章に品位を感じたのは初めてだった。

そして読書に没頭し出した僕は、続いて当時の三大・大衆文学雑誌、小説新潮、オール讀物、小説現代などの月刊誌に出会った。どれも安くて、多数の作家が載せていた。その中で、今はポルノと称する作家の作品も、もちろんよく読んだ。当時はエロ作家又は官能小説家と呼ばれていた。川上宗薫や宇野浩一郎等の作家達である。それらの作品に没頭？　した。

そしてそれらに飽きてきたころ、司馬遼太郎、松本清張、黒岩重伍、渡辺淳一らに興味が移った。

取り分け黒岩重伍については、学徒出陣も経験し株暴落で膨大な借金まで作った。そして大阪、釜ヶ崎の通称ドヤ街と呼ばれる日雇い労働者専用アパートの、階段下の部屋で暮らすような経験を持つ作家である。

更に彼はその間、腐った肉を食って小児麻痺に罹かったりと苦難は続いたが、それらのうっ憤を原稿用紙にぶちまけたのだ。キャバレーのホステス募集の文章書きが高じて、懸賞小説に応募し出したと言う。幸運を自らの力でもぎ取った、正に小説のような経歴の持ち主である。それらを記した黒岩の自伝小説も読んだが、心にバンバン響いた。

そんな暗鬱な作品があるとか思えば、現地取材による「サン・マルタン運河」シリーズのような、パリを旅行しているかのような想いにさせる恋愛作品群もあった。黒岩の感性と才能であろう。度胸もない僕には到底出来そうもない、無頼な生活ぶりに惹かれた。

別の作家の自叙小説で「暗い室内で、夫婦で覚醒剤のヒロポンを打ち合い……」というような、正に無頼を地で行く様な小説家もいた。僕は当時、小説家というのは、自分の人生を切り売りして有名になって行くんだなぁ、と思ったものだ。僕が小説を書けないのは、無頼な生き方をしていないからだ。一寸恥じたような、思いも持っていた。

そんな僕の中で、大御所的存在の小説家は司馬遼太郎であった。司馬物は歴史長編であることと、語りだしの一節の切れ味の凄さに魅了された。

右の六氏の小説で、安価な文庫となったものは、ほぼ読破したのではないだろうか。そのころは、何を差し置いても読書だった。小説の中で主人公になり切ってゾクゾク、ワクワクしていた。

ただ、清張だけは読んでいる途中から、異質な恐怖を感じていた。氏の小説は、その後何回かテレビ化されたが、本のような緊迫感はまったく感じられず、紙芝居のようで見る気をなくした。

その辞書、広辞苑は社会人になっても何十年も持っていて、よく使った。昨今はその座をPCのネットに明け渡しているが、今も僕の本棚の「ローマ人の物語」34冊の隣に並んでいるとばかり思っていた。しかしこの行を記しながら、その棚を見たが広辞苑はなかった。いつの間にか、僕の青春時代は無くなっていたのだ。しかしその頃が、大衆小説の黄金期であったと認識している。

高校時代・三村先生

ビリヤード台上では、その先生はイメージからネイビーブルーのボールである。

１９５８年（昭和33年）、僕は市立R工業高校、工業化学科に入学した。

三村先生は僕の高校3年間の工業化学科の担任であった。今でも「安芸、池本、井田、市岡、岩崎、上田、宇野、大池……」と毎朝出席を取る、先生のしわがれた声とぎょろ目の立ち姿が脳裏に蘇る。大正時代のような丸レンズのメガネ姿と青白いのっぺりとした顔は、紺色のスーツ姿と合わせて明瞭に思い出す。スーツにチョークの白い粉が付くと、授業中でも中指の指先でひつこく払っていた。実にダサイ先生だった。まだ三十そこそこで若かったと思うが、当時は中年のオッサンに思えた。

そんな真面目な先生だが、出席を取りながら、「お前たちはホントに元気だな、たまには徹夜の勉強で遅刻しましたなんて、オレを驚かすような冗談を言えんか……」などと、まったく面白くもないイントロをしわがれ声で、飛ばしたりした。

また時には、「お前たちは勉強が出来過ぎるから、風邪は引きそうでないな」とイヤミも混ぜる。それは先生も気に入ったのか「今日も欠席なしか」の後に、その一言を加え悦に入っていた。

それらは本人は気付いていないようだが、その風貌には全く似合わなかった。ただ子供が4人いると知って、先生もやるじゃんと思ったものだ。それに僕たちも、先生のいない陰では、「丸メガネのセンコ野郎！」と呼んで、ガキ的な抵抗はしていた。

でも当時、休憩時間に先生が僕らのつまらない話に加わる等、先生と生徒の距離感は近かったと思う。それも工業高校で三年間同じ担任ということで、そのような雰囲気が自然と醸成出来たのだ。

学校は国鉄舞子駅から10分ほど北へ上った高台に建っていた。因みに、後日六甲高専となって、その校歌で「♬……港都神戸の舞子台……」と歌っている。校舎から見晴らせば、左眼下の国道の向こうは白砂清爽の舞子の浜が見下ろせた。夏は海水浴で賑わう須磨海岸である。その向こうは瀬戸内の青い海だった。校舎はバラック5棟ほどの即席の長屋だったが、各科の実習室だけは別で、コンクリート2階建ての威容を高台に誇っていた。当時は舞子駅からそれがよく見えた。ちょっと美化し過ぎて記憶は怪しいが、ピサの斜塔の様な円錐形の建物だったと記憶している。多分本当は、普通のコンクリート二階建てだったろう。

余談になるが、まだ健常だった二十数年前、一度妻と明石まで鯛の塩釜焼きを食べに旅行した。舞子辺りはマンションが正に林立していた。そんな建物群の隙間からパラパラ漫画的に、山側の風景が辛うじて散見されるだけであった。残念ながら、もう旧知の明媚な風景は変貌してしまっていた。しかし、塩釜焼きには二人とも、堪能した。

各学科の実習室の設備も充実していた。選んだ工業化学という学科は僕に合っていた。暗記しなくても化学反応などは、理屈で理解できる。そのことが面白かった。

例えば、有機化学の中島先生は、「リトマス試験紙には、リトマスゴケの主成分のアゾリトミンやレカノール酸という成分が染み込ませてあるんだ。その成分が、アルカリ度7以上の溶液と反応すると青色の塩を作る。あるいはそれが、7以下の酸と反応すると赤い塩を作って赤色に変色する。このため、試験紙はアルカリ性や酸性のPHで変色するんや」とかである。

また別の日には、「物の色というのは、その物質の反射する太陽光の波長が物によって変わるからや。その極端な例が白色だ。白く見えるのは、物に当ったすべての太陽光が反射されると、目には真っ白に見えるんだ。だから光源元の太陽は、全波長の光を出すから白色や」しかし、太陽光を直接目で見るな！　目を傷めるぞ、と付け加えた。

また、「光が物に当たって特定の、例えば青の波長の光だけが反射し、残りの波長の光が物にすべて吸収されると、その物特有の青色として目に認識されるんだ……。しかしなぁ……こんなこと、お前らは初めて聞いたような、ポカンとした顔をしてるが、中学校で既に習ってるはずやぞ……中学の授業、例によって、お前らイビキかいて寝てたんやろう。オレは全部お見通しや」と嫌味を混ぜた。しびれるような名調子で話していた。

が、時たま、「オイ！　そこの寝てるヤツ。お前のイビキの波長、オレにはすぐ伝わってるぞ。起きろ！　もう5分ほどで昼飯や！」と声を荒げたかと思えば、急に口調を変え、「……で、リトマス試験紙やけど、色の変化、分かったか？　無理か……じゃぁな、お前たちでも覚えやすいようにタダで教えてやる。いいか、リトマス試験紙は――だれかサン（酸）に会ったら、赤くなる――……意味は分かるやろ。こう覚えろ！　これやったらお前らみたいな、ニキビ面のバカでも、覚えられるやろ、いいな。これで、終わる！」。

独演会を聴いている気分であった。頭髪を七三に分けた国立大出の真面目顔だけに、かえってその口説は可笑しかった。そんな先生の授業態度は、今だったらＰＴＡから訴訟物だったろう。

僕には有機の中島先生が言った、白い色は全部の可視光線が反射された結果だということは中学で習った記憶はなかった。でも新鮮な知識だった。そこには合理的な理屈があったからだ。だから有機化学は実習もあり、取り分け面白い授業になった。面白いと、より真剣になり成績は上がるが、もう順位などはどうでもよかった。学校へはそんな感じで、通っていた。

当時生徒の悪ガキと言えば、学生ズボンは細いピシピシのマンボズボンと称するものが流行った。学生服のズボン前の筋目をわざわざ3㎜ほど縦にミシン縫いして貰い、筋が通っていると粋がっていた。どれも膝の出た疲れたズボンだったので、かっこいいはずは無かった。そのミシン掛けを金を取って斡旋するヤツもいた。

更には2、3年生になると黒の学生帽にポマードを塗りたくるのだ。それをグランドの砂にこすり付け、授業中に歯ブラシで磨き、ピカピカに光らす生徒もいた。灰色に光っただ薄汚いだけのそんな帽子のどこに魅力を感じていたのやら……。しかし煙草を持ち込むなどの生徒はまだ居なかった。

当時ヒロポンという麻薬が新聞を賑わしていた。が、僕たちには外の世界だった。このように言えば化石人間とホメられ？　そうだが、今思えば生徒はまだ子供こどもしていた。言い古された言葉だが、正に今とは隔世の感があった。

僕は既述のように高校は、創立2年目の入学生であった。僕の工業化学科以外に、電子工業科、精密機械科、土木建築科と、全部で4学科あった。しかし在学している1回生と僕達2回生を合わせても、その当時の在校生は総勢３２０名程度の小さな学校であった。

この高校は近い将来、高等専門学校（高専）に昇格すると言われていた。そうなると僕の学校名はその時点で、消滅するという。入学直後そう同級生から聞かされた。僕は実父の名が不明だけではなく、社会へ巣立つ巣箱の高校まで名前がなくなるのかと、複雑な気持ちであった。

高専は5年間掛けて実践的技術者の育成を掲げていた。僕らの工業高校とはスケールが違うようだった。事実、高専一期校は4年後の１９６２年（昭和37年）に開校している。入試の競争率が17倍だと、新聞を賑わせた。驚いたのは、高専5年生となれば公立大学の3年生に編入が可能だと聞いたことだ。

心配した校名は、当初は、神戸市立R高等専門学校として残った。しかし僕が卒業した5年後、神戸高専となった。一応当初だけでも高校名のRの文字は残り、面目は微かに保った。

僕の入学した高校は、各科約40名。入学したら、担任も生徒もそのまま3年間入れ替えはなく卒業する。だから科同士の対抗意識が強かった。

運動会などはここは軍隊かと思うほどであった。それが近づくと授業終了後、必ず工業化学科など各科の一期生の先輩が全員に集合を掛ける。校舎の前の広場で応援の練習である。周りはすべて畑。いくら怒鳴ろうが太鼓を打ち鳴らそうが、文句は出ない。3時に授業が終わっても約2時間、選手以外はじっくりと応援練習。これにはほとほと参った。一回生の先輩は自分たちのエネルギーのはけ口よろしく、ここぞとばかり僕達下級生をしごくのだ。「お前らや俺たちが、この学校の新しい校風を創るのだ」は、先輩たちの口癖だった。少しはそう思っているのだろうが、それは先生たちの受け売りだ。単純な先輩たちは気持ちがいいだろうが。こちとら下級生はいい迷惑だ。

運動会当日、先輩達はどこから調達したのかシワシワの羽織姿。袴はなく、膝の出た黒い学生ズボンにねじり鉢巻き。大正時代のそれがやりたくて、僕らをしごいたのだ。

市立校だったからか、翌日ローカルな神戸新聞の端っこに羽織姿の運動会の写真が、小さく載った。早速廊下に3枚もそれが張り出してあった。今思えば、高校生と言っても可愛いものだった。

高校も卒業が迫ったころ、僕は大学受験は、何故か全く考えもしなかった。この理由は今も分からないのだが、強いて推測すれば担任の三村先生の声掛けだった。「ハラ、今後の事、どうする、進学か就職かやけどな?」と、最初に話し掛けてくれていたら、僕はもっと大学を重大な事として考えていたと思う。新鮮な知識には興味があったので、勉強は好きだった。しかし後述の通り、先生からはいきなり就職先の会社を紹介されたのだ。僕は付和雷同型である。無批判でその方向に沿ってしまったのだ。

その時テニス部のFキャプテンが大阪経済大学へ進学するというのは聞いていた。そのことは頭にチラッとは浮かんだ。希望してたら義父は、大学へ行かせてくれたと思う。というのも、僕の高校時代の成績は、クラスで何時も上位だった。という今言うのもおかしいが、当時の学校教育は暗記主義に偏り過ぎていたと思う。その気にさえなれば、ちょっと集中したら誰でも上の方に入れたのだ。僕の成績は、たまたまその時その気になっただけだ。同級生に、H君とI君という、共に色白の秀才顔の生徒が二人いて、3年間どうしても彼らを超えて、1番にはなれなかった。

2章　社会へ

就職

そんな中である日、担任の三村先生から、「ハラ、ちょっと教員室へ来てくれ」と声を掛けられた。僕は就職のことだなと、ピンときた。3年生になると、先生達はざわついてくる。特に僕の学校は、新設ホヤホヤの工業高校である。学校はちょっとでも良い会社への就職の実績を作りたくて、先生たちは連日の企業行脚であった。僕が職員室へ行くと、

「……早速やけどなぁ、ハラ、就職の件や。大阪の竹山製薬から来てるんだが、どうや?」

そう聞かれても、その会社も知らないし、返事のしようがなかった。

「何人で、行くんですか?」

「いや、お前一人だ」

そう聞いて内心、参ったなぁと思った。クラスで人気のある就職先は、神鋼ファウドラーという、地元神戸にある大会社であった。工業用反応釜のグラスライニング（反応釜内部のガラスコーティング）をやっている会社だった。同社には第一回生が3名も入っており安心できた。そこへ入社した先輩達も学校へ来て仕事の内容や新入社員の初仕事などを、僕らに話してくれた。

担任が僕に勧めた竹山製薬には、誰も先輩が入っていない。当時はチラッとその会社の名前は聞いたことがあるな、という程度であった。先生は、「……今年初めて、この会社から一名だけ求人が来たんだ。大手の薬会社だぜ!」と付け加えた。

この誘いも、後から考えて運命だなぁと思う。大手の製薬会社で今年初めて学校へ募集が来たのである。もしそれが良い就職先なら、成績がクラスで一番のH君か二番のI君に、担任の三村先生は回すはずだ。それが三番目の僕に受験するよう、先生は声を掛けてくれたのだ。多分、エンジェルの悪戯だったんだろう。

先生から竹山製薬に誘われたが、しかしここでも僕の小心さが頭をもたげた。その会社では頼れる先輩がいないのが、不安だったのだ。すると担任は、僕の胸中を見透かしたように、

「まぁ、ダメモトで行ってこいや。朝10時集合やから、昼飯くらいは出してくれるよ」と、笑いかけた。

会社は大阪に近い「ジュウサン」という駅で降りる、と先生は言った。一人だけだが受けざるを得なかった。

昼飯の一言で、どんな会社かも知らず、何をやらされるかも分からないまま受験する会社が竹山製薬と決まった。神戸の三宮まで市電。そのあと初めて阪急電車に乗って、十三

（ジュウソウ）駅まで行った。先生の言った「ジュウサン」ではなかった。二つ向こうの終点の駅は大阪一の繁華街、梅田である。

僕には受験する竹山薬品が阪急電車の十三駅近くにあるというのも意外だった。医薬品という一寸高級感を思わせる商品が、ネオン瞬く繁華街のすぐ近くで造られていたからである。

僕が30歳頃の昭和46年（1971年）にコメディアンの藤田まことの「十三の夜」と題する歌謡曲がヒットし、テレビによく流れた。良く澄んだ低音で、僕も好きだった。その歌詞の中で「♬……梅田離れて中津を過ぎりゃ思い出捨てた十三よ……♬」と歌っていた。それは医薬品とはどう転んでも僕の中では何か違和感を抱かせた。

会社に通うようになっても、その落差の違和感は解消しなかった。

先ず小道の名称である。十三駅の東改札口を出てすぐ右に折れると、幅2m強の小道が30m程会社への通勤路としてあった。道の右側は高さ2mほどの石垣でその向こうを阪急神戸線が走っている。

左側は四畳半ほどの広さの店の飲み屋街の庇が、押し合いするように暖簾を連ねている。

その小道は「小便横丁」と呼ばれていた。店を出た酔客が阪急電車の石塀にやらかしてしまうのだ。自慢じゃないが？こんな道は東京には絶対ないだろう。

そして駅を出て広い道路が交差する十三ロータリーを渡った直ぐの所が、十三東口商店街である。十三唯一の享楽街だ。幅10m、長さ300m程の広い通りである。僕がよく通ったG寿司もそこにある。

道の左右にはネオンキラキラの一寸いかがわしい店が連なっていている。黒服のお兄さんや超ミニスカート総天然色のお姉チャンが「ちょっと寄って行かない！　いい娘がいるよ……」などと呼びかけて来る。いい気になって店に近寄ると「お一人様ご案内！」の大声と共に強引に店内へ拉致される可能性がある。意外にもそんな十三の駅から500mくらいの街中に、竹山製薬大阪工場はあった。

で、就職受験日当日。僕は詰襟の黒い学生服姿で、受験場のその大阪工場へ出かけた。十三駅から歩いて5分ほどで、左に3面ほどの赤土のテニスコートが緑の金網越しに見えた。更に竹山薬品診療所と看板が掛かった建物の前を歩いた。それに続くコンクリートの塀内沿いの、旧そうな2階建ての灰色の建物を過ぎてすぐのところに、竹山薬品大阪工場の大きな両開きの正門があった。対面に阪急電車・神戸線が走っている。

正門横の小さな通用門から社内に入った。左右に7階建てほどの、大きな建物があった。左の褐色の新しい建屋の屋上を見上げると、直径数メートルもあろう丸い3面の立体的な看板が大空に屹立していた。それは各面に、赤い三角のロゴマークが付いていた。

「あっ、あのマーク！」と、テレビでよく見たそれをすぐ思い出した。去年まで見ていたテレビの「月光仮面」のコマーシャルであった。「そうか、あの会社だったんだ！」と、僕はテレビの広告だけで単純に感激した。それにその丸い看板は、飛行機からも見えると思われるほどの巨大な広告塔であった。

正門右の建屋は7階建てほどで左と同じような大きさだが、先の戦争で爆撃されたのか、壁が薄黒く汚れたままであった。門前に立っていた紺色の制服、制帽の警察官のような人に、受験の旨を伝えた。前の建物を指差し、「ご苦労さん、そこの勤労課を訪ねなさい」と言って、ロゴマークの建物の前の2階建ての新しそうな建物を教えてくれた。後に知ることになるのだが、それは中央事務所と呼ばれる建屋であった。

一階のその課へ行くと色白のふっくらとした女性が、試験会場の講堂のような2階の大部屋へ、案内してくれた。受験生は部屋一杯、２００人以上はいただろう。多くてびっくりした。殆どが僕と同じような黒や紺の学生服であった。あとで聞いたことだが、その年の同社への新入社員は、全国で大卒、高卒を含めて４００余人だと知って、もう一度驚いた。新入社員だけで大きな会社が一つ作れるじゃんと、思ったからである。


その昭和36年当時の日本の時勢はすべてがイケイケで、社会全体に若いエネルギーが満ち溢れていた。３年後１９６４年（昭和39年）のオリンピック東京大会。7年後１９７０年大阪万博と、戦後日本の礎を築いた国際的な行事が目白押しであった。万博の岡本太郎の太陽の塔が、再生日本のすべてのシンボルとなった。娯楽もテレビや映画の明るくはち切れるようなものが続出した。映画スターという憧れの象徴となる言葉が、流行し出したのもこの頃である。

その代表が、ハナ肇とクレージーキャッツ。取り分け昭和36年、植木等の「スーダラ節」が爆発的な人気を得たことは、時を得ていた。そして奇遇にも、僕が入社した昭和36年は竹山薬品の創立１８０年周年に当たった。

創業は江戸時代中期だという。明治以降でも僕の入社した当時はまだ１００年ほどだ。その事実は江戸末期、明治、大正、昭和の長きに亘って一企業がリーダーとして、営々と薬業の歴史を紡いで来たのだ。素直に頭が下がる思いである。が他方、明治以降から令和3年の現在までの長さは、１５３年である。逆に考えれば僕の年齢、80歳の2倍に過ぎない。そう考えると己のしぶとさにも感動する。

入社して直ぐ、刀を脇に置いたチョン髷姿の初代当主をレリーフした、８㎝ほどの円形銅製文鎮と紅白饅頭が全社員に配られた。文鎮には「創薬　天明元年」とレリーフされていた。その年号は１７８１年である。それは今も手元に置いて重宝している。竹山薬品店主は歴代その名を世襲し、僕の入社当時は7代目であった。一度、その方が研究所の玄関で、何名かの社員と話しておられるのを見受けた。小柄だが血色のいい大きなお顔で、上品な人であった。

そんな歴史のある竹山薬品だったが故に、僕の配属された技術6課建屋のすぐ裏に、「杏雨書屋」と表札のかかった古い小さな建物があった。何時もは開いてないが、年何回かの一般公開日に一度屋内に入ったことがある。記憶は極めて怪しいが、二階建て裸電球だけの暗い内部は、歴史を感じさせるような紐綴じした毛筆の本が多数並んでいた。後で知ったことだが、それは薬業の歴史書を集めた建屋で、専門の研究者の間では、本草医書を中心とする歴史図書資料館として評価が高いと聞く。それらは財団運営され、今も利用されている。

そんな会社も現在は、フランス人のCEOが経営を担っている。僕達、その会社の卒業生としては一抹の寂しさを覚える。かっては、代々世襲で石橋を叩いても渡らないと、世間ではカビが生えるが如く揶揄された会社が、である。自尊心の強すぎるフランス人トップと、日本人役員の組み合わせだ。危うさを危惧しないと言えば嘘になる。歴史の圧力は、如何ともし難いのだろう。さらなるジャンプだと、受け止める以外にない。

で、僕は入社試験の机に座った。試験の前に、男性の司会者から、会社の概要説明と大阪工場内の簡単な案内があった。国内外の営業所はもちろんのこと、関西では福知山農場や京都薬用植物園などの製薬会社ならではの施設も持っているという。これらの説明でこの会社は、高校で憧れていた神戸近隣の他の会社よりも幾倍も大きいんだと納得させられた。

途端に僕は、こんな大きな会社には絶対ダメだと諦めた。通りっこないと小心さが首をもたげたのだ。何しろ月光仮面の会社である。学校でそれまでに聞いていた就職先の会社名は、どこもテレビには出てこなかった。それだけで僕は委縮した。

試験は数学や国語など学科試験はなかった。テーマは自由だが作文を書くように、とのことであった。ちょっと肩透かしを食った感じだ。製薬会社らしく、リトマス試験紙の問題だったら100点だったのになぁと、残念だった。なにしろ作文なんてそれまで書いた記憶すらない。急に言われて何を書いていいのか、正直戸惑った。もうこうなったら開き直って、今日半日体験したことを頭の中で反芻した。

僕は試験前の会社説明とその前の工場案内で、話してくれたことから「凄いなぁ!」、感じたことを書くことしか思い浮かばなかった。そこでこの会社が、ここの大阪工場の十三から、阪急電車駅一つ隣の活性炭製造の神崎川工場、そして道修町の本社のその3地点間をシャトルバスの定期便が毎日2便も走っていること、そして中央研究所内の研究室の数が多いこと、加えてその屋上の丸い広告塔は空から見れば大阪城と並ぶ都市全体の、ランドマークになるだろうことなどを文章にした。全体として、大会社でびっくりしたという主旨の文面になった。

生まれて初めてと言っていい、作文なるものを書き終わったあと「なんか、ヨイショが多かったかなぁ」と、思い、こりゃやっぱりだめだ！ と完全に自信を失くした。

三村先生の言う通り希望を昼飯に切り替えた。メニューは豚カツだった。分厚くて食い応えがあった。と同時に、昼食が会社から出るというのも意外だった。当時映画やテレビドラマを見ていたので、会社へは手弁当が普通だと思っていたからだ。入社出来ればこんな美味いものが毎日食えるのだ、それも会社で！ 正直、入社したいなぁと思いながら家へ帰った。

余談だが、一昨年78歳のある日、ふっと居室の机に置いてある薄い小冊子を手にした。それは竹山薬品を定年退職した僕たちのような従業員に、年2回定期的に送ってくれる「竹山薬品ニュース」である。主に世界の支社巡りとか新製品の紹介などの記事を載せた薄い冊子だ。それには退職者が投稿するコーナーもあって、毎号4名ほどの人達が短文を載せている。手にしたその号にも

・「ちょっと地球を救いに行ってきます」のタイトルで地球温暖化防止活動をやっている人。

・「共生に生きる」で、小倉カルタや俳句の英訳化を行って、世界の人に発信している人。

その他、油絵を描いている人などの手記が載せられていた。さらそれをめくっていると白紙のマス目用紙が出てきた。投稿希望者はこれに書いて竹山薬品編集室まで送れとのことであった。

「……そうだな、うん！」僕は一度くらい自分も会社の卒業生であることの記念に、これに投稿しておくのもと興味を持った。退職した会社と繋がる糸をまた見つけた思いだった。まだ足跡を残すことが出来るんだと、考えると嬉しくなってキーボードを引き寄せた。それは以下のような文章になった。

タイトル「中央研究所棟が消えた！」 原一夫

十三のランドマークたる丸いウロコ印が聳え立つ、褐色7階建ての中央研究所。昼食で出た楕円形の麦飯アルミ弁当箱、そしてガイド役勤労課のHさんという万葉美人風のお姉さん。この3点セットが60年前竹山薬品の入社試験で阪急十三駅の大阪工場を訪れた時の、僕の思い出である。

その中央研究所が取り壊され更地になったとか！ 最近そう友人から電話で聞いたとき、一瞬、僕のサラリーマン人生が雲散霧消したような思いがした。その4階の実験室と地下の試製室が職場だったが、取り分け試製室での思い出が濃い。

製剤の吸湿試験用デシケータ（調湿用ガラス容器）の薬液を真空乾燥し薬品を回収してやろうと、貧乏根性を起したが、

誤って別の異種薬液が混ざって反応しモクモクと黄褐色の臭素ガスが部屋中に発生。死ぬんじゃないかと一人でアタフタしたことも。

そしてクビになるような話だが30代、南欧の民芸品に魅せられてスペインやギリシャから40㎝ほどの民族服人形を輸入し、妻と二人で短大のバザーに売りにまで行った。

そしてついには退社してそれを商売にと、上司に話したのも地下の試製室。だが、「男のハシカだよ、バカな話は止めて飲みに行こう!」と一蹴され、最後は十三のストリップ劇場にまで誘われ、諭されたことも。

結局その直後、1975年のアフリカ・アンゴラで、独立運動の内戦がぼっ発。ポルトガルの業者に送金した42万円分のインパラ(草原鹿)などの木彫民芸品は到着せず、心配になって問い合わせたが、業者からの「Please believe me……」の青い四つ折りの手紙が最後となった。まったくの一人芝居だった退社騒ぎは頓挫。その試製室の建物も今はなく、上司も逝って久しい。

大阪から、東京、茨城、大阪、山口と転勤し、定年後千葉に終の棲家と、大病までも得た半生。本紙稚拙な時代の懺悔に終始したが、後悔はない。あるのは竹山薬品と妻への感謝のみだ。

最後にお口直しを。本誌で最近笑ってしまった、名古屋支部T氏が詠まれた川柳2首。

・金貯めて使う頃には、寝たっきり
・意味深い、惚(ホ)れると惚(ボ)けるは、同じ文字　了

投稿した僕のその手記は、すぐ次回の「竹山薬品ニュース」に僕の写真と共に載った。

反響はあった。同期の友人や仕事仲間などから電話やメールを貰った。嬉しかったのは、元の研究所の所長からも丁重な手紙を貰ったことだ。その文面から、「何回かの転勤について、軽々に飛ばされたのではない。ちゃんと僕の特性や実績を配慮した上での転勤だったんだ」と分かったからだ。もちろん、そうだろうが。

竹山薬品入社

で、入社試験の結果である。2週間ほどして、「ハラ、良かったなぁ、竹山製薬通ったぞ! よかった、ヨカッタ」と三村先生がずり落ちる丸いメガネを中指でずり上げながら肩を叩いてくれた。僕は他人事を聞いているように「ハァー、そうですか」と返した。

嬉しさが込み上げたのは、その夜寝床に入ってからだ。もう入社試験は受けなくていいんだとホッとしたのだ。級友が2回、3回と試験を受けに行くと話していたからだ。

入社して、すぐ思い出すのは、三つ。

まずは会社名。先生の言った「竹山製薬」ではなく「竹山薬品工業株式会社」と大企業らしい社名であった。

さらに重要な初任給。学校に来た募集内容は1万4800円だった。これは三村先生が僕にその金額と会社への交通のメモをくれたから、絶対間違いはない。しかし入社後、初めて給料袋を開けると驚いたことに1万6100円入っていた。もちろん会社が間違えるはずはない。黙って貰った。今では信じられないのんびりとした話である。それと給料袋に入っていた、横長紙片の給与明細書に緑色の5桁ほどの従業員番号と原一夫殿という文字が印刷してあった。会社の一員になれたと初めて実感した。

さらに書いておきたいのは、会社に入ってすぐの時だ。給料を初めて貰って、少し経った休日前、僕は意を決して義父に電話を入れた。

「オヤジ……今晩、空いてるか?」

「何んや? こっちはいつも空いてるよ」

「ちょっと、十三へ出て来てよ、先週給料日やったんや、どう一杯?」

この会話は、そのあと義父が亡くなるまで何度か交わした。

その頃の義父は一人で不動産屋として何とかやっていた。中年の女性をパートで雇って阪急電車・庄内駅の近くで小さな事務所持っていた。殆どがアパートの空室紹介で土地取引などの大きな取引はたまにある程度。いわゆる「千、三つ屋」だ。客が千人来て三つ商談が成立すれば食っていけるという、揶揄である。

だが取引は「宅地建物取引士」、いわゆる宅建と略す国家資格が必要な訳である。小学校出でそれに挑戦し懸命に生きてきた義父を、恥じる気持ちは毛頭ない。戦争で耳を悪くした義父は、客と対応するためドイツ製の最新の補聴器を買って僕に自慢げに見せたものだ。

十三駅前で待ち合わせた。二人で友人から聞いた寿司屋の2階へ行った。2階は夜遅くのキャバレー帰りの客とホステスくらいしか上がって来ないと聞いていた。義父は客商売だけに、その日も高級そうな厚手の茶系のスーツで、オレンジ色のネクタイを締めていた。ちょっと気になったのは、そのネクタイが金地の模様で更に金縁メガネ。野太い指には金の指輪が光っていた。口をへの字に曲げ笑わなかったのが救いだった。笑ったら金歯も見えたはずだ。でも服装がきっちりしているのは嬉しかった。金縁メガネもそのときは貫禄の一助となっているようで、様にはなっていた。

義理の仲とはいえ親子になって、初めて外で一緒に飲んだのだ。席についても始めは二人共ぎこちなかった。それを埋めるように義父が何時になく多弁であった。それでも酒が回るほどに会話は弾み、主に軍隊生活や軍人年金の話だがかなりのピッチだった。酔いが回るのは早かった。僕は殆んど聞き役で終始した。

小一時間が過ぎ、二人してほろ酔い機嫌で店を出た。僕は先導しそのまま十三の東口を通り過ぎた。阪急電車の高架線の下をくぐり西口に出て、さらに直進した。ストリップで有名な十三木川劇場へ行くことを寿司屋を出たときに何故か思い付いたのだ。義父は僕の後ろを無言で付いてきた。

その時の義父を十三へ飲みに誘いだしストリップまで見に行こうとした僕の心理は、ほろ酔い機嫌であったとしても未だに自分でも理解し難い。義父が気持よく実の親子のように呼び出しに、応じてくれたのが嬉しかったのだろうか。いや、僕はいまだに心の何処かで実の父親との触れ合いを希求しているということであろう。その実感に憧れているのだ。

当時もそのことは、夜寝る前の空想の際も比重の大きいテーマであった。実父の空想は実像がないだけ楽しい。映画や小説の様に、僕の実父は会ってみたら大会社の社長だったりと空想するのだ。僕は既に当時から精神年齢が幼かったのかも。

職場

竹山薬品に無事合格した初出社当日、僕は入社試験と同じ学生服で出勤した。服装のことは考えもしなかった。金なら何とかなったと思う。当時背広と言っていたスーツを着ていれば、記念写真の一枚も撮っていただろうにと、今思うと残念だ。企業に勤めるというのに、当時僕はまだ社会人になったということに気が付いていなかった。いや第一、大人になったという自覚すら感じていたかも怪しい。極端な言い方だが、それは80歳の現在もそうだ。

己の発想や行動を見ていると、時々まだそう思うことがある。どうだろう、日々の思考の浅さや軽さを加味するなら精神年齢で言えば、まだ30歳前くらいの自覚かな……うん。だがある意味気持ちが若いとも言えるので、楽観している部分もある。

50代のとき、倉敷で住んでいた頃にその軽率さが、災いとなったこともあった。

山口の会社からの金曜日の夜の帰り道、岡山駅前の庄屋という行きつけの飲み屋へ必ず寄っていた。新幹線ひかりが自宅に近い新倉敷駅を飛ばして、岡山にしか停まらないからだ。自宅はJRの倉敷駅なので、岡山駅のそこで飲んだ後各停で2駅戻ることになる。それが毎週末のコースとなった。

ある時も庄屋ののれんをくぐって、ガラスカウンターの上を見た。30㎝もある蒸しワタリガニの超大型が、紺地の大皿に盛って置いてあった。「あっ、ハラさん、いい時来られたよ。大きなのが入ってますよ！」という、ねじり鉢巻き姿の大将のその一言が僕をたきつけた。それを僕が好物なのを、彼は知っているからだ。僕は車内で飲んだビールの勢いで、座るや否や早速それに手を伸ばした。まず何時ものようにハサミの身からとかぶり付いた。ちょっと硬かったが一匹を完食した。

ところが3年後、上奥歯の1本が痛み出した。たまらず病院へ駆けつけ、遂には抜歯する羽目になった。その時の医者曰く、「この歯の割れ方、珍しいよね！　普通は歯の一部が欠けるんだけど、この歯は縦に下まで割れてるよ。その割れの間に菌が繁殖して痛むんだね……。最近余程硬い物を噛んだんじゃない？」。僕は「庄屋の大型ワタリガニだ！」とすぐ思い付いた。だから1本だけ上歯がない。折角虫歯もないきれいな歯を贈ってくれた母に、申しわけない気がしている。そんな軽率な行動や判断は、枚挙にいとまがない。要するに子供じみたことを僕は軽々にやらかしてしまうのだ。

「じゃぁ、入れ歯は一本だけ？」って聞かれたら、「いいや、今はゼロ」と答えている。幸い僕は右奥歯が利歯なので、左のその入れ歯はほとんど使わないわけだ。そう考えて、今は入れ歯は付けていない。僕の事だ、うっかり飲み込みかねないからね。ぞっとするような事は事前に止めるべきだと考えたのだ。

そう、得意の合理性だ。guess so?

ただ僕は神経質なのか、既述した通り食後の歯間ブラシや糸ようじで歯の清掃だけは何故か欠かすことが出来ない。奥歯にものが挟まっていると我慢できないからだ。半年に1回くらいだが、ホームにK病院の歯科を予約してもらい、定期的に歯の清掃もやっている。

今回80になって初めての歯科清掃に行った。その時歯医者から、「おや、珍しいねハラさん、親知らずがまだ残っているよ。それも4本すべて！」と言われた。話を聞いていると、人間の32本の歯の内、奥歯の上下2本が親知らずと呼ばれる歯で、20歳くらいまでに生え揃うらしい。親の知らない頃に生え揃うので、そう呼ばれるのだ。親知らず歯は、時に曲がって生えたりして横の歯に当りトラブルが多いらしい。だからほとんどの人は、抜歯する事になるようだ。歯医者は続けた。

「親知らずが4本とも健在で、虫歯の跡もないというのは、ハラさんの顎が大きくて立派という事だからね。失礼だがそのお歳じゃ珍しい事ことですよ。お母さんに感謝しないとね。中には親知らずが1本も生えない人もいるんですよ」僕は母と一緒に褒められたようで、何故か嬉しかった。

島本係長

彼はいぶし銀のような渋いボールであった。

で、入社の件。事前に配属されるのは技術六課だと、書類で連絡があった。初出社当日守衛の人に聞くと、その課は門から見えた大きな中央研究所内ではなかった。入社試験の時に歩いた正門までの、塀沿いの内側に見えた2階建ての旧い建物であった。その入口を入ると、すぐのところに20㎝ほどの幅広の大理石の2階への手すりがあった。それはツルツルの肌触りで縞模様の灰褐色が光っていた。照明も丸い裸電球だけで少し暗かった。戦前の建物であることがすぐ分かった。そこの2階の部屋へ行った。部屋には畳大の旧い木製実験台が離れて2台あった。

その時は同期の岐阜県出身の藤井君と一緒だった。彼は陸上をやっていた。都会ずれしていないあっさりとした、気持ちのいい男だ。彼とは新入社員の時に鳥取砂丘までキャンプで貧乏旅行をした記憶が、おぼろげながらある。今も賀状で付き合っている。そして部屋の奥の大きな机にいた人が、技術部六課の大貫課長だった。かなり額の上がった温厚そうなその課長との面談はすぐに済んだ。僕は別の人に直ぐ引き渡された。

当時、社内の職制は研究所と製造現場でそれぞれ、次のようであった。

中央研究所は、所長―特別研究員―主任研究員―研究員―一般所員制を採っていた。当時、製剤研究所、発酵研究所など研究所の数は五つくらいあった。そして製造部の現場や技術部はそれに相当する、部長―次長―課長―係長―主任――一般部員制であった。

当時僕は、植木等のサラリーマン映画に毒されていた。だから会社の課長と言っても、平社員にちょっと毛の生えたくらいの人というイメージを持っていた。しかし課長、あるいは研究所のそれに相当する主任研究員（主研）と称する人達は、かなりの地位の役職であることを入社後に認識を新たにした。

子宮から出て初めて見る母親の顔と社会に出て初めて就職して出会う上司の顔。その二つは人生において特に重大な邂逅であると僕は思っている。ましてやその就職で結局僕は、転勤は繰り返したものの入社から定年までをすべて動物薬の関連業務であったのは幸せな事であった。

そこで紹介された僕の上司は、最近昇進した京都の国立大出の島本係長だった。同期の藤井君は別の人間用医薬品の製剤研究所グループへ配属され、その後あまり会うことはなかった。

ここでの僕と藤井君も、後で考えると人生の重大な岐路に立っていたのである。会社は高卒の僕達を熟考の末二人を振り分けたのではないだろう。単にサイコロゲームのように偶然の即決だったはずだ。無意味な話だが、藤井君と僕の配属が入れ替わっていたらと考えることがある。そんな偶然の連続が人生なんだろうが。

ビリヤード台の僕のボールは、島本係長との出会いでまた方向を変えたのだ。

最近昇進したての島本係長のグループは部下の高卒男性2人と雑用役の年配の女性2人、そして僕の総勢6名の係だった。この係が後日動物用医薬品研究所にまで発展するスタートアップグループとなるのであるから面白い。ただその島本係長は2年後社内試験に合格し米、シアトルの大学へ留学した。優秀な人だったんだ。

初仕事と言っても実験助手だが、確か駆虫剤だったかの分析の作業を手伝わされた。彼の部下の雑用係の女性の一人に付いて、言われるがままに僕の初仕事が始まった。ガラス容器からメスピペットというガラス器具で3㎖などと溶液の一定量を吸い取り、別の試験管へ移す簡単な作業であった。ピペットは学校でも使ったことはあるがそんなに慣れるほどは触っていない。先生は数本のそれを持ってくるが、順番待ちが長くほとんど先生のやるのを見ていた。

そして、その初仕事。緊張で一定量の溶液が吸い取れず失敗の連続だった。そんなときでも僕の横に座ったそのおばさんは、柔らかい言葉でにこやかに我慢してくれた。嬉しかったのは、作業着として通常の薄いカーキ色の上下の作業服以外に白衣2着を支給されたことだ。僕がそれを着るの？　と思うくらい信じられなかった。外見は医者になったようだと当時は単純に嬉しかった。その後職場では他の研究所と同様通常の作業は全員、白衣を着た。

胸には小さい名札を付けていた。ただ慣れてくると、夏などはそれを着る所員はほとんどなく上司を含め男は上はランニングシャツ一枚で仕事をした。別に風紀がだらしない職場ではなかった。みんな真面目だったと思う。職場にクーラーを入れるというような発想は、まだまだ先の話である。

入社後3カ月間は試用期間で、かつ教育期間でもあった。そのせいか、その後は配属された技術6課が過去に研究して製造現場に引き渡し製品化された商品の「〇〇標準製造法」と書かれた何冊かのファイルを与えられ、それを一日中読むことであった。それは訳も分からない単語ばかりが出て来る、無味乾燥な文字の羅列であった。一日中机でそれに向かうのは正に拷問に思えた。一カ月遅れで同じ部署に配属されてきた京都の国立大学の獣医学部を出たTさんも、同じように机でそれを読まされていた。僕と違って彼は度胸があるのか、時々机で舟を漕いでいた。

そんなある日突然、会社のラグビー部から僕に電話があった。「来週の3連休、恒例の春合宿の行事へ行くから付いて来い！」と、キャプテンを名乗る人物からの命令口調での連絡であった。過去にラグビーのボールすら僕は触ったことがないのにだ。

僕はそれが新入社員教育の社命のように勘違いし、分からないまま当日十三駅の集合場所へ行った。あとで聞くとラグビー云々より、僕が背が高いので何か運動をやってるだろうと勘違いされ、勝手に集合が掛ったようだ。そんな大雑把な時代風土であった。

合宿先は京都府宇治市にある黄檗山萬福寺という、禅宗のお寺。早朝五時に起こされ座禅、掃除、ランニングというメニュー。理由も聞かずにただ言われるがままに皆の後を走っていた。なぜ僕がこんな京都の山奥で走ってるんだろう？と、その時は思っていたが、それを口にも出さず前を走る男の脚を見ていた。今思うと、自分自身でも不思議な人間だった。

おかゆに巻湯葉の煮物、梅干し、そしてタクアン二切れという朝食であった。最後は茶碗に白湯を貰い、残したタクアン一切れで茶碗の中の残った飯粒を洗うことまでやらされたのには驚いた。

しかしここで僕は、寺史に残るかも知れない珍事をやらかした。早朝皆と一緒に長い廊下で座禅を組まされていて、途中で気を失い後ろ向けに転倒したのだ。何しろ座禅なんて初めての経験である。途中、隣の先輩が合唱礼をして、警策というらしいが舟を漕ぐ櫂のような棒で僧侶から背中を叩かれていた。そのパンパンパンと響く乾いた連続音を聞いていて、僕は緊張が高まった。それで気分が悪くなり気を失って後ろへ倒れたようだ。当人はその後は覚えていない。大騒動になった。当然、後々まで語りぐさになり会社では笑い者になったはずだ。

結局、その事件で退部させてもらった。キャプテンに申し出たらあっさりと了解してくれた。彼も僕が図体のみで、ラグビーが無理なことは分かったのだ。まるでマンガだ。

ただ、恥のついでに言うなら、失神騒動は更に二度あった。その年の会社の健康診断で、僕は診療所で定期健康診断の歯科検診を受けた。その時口の中をちょっとした時間、金属へらでガチャガチャ触られていて、気分が悪くなりまた失神した。以前採血で、気分が悪くなることがあったが、歯科検診では初めてであった。

当時共働きをしていた、妻の上司の総務課長に、診療所の看護師から電話があったようだ。妻は、僕が高所から転落でもしたのかと診療所へ、駆け付けたと言う。「歯科検診で、失神！」と、妻は絶句した。自分でも「How old am I?」と、己を疑いたくなるほどだ。

が、更に気絶した経験がある。入社3、4年後の事であった。会社が主催する行事で「六甲山マラソン」というのがあった。まだ若く何でもやりたかった年頃である。僕は勇んで、参加の登録をした。晴天のある日曜日、六甲山登山口の阪急電車芦屋川駅前に集合した。２００人くらいはいた。が、岩山を走り出してスタート20分くらいで気分が悪くなり、意識が亡くなった。当たり前である。前日阪急の山奥の箕面駅の近くにあった会社の寮で、同僚と徹夜マージャンをやって寝坊し朝飯も食わずに寮を出て、そのマラソンに参加したのだ。気絶して当然である。庇って言うなら、若気の至りというヤツであるが、バカ丸出しである。

で、仕事。その頃は職場名も畜産事業部・動物薬研究所となっていた。その職場で覚えているのは、一緒のグループにいた器用な男性社員のNさんのことだ。Nさんは2、3年先輩の高卒の人で目がクリクリとした小柄な人だった。性格は洒脱で彼特有の岐阜訛りが、人なつっこく感じさせた。僕は好感を持った。

翌年2名の岐阜出身の高卒新入社員が、僕たちのグループへ配属されてきた頃だった。ある日の終業後、その器用なNさんは、僕たち後輩を空き会議室に集合を掛けた。彼がその部屋で机に並べたのは、何ともすごい枚数の紙片にマジック書きしたマージャンパイだった。Nさんが自作したものだ。僕たち後輩3人に、それを教えると言うのだ。その後の彼を思い出すと、岐阜訛りはずっと消えなかったが非常に頭の回転の速い、面倒見のいいお兄さん的な人だった。

結局、僕ともう一人の後輩は、それを覚えた。一人は脱落した。だが今思えば、僕もマージャンは覚えない方がよかったと思っている。課長が別の主研に変わりその上司からよくマージャンに誘われた。だが気疲れだけでやっていてもただシンドイだけであった。面白いと思ったことは一度もなかった。誘いを断ろうとしたが、終わったら飯を奢るからと主研から言われ参加せざるを得なかった。もちろん飯代ぐらいの金額はマージャンで僕が何時も負けていた。気が強ければ誘われてもはっきりNO！　と断れば済むのだが、それが当時も性格的に出来なかった。

パイを並べていて、何でこんなバカみたいな作業をやらんとあかんのや！　と過去何回かの何時ものように自分に呆れていた。時には主研の家での徹夜マージャンに誘われることもあった。要するにいいカモだったのだ。仕事の方が幾らか楽で面白かった。

ただ仕事についても、むしろ今ならあのような働き振りで給料を貰ってよかったのか？　と恐縮しただろう。

もちろん仕事に手を抜いたわけでは、絶対ない。Way? それは仕事観である。労働というのは、汗水流し歯を食いしばってという言葉があるくらいだから、高校を卒業して社会に出るまでは漠然とだが、「絶対ヘトヘトになるくらいこき使われる」と思っていた。お金を貰うんだからある意味それは、仕方のないことだと覚悟した。

ところが実際入社してからの仕事は、寝床で空想をしたり音楽を聴いたりと同じで単なる時間の経過を楽しみながら待つだけの手段なんだと思えたのだ。与えられた仕事で、悲壮感を持って歯を食いしばる思いなんてことは一度も経験しなかった。むしろどんな実験結果が出るかと、毎日が楽しみなくらいだった。だから働くということは作業で時間の進行が分からなくなるくらい、与えられた仕事に没頭出来るかどうかだけなんだと結論したのだ。ポッと出の二十歳過ぎのニキビ面が感じた単純な労働観であるが、それで社会人としての仕事に対する畏怖や嫌悪への免疫ができた。

環境にも恵まれていた。僕の最初の上司島本係長は、僕に月報を書くよう指示した。仕事と言えるほどのことは何もやっていないその僕にである。それでも当時は大真面目に金釘流の文字を並べ毎月提出した。しかし島本係長は時間の空を見つけて、丁寧に鉛筆で僕のそれを訂正してくれた。「この文章はこう言いたいんだろう?」と細かく添削してくれたのだ。それも残して置きたいくらいの魅力的な鉛筆の筆跡であった。

この月報提出が、僕が日本語が好きなった端緒となったのかもしれない。日本語というのは実に色々な表現が出来るんだと、毎月数枚の文章作成だが気付かされ感心した。島本係長の書き直した文章は僕のそれに比べ何倍もの速さでスーと頭に入った。振り返ればこの島本係長も、僕のビリヤードボールに当ってくれた貴重なボールの一つであった。

何れにしても竹山薬品在籍中に、上司、同僚などすべての人間関係において僕は人は信頼できるという確信と、性善説という人間観を心の大元で根付かすことができた。幸運なことであった。それは、定年まで高卒という学歴で気になるような扱いを受けた記憶がまったくなかったからだ。社会に出てこんな環境で働くことができたのは幸運と言える。

それは例えば、週一で行っていた課内の文献抄読会で僕が畜産関係雑誌から適当に文献を取り上げみんなの前でそれを紹介することもあった。これは輪番制であったが、臆面もなく分かったように他人の文献を紹介していたのだから、今考えれば空恐ろしい。

又春の学会シーズンになると、交通費や出張手当までもらって皆と同様上司から畜産学会や薬学会へ行くよう言われたこともあった。そのことなども、証左と言えよう。

今流で言えば、僕がサラリーマン生活でパワハラらしい言葉やぞんざいな扱いなどとは全く無縁であったのだ。ただしそういう僕が、給料を貰えるプロとして会社にその分貢献していたかどうかは、今思うと極めて怪しい。ただ上司から言われた仕事には、手を抜かず徹夜も厭わず一生懸命やっていたことは、自信を持って言える。が、はっきり言うなら、その頃の僕は学校でそれまでに習った知識以上のより重要な知見や技量を、会社で給料を貰いながら学んだとも言える。それがまだ許される度量の深い会社或いは社会であったのだろう。

最も社会に出て分かった事がある。元々人間には寝る事と泣く事以外の才能は無かったってこと。すべてはその後の毎日で学ばなければ仕方ないって訳だ。

Pioneer役

更に嬉しいこともあった。僕が入社した翌年、僕の母校R工業高校・工業化学科を卒業した後輩が3名も入社してくれたのだ。そのことは、当初まったく知らなかった。僕の入社翌年の4月のある日、社内電話が掛かって来た。

「ハラ先輩、R工業を卒業した岸本、佐藤、谷野です。今日、初出社です」。彼らはそれぞれ製剤研究所、化学研究所、試験部へ配属されたと言った。

「エエ、本当、3人もか！　担任の三村先生からは何も連絡がなかったので、君らが入社試験を受けたことも知らなかって……連絡もしないで悪かったなぁ」と謝ったものだ。僕は、ほっとした。

一応先輩として僕は竹山薬品の Pioneer 役は、何とか果たしたのだ。そんなことで安心はしたが、僕はさらに大きな失敗をやらかしていた。彼ら3人の歓迎会もせず、その後も先輩として声を掛けるなど何にもしてやらなかった。完全にそこまで気が周らず、失念していたのだ。この歳になるとそのことは申し訳なく、慚愧に堪えない。

当時は、自分の毎日と格闘するのが精一杯の精神状態であった。

しかしなぜ先輩として一番大切な歓迎会を初めとした気遣いが当時出来なかったのか。僕には何か重要な神経が一本欠落しているのかもしれない。まぁ何とか、竹山薬品への Pioneer 役は果たしたことだけで許してもらう以外にない。そんな彼らの一人が未だに毎年賀状をくれ、今年などはメールアドレスを連絡して欲しいとまで言ってくれる……。こんな先輩なのにだ。だのにその次の歳も加藤君たち高校の後輩たちが二人が入社した。嬉しい限りであった。

そんな時フッと高校のテニス部キャプテン、F先輩たちを思い出す。テニスの合宿などで本当に小まめに僕ら初心者の面倒を見て貰った。自宅のお母さんがやっていたお好み焼きまで食わせてもらった。S先輩なども、スイカ畑で「5、6個取って来い」と指示したのも僕ら後輩への、面倒の見方の一種であると言えるだろう。入社してきた後輩のことを考えたのは確かだ。しかし僕はその後輩にそんなF先輩のような配慮はまったく出来てなかった。

入社してからは僕はそんな風に太平楽だったが、会社のイヤ世間の雰囲気はその後ちょっと違ってきていた。

僕が入社して10年も過ぎた1970年（昭和40年後半）頃、社内では共産党問題が持ち上がっていた。よく覚えていないが、日米安保はもう少し先の話で、当時は民主政権を打ち立てるというような、ぼぁっとしたことを訴えていたように思う。人間用薬剤の製剤化研究を仕事とする製剤研究所に数人そんな人達たちがいて、その一人が共産党問題で会社を退職させられたことがあった。僕の同期が二人いる職場だったので、そこへはたまに行くことがあった。僕もその1、2年先輩の大人しそうな男性を遠目で見たことがある。ポツンと周囲の所員から離れた机一つでいつも何か読んでいた。どうも仕事は与えられていなかったのだろう。共産党信奉者は会社では露骨な異分子扱いだったのだ。それが時世だった。

僕が入社3年後くらいに、その製剤研究所へ関西の国立大出の女の娘が配属されて来た。化粧気もなく色気を感じさせない娘だった。どんな経緯か忘れたが、僕はその娘とテニスをする程度の顔見知りになった。ところがある日驚いたことに、そこ娘が会社の正門前で数人の男とビラを配っていた。それは「赤旗」の小冊子だった。共産党問題で退職させられた男性の復職をシュプレヒコールを上げて訴えていた。その人たちの前を通る従業員はだれもそのビラは受け取らず、素通りした。ほんの数カ月前まではごく普通の女の娘だったので、その豹変ぶりには驚いた。人の心の内は本当に分からないものだと痛感した。その娘はその後退職したように思うが、あの素朴な娘がちょっとタイミング悪く入社し、そんな職場に配属されたために思想かぶれを招いたのだ。今思えば人の運命の微妙な脆さを感じる。僕はそんな政治向きのことには全く興味はなく、ノーテンキな毎日を過ごしていた。

結婚、妻比呂子

だかそんな僕が、入社2年後に奇行をやらかした。

僕は真面目に考えた末だったが、周囲には僕が乱心したと思われても仕方がない行動であったろう。今の妻、比呂子と結婚したのだ。僕はまだ二十歳になったかどうかの若造、妻は28歳だった。

ビリヤード台では、金色のボール、妻を紹介したい。

母から見事に家庭と僕というバトンを受け取り、60年。僕の義父と母の看病、そしてそれぞれの物故に立ち会い、同時に今も身障者の僕の世話をやいてくれている。妻には内緒だが、この頃頓に思うのは、妻は半身不随の僕を助けるために天国から送り込まれた、ちょっと口うるさいエンジェルじゃないかとも思う。時には口論もするが、内心は感謝の塊だ。

ありきたりの話だが、妻とのそもそもの馴れ初めは次のようであった。

僕が入社2年目の19歳の時、8歳年上の女性が中央研究所の総務部から、動物薬研究所の僕の職場へ事務担当として転部してきた。それが彼女、比呂子である。その頃は僕の職場の場所も、大阪工場の一番奥まった、S工場と呼ばれた木造2階建てのバラック風二階建ての旧い建物に移っていた。名前だけは、動物薬研究所というそれなりのモノであったが、門から見えた8階建ての中央研究所には入れて貰えなかった。ただその5年後だったか、めでたく僕らも中央研究所への建物入りを果たしたが。課長も主任研究員と呼ばれ、当時は年配の人に交代していた。

バラック住まいの当時、新主研のRさんは僕の所属する動物用医薬品研究グループ以外に、新テーマの「蚕の人工飼料」研究グループも統括していた。課員も総勢20名余に増えていた。そのR主研は、社内のバレーボール部の顧問もしていた。妻もバレーをやっていた。その繋がりでR主研が僕の部署へ彼女を引っ張って来たのだ。結婚後聞いた話だが、彼女は県立M高校を出て入社したとのことであったが、高校時代にバレー部を級友9人で立ち上げた経歴を持っていた。そして近くの学校の運動場で兄にバレーを鍛えられ、滑りこんでボールを取る練習をよくやったと笑いながら話してくれた。

この文章を書くために、その辺の事を更に聞いたのだが、それによると、「私、背が低いでしょう。だからポジションはセンター。あの時代は9人制だったからね」そして、「それでも一応全国大会へ一度出たのよ」と答えてくれた。僕だったら、そのことを第一に周囲に吹聴するがなぁと、彼女の奥ゆかしさに感心したものだ。

多分毎日の練習で身体中日焼けし、コートのセンター役でコチョコチョ走り回って、他人のボールまで拾っていたのだろう。彼女のセンターというポジションには、僕は尤もだと納得できた。彼女のその後の世話焼きぶりを見ると、さもあらんと思ったものだ。

後日その女性と僕が結婚したわけだから、人生の流れを変えてくれたということではR主研も僕に当ってくれた貴重なビリヤードボールの一つかもしれない。すでにだいぶ前に物故された。

妻の第一印象はクラッシックの音楽家、ブラームスを想わせた。肩上までのパーマっ気のないストレートの髪型だった。黒髪だが襟首でフワッと内にカールしてるのだ。中学の音楽の教室にそんなブラームスの肖像画が飾ってあった。意外だったのは、若い時の彼女の希望の職業は婦人警官だったそうだ。当時は意外だったが僕の妻となった今は納得。自分でこうと決めたら絶対頑固に直進するんだから。

それに面白いのは、その妻の幼いときの思い出である。彼女曰く、「近所にあまり同年代の女の子がいなかったの。だから何時も男の子と遊んでた。お客が家に来たら私のことを、ボク、幾つ？　ってよく聞かれたわ」と笑っている。多分何かのマンガで見たようなおかっぱ頭、白いパンツ丸出しで棒を振り回して、男の子を追っかけ回していたんだろうと想像している。何しろ妻は、小学校に行く迄スカートを履いた記憶がないらしい。

職場、ニワトリ、ハマチ

で、僕の職場。略して動薬研はメインの人用医薬品研究から外れた部門であった。当時会社は5つの事業部制を敷いていて、僕らはその内の畜産事業部に属していた。その開発担当部門は東京にあった。世間の大企業がそうであったように、僕の竹山薬品も当時は多種多様な業界へ進出し始めていた。集中投資を是とする近時の企業風土とは真逆の時代であった。

変わった部門では、製薬会社でありながら化粧品開発やプラスチックボートの樹脂原料の製造にまで手を拡げていた。当時の僕でも、営業網と知名度が必須の業界なのに、同じやるなら既存の老舗化粧品会社を買収するのが常道なのにと思っていた。案の定それらの部門は、いつの間にか消えて行った。

僕は入社以来ブロイラーや豚、更にはハマチ養殖用のビタミン、抗生物質（オーレオマイシン）などの飼料添加薬剤の製剤化研究を担当した。何れもそれら動物の疾病予防と成長促進を目的とした薬剤である。餌に混ぜて与えるのだ。そんな中で僕の仕事は、商品化した時の製剤中の主薬の安定性調査や対象動物にそれを投与し、経時的な主薬血中濃度の変化を定量する等の仕事に従事した。商品は抗生物質やビタミン類の粉末剤であったり、動物の飲料水に溶ける顆粒剤だったりだ。

出品剤型の決定や厚生省への製造申請に必要な元データを検討する研究部門であった。テーマを一つか二つ与えられ、幸い僕一人でやらせてもらえた。スケジュールも一人で決めれるので気楽だった。

前述の主薬血中濃度試験というのは、養殖ハマチに疾病予防や成長促進のために抗生物質のオーレオマイシンを与え、主薬が何日くらいで血中から消失するかという実験である。その結果から薬剤投与を止めて何日で主薬が魚肉から消え、ハマチを何時出荷できるかが判断出来ることになる。その日数を発売する「薬剤使用上の注意事項」に、記載するのだ。

そんなことから、動物薬研究所として和歌山県の田辺湊湾内で、ハマチの養殖イカダを4枠確保した。僕は前述の実験のため、そこまで何度も泊りがけで出張した。4枠のイカダには幅30㎝ほどの通路が設置されていて、太陽の下暑い最中、その生簀まで何回も和船で往復したものだ。

朝、冷凍したイワシやサバをミンチ機に掛け、発売予定の抗生物質製剤をそれに混ぜてハマチに与え、実験開始だ。そして1、2時間そして1日から10日まで計画通りの日にちで5匹ずつハマチを取り上げて採血する。そして職場へ持ち帰り抗生物質の血中濃度を、細菌を使ったバイオアッセイという方法で定量するのである。それらの投薬、採血から主薬定量まですべて一人で担当した。

オーレオマイシンはハマチに投与後、1時間くらいで血中濃度がピークになり、2日も経てば消失した。この傾向はその後実験したブロイラーや豚でも同じような結果だった。人でも同じだろう。

因みに、ハマチの採血はしっぽをハサミで切り落とし、血液を試験管に受ける方式でやった。水産学部出身の研究員が一人いて、その人が教えてくれた。魚類は解放血管系であって、体内に血管が走っていない。採血はこの方法しかないのだ。採血の終わったハマチは海に捨てていた。

作業は、夕方になることもあった。採血が終わって捨てた数十匹のハマチが頭を下に、尾の無い状態で海面にプカプカ何本も浮いていた。まるで釣竿の先の大きなウキのようにである。そんな海面を夕日が照らしていた。気持のいい光景ではなかった。思えば因果な仕事であった。

最初のころは、そんな実験で食べても問題のない薬剤無投与区のシッポの無いハマチをクーラーに入れ、会社へ持って帰ってそれをみんなにあげていた。しかし三回目くらいから、誰もそれを欲しいとは言わなくなった。

また、ある出張の夜、朝主薬投与して採血はその日の夜になった。僕は、民宿で夕食を食べ港まで暗くなった道を一人で歩いて行った。薬剤を投与した湾内のハマチ養殖筏まで採血のため行くのに、岸壁に繋いである小さな和船に僕は乗ろうとした。何時もの様に岸壁から跳んだのだ。が、距離を見誤って、暗い海中へドボン！　夕食で飲んだビールがまわっていて距離感が怪しくなっていたのだ。思いっきり海水を飲むというトラブルもあった。そんな仕事のお蔭で、難しい和船を櫓で漕げるようにもなったが。

また変わった所では、養殖鱒池で抗生物質投与実験を担当していての苦い思い出もある。場所は岐阜県の下呂温泉から駅二つ向こうの飛騨萩原という田舎であった。そこにある県の水産試験場のマス養殖池でオーレオマイシンの投与実験をやったのだ。出張は水産学部出身のF研究員と一緒だった。駅前の県が紹介してくれた、古民家の民宿に宿泊した。夫婦二人でやっていた。

そこでの思い出は二つ。

その民宿の玄関を入った広い土間の奥に、一升瓶が数本置いてあった。その中には、とぐろを巻いたマムシが焼酎の中に漬けられていた。僕はヘビは世の中で一番嫌いだ。当然見るのも。

その民宿へ仕事を終え僕等二人が帰ってきたら、そこの老主人があぐらを組んで夕食を食っていた。隣に座った僕たちの横にその瓶を何時も置いていた。「あんた達もどうかね？」と言って、茶碗にそのマムシ酒を注いでくれた。「僕は酒は、ダメなんです」と即座に断ったが、茶碗から立ち上るその臭いが鼻に付いた。生臭い何とも言えない不快な臭気であった。酒を捨ててくれとも言えず、身震いがした。飯をかき込んで味の分からないまま早々に退散した。「酒はダメか」と親父さんは、不満げであった。

そしてその民宿での、もう一つ。

凍てつく冬であった。朝飯を食って、県の水産試験場へ、僕等が歩いて行こうとしていたら、民宿の親父さんが、「車を貸してあげるから、乗って行きなよ。俺は今日は使わないから」と言ってくれた。家の横に置いてある車に乗った。そして出発し、方向を変えようと僕は、大きくハンドルを切った。ブレーキを踏んだ。止まらない。車はバレリーナのように凍った道路をゆっくりと数秒滑った。「ア……ァ」と、何もできなかった。そして数秒後、家の前の30㎝ほどの側溝に前輪が落ちた。スノータイヤなどまだない時代だった。そんな出張報告書に掛けない失敗は度々あった。

そんな仕事の関係で、それ以来ハマチの刺身はニワトリと同様、僕は積極的に食べたいとは思わなくなった。ニワトリや豚でも同様の薬剤投与や採血をやっていた。採血のとき取り押さえたニワトリが暴れ、それらの動物臭が鼻に付いて食事のときにその臭いを思い出すのである。

更に余談を書くなら、意外な研究だが、養殖鯛の着色の研究もやっていた。僕の担当ではなかった。それは九州の鯛養殖業者から東京の開発担当を通じて、僕の上司に依頼があったようだ。天然鯛は200mほどの深い所に生息するようだ。しかし鯛の養殖イカダの深さはせいぜい10mほどである。すると鯛が日焼けしてきれいに輝くような、いわゆる鯛色にはならず赤黒くなるらしい。

そこで天然カロチノイド系の赤色色素を与えたらどうかと、開発担当は考えたのだ。その色素はビタミンAとよく似た分子構造の薬品なので栄養源にもなるほどだ。担当した上司の研究員が度々九州へ出張していた。が、どうも効果はなかったようでテーマは立ち消えとなった。

で、研究所時代。考えてみたら僕は、部下を預けられたことがなかった。喜んでいいのやら、放ったらかしだったのやら？　だ。

そんな職場へ移ってきた彼女は、今もそうだが何事も整理整頓が第一。筋金入りのきれい好きであった。朝8時始業の会社へ7時には出社し、テーブルなどの拭き掃除や皆んなのお茶入れ、月報の清書などが担当だった。当時はどの部門でも事務職の女性は、そんな補助的な雑用をやってくれていた。しかし職場で彼女が机で寛いでいる姿は、まず見なかった。

その性癖は今も続いている。いや、正確に言うなら彼女の高校時代からそうらしい。高校の夏休みの宿題は休みに入って1週間くらいで全部やってしまっていたと言う。そして残りの休みはバレーの練習に明け暮れていたらしい。計画通り実行できる不思議な性格なのだ。僕はまったく違う。休みの終わる1週間前くらいから宿題に脂汗を流し、毎年無計画を繰り返していた。後悔しながら……。

普段今の居室でいる時でも、横に自分の食卓椅子があるのに、妻はまず座らない。食卓の前で立ったまま何かコチョコチョやっている。百貨店からのパンフレットをめくっているなどだ。僕に話し掛けることも少ない。

その分、僕も気を遣わなくて気楽だ。実に物静かなのだ。座っているのは、ホームのレストランから帰ってきた夕食後くらいだ。最もその時は自分のイスで背もたれを倒し、テレビを観ている。

最近は直ぐ居眠りをしている。気になるのは脚が弱くなったのか、時折だが軽くつんのめったりだ。柱に手を打ってる。

鮮明に思い出すのは、僕が20代初めの会社での月報の件だ。当時、当然のことだが僕達部員は毎月、研究内容や結果を月報として提出していた。

ところがある時期、僕は飲水投与のニワトリ用製品の他社の工場への製造技術移管のため出張が迫っていた。

そのための実験が忙しくかつ、その結果をまとめてその会社との会議で提示する必要があった。更に会議は埼玉県の志木に出張して説明する予定だった。会議用資料作成を優先し月報用データの整理が出来ず3カ月間月報を出せなかった。それは上司の研究員も了解してくれていた。そんなことで僕は出張から帰ったあと、データ類を家に持ち帰るなどして何とか3カ月分の月報をまとめて書いた。明確に覚えているが、書き上げた月報は全部で141ページの長編大河になった。それを上司の研究員が見たあと彼女、そう、現在の妻の手に渡った。カーボン紙を敷いて清書してもらい、保存されるのだ。当時まだワープロはなかった。僕の字は、あとから本人でも読みにくい甲骨書体である。それを文句一つ言わず僕に字を確認しながら、黙々と彼女は清書してくれた。清書が終わった時は感謝の気持ちで一杯だった。

さらに彼女のコツコツぶりに驚嘆した思い出がある。ある時、兵庫縣の自社の福知山農場から招待を受け、僕たち職場全員で遊びに行った。その時のことは強烈に覚えている。い

小さな紫のアザを作っている。大きな病気も経験している。ペースメーカーを入れたし肺ガンもやった。今年肺切除の手術5年目だが、先生から「一応今回で定期健診も卒業だね」と言われたようだ。朗報だ。逝くのなら僕が先でありたい。それだけ妻に世話を掛けているという自覚があるからだ。男女の寿命の差を考えると8歳年上の妻とは、丁度同じくらいの歳でこの世から消え去るはずだ。だから妻が先にならないかとちょっと心配している。

本紙の執筆を急いだのもそうだ。これを僕一人になってからでは、どうしても妻の最期を書く事になる。命を見届けるのは、後述のPの例で十分だ。Pであんなに悲しかったのだ。妻の場合だったら、果たして僕一人で耐えられるかどうか怪しい。だから妻が健在なうちに本誌は校了して置きたかった。

湿っぽい話は止める。

で、転籍してきた彼女は職場にもすぐ溶け込み、みんなに事務職として頼られていたように思う。だが彼女から自発的に周囲に話し掛けるようなことは、まずなかった。本来寡黙なのである。社交は得意ではないようだ。そのくせ、今のホームで親しくなった人から、「これ、一つだけど食べて」とよく貰い物をする。要するに、会話に角がなく、自然にだが聞き役に徹している。加えて人当たりが柔らかいので話しかけ易いのだろう。それには彼女の関西弁も大きく与ってい

やその時の感動が、僕が彼女との結婚を決意させた切っ掛けとなったように思う。

それは日本海の海岸まで出て、僕も含め男たちは投げ釣りをやって遊んだ。2時間ほど続けたが結局僕は何も釣れなかった。そのあと浜辺で釣り具やテグスの後始末を、僕一人でダラダラとやっていた。が途中で糸が絡まってしまって、テグスはもうグチャグチャになった。こりゃダメダと諦め捨てるつもりで、そこへ放り出したままバレーボールをやっている皆んなのところへ走った。小一時間遊び宿舎へ帰ろうと、僕は投げ釣りしていた砂浜をみんなと、トロトロ歩いた。そしてちらっと、僕が先ほど居た場所を見た。砂浜で膝を立てた姿で、彼女比呂子　が背を見せて座っていた。皆んなとお喋りの輪に加わらずそこにいたのだ。僕は皆から離れて一人で近寄った。

「何してるの？」

「夕日よ、こんな大きいの初めて！　きれいやわぁ……」

確かに真っ赤な夕日が、水平線上を沈み込もうとしていた。チラッと僕は、彼女の座っている横を見た。

「アレ？　これさっきのテグス？　グチャグチャに絡まって捨てるしかないかと思っていたヤツだったのに、巻き取ってくれたんだ。ありがとう、ほんとありがとう！」

僕はそこに置いてあるきれいにリング状に巻き取られたテグスの輪が新品のように思えた。この時彼女は心底こういう人柄なんだと僕は一種の感動すら覚えた。日頃の誠実さに加え黒子役に徹して、人助けの出来る人柄なんだと思ったのだ。この感想は60年後の今も変わらない。身障者になった僕の世話の焼き方は、全てにおいて無言でかゆいところに手を回してくれる。

また後日何がきっかけか忘れたが、職場の別の女性と彼女の家へ誘われて遊びに行った。家は戦前の木造長屋の一つだった。家では母親、次男の兄、そして彼女の3人で暮らしていた。隣に長兄の一家が住んでいると話した。

次男の嫁は、最近病死したそうだ。小柄な彼女のお母さんが紺地の着物姿で端然と、仏壇の前に座っていた。眼鏡をかけた上品な笑顔と共にその姿は鮮やかな記憶として今も残っている。明治生まれと後で聞いて、さもありなんと思った。僕はそのお母さんに、淡路島のお爺ちゃんと同質の匂いを感じ、好感を抱いた。

後日妻と結婚して昵懇になっても、その家へ行くと「カズさん、カズさん」と僕のことを大事にしてくれた。僕も出されるものは遠慮一つせず食べた。そのお母さんも物故したが大好きなビリヤードボールの一つだ。歳は取っていたが背筋のピンとした、大変上品な人だった。

結婚

その後彼女と心斎橋のうどん屋へ鶏卵を食べに行ったり京都の祇園祭に行くなどして、何時しか交際するようになった。半年ほどで僕は結婚を決めて、両親に報告した。

何しろ20歳直後だった。結婚そのものが何たるかをはっきり理解していたのか、今思えば怪しい。しかしそれに至る途中で、一度僕は彼女に交際を止めたい旨話したことがあった。彼女がどうこうよりも、会社の同期の連中と飲んだりして話し、「子供がすぐ出来たらどうなる?」等と冷やかされ、結婚が漠然と怖くなったのだ。思慮の浅い小心な僕が首をもたげたのだ。

道頓堀の呉服店で反物を買った。それを手切れの品として彼女に交際を止めたいと話した。その時までは彼女の手一つ握ったこともなかった。だから僕もそんなことを言い出せたのだ。その時28歳の彼女は無言であった。

ところが数日して彼女から呼び出され、「考え直して欲しい」と言われた。表情は必死。僕は、「分かった、結婚する」と答えた。

そして１９６２年、11月23日、勤労感謝の日に伊丹市民会館で結婚式を挙げた。僕が19歳を終わろうとしていた時だった。式には淡路島のお爺ちゃんを筆頭に親戚一同、それに職場の上司や友人、高校のテニス部F先輩なども出席して祝辞も貰った。僕は結婚式にお爺ちゃんを呼んだ記憶はない。多分母が連絡してくれたのだろう。

お爺ちゃんが出席してくれたというのは今の僕には大変貴重な思い出である。式当日の朝、僕の家で古めかしい羽織はかまに着かえているお爺ちゃんの姿を思い出す。超若輩ながら一応、型通り人生の関門を祝福の中で通過出来たのである。

自分なりに熟考し決断したはずなのに、その後、必ずと言っていいほど一度はその行動に躊躇する。先ほどの結婚の途中の翻意がいい例だ。今思えば若い時からそうであるが、この辺が自分自身の性格の掴みにくい所だ。

この性格は八十路を過ぎた今もそうである。ネットで散々迷ったあげくＯＫと思って発注キーを押したくせに、5分も経てばちょっと待てよ? あの商品、本当にそんなに必要だったか? と思い直してしまうのだ。気が弱いくせに、変な所で決断が速い。言うならそそっかしいのだろう。軽率だとも言い換えられる。そのときは、必要性云々よりも、キーを押すことに酔ってしまっているのだ。

結婚についても、よく考えれば当時彼女のことを何も知っていなかった。今思えば、やはり価値観や性癖的に理解できる部分がお互い多くあることが結婚では大前提だと思う。それにより考え方の食い違いで、イライラする時間が少なくなるからだ。

例えば食生活がそうだ。結婚して驚いたのもそれだった。

妻の困った性癖の最たるものは、食事の好き嫌いの激しいことだ。蛋白源は魚のみ、取り分けカニ、エビには目がない。カニならば山陰の各停電車で、日揺られても「行く、行く！」と遠路も問わない。

昔元気な時、二人で日本海の民宿へそれ目当てに旅行した。夕食で二人の傍に空バケツが出てきた。食べたカニの殻を入れろ、と言うのだ。大きなズワイカニが食べ放題。お互い会話もなくカニに没頭した。忘れられない思い出だ。ところが妻は青魚は好まない。ちょっと箸を付ける程度だ。テレビでヘビのニュースを面白げに見ているのに、ウナギやアナゴなど長いものも食べない。カキも口にしない。

そして最悪なのは、肉類はトリも含めまったくダメ。さらににんにくも。それも鼻は警察犬並みに利くから、それらの混入はすぐ検知。少しでも肉が入っていればすべて、No good! 今、独身時代のように麻雀帰りにミンミンの餃子などを食って帰ったら、部屋に入れないこと必定である。

飯も茶碗3分の1程度。これで高校時代バレーの練習に明け暮れていたというから驚きどころではない。それで十二分に今も動いているし、痩せてもいないから不思議だ。カロリー効率が余程いい体質なんだろう。

しかし、妻の好き嫌いの性癖を見ているとまるで小学生のようで合理性がなく、大人の僕にはその判断基準が、支離滅裂が如く映る。肉類については、妻に言わせれば「カエルを思い出すから」だと言う。中学生の時に授業でカエルの解剖をやらされたらしい。先生からカエルを一匹渡されて、ハサミやナイフで解剖するという経験をしたようだ。「勿論やる前に、カエルさん、ゴメン！　と手を合わせたヨ」と真顔で話した。その後カエルの脚や腹の皮を剥ぎ、筋肉や内臓に分類させられたと言う。その場面が今でも頭にちらついているらしい。

それが、肉嫌いの契機かもと妻は言う。僕も養殖ハマチやニワトリの採血で同じようなことをやったので、彼女の気持ちは分からないではないが、それですべての肉が食べれなくなるというのは極端すぎる。蛋白質は身体に必須だと、当然中学の時から習っているはずだ。それなら好き嫌いを超えて食べなきゃぁと僕は言うのだが、無視。

何れにしても、食事にうるさいということはガンコ者と同義語だ。それは僕の学説である。妻と生活していて確立した。

それで思い出すのは、先月僕が通販で買ったイチジクの件だ。その前日、妻は何回もトイレ通いを、繰り返していた。「……もう三日も便秘なのよ……」それは妻には極めて珍しいことだった。

そんな時にイチジクが届いた。栃木名産の朝採りだと、ネットで広告していたので僕が買った。その次の朝である。トイレで「出た！」と妻の声がした。トイレから出てきた妻に、「朝っぱらから、何んちゅう、奇声を上げてんだ！」と冷やかし半分で僕は声を掛けた。

「三日ほど便秘だったのが出たのよ！　イチジクのお蔭やわぁ」と目を輝かして答えた。そして、「昨日送ってきたイチジク、昨夜寝る前に皮丸ごと二つ食べたのよ！　イチジクは、腸にいいて昔から言うでしょう。便秘解消、テキメンよ！」妻の清々しい顔を見ながら僕は思った。

「いくら腸にいいとは言え、寝る前に二つも一度に食べるか！」と笑った。ガンコ者というか、自分が信じたことは、盲目的に行動する妻なのだ。まぁ解消したんならそれでいいけどと僕は黙った。

　思えば彼女は思い切りがいい。僕より度胸がある。ただ変に気の弱いというか、気を遣い過ぎる面もある。昨日もそうだ。

「ただ今」と妻が元気なく部屋へ帰って来た。見るとトイレットペーパー10巻以上も入ったポリ袋をサンタクロースの様に肩に担いでいた。

「何なんだよ、そんなもの沢山？」と訊く。

「いや……ティッシュペーパーを買いに下の売店へ行って、私は事務の女の子にティッシュ10箱ほど頂戴と言ったのよ。確かにね。そしたら、「棚の売り切れたから一寸待って下さい、裏の倉庫から持ってくるから」ってこのトイレットパーを持って来てくれたの……5分も探してくれたので悪いかなって黙って買ってきた」

「ティッシュは？」

「又明日にでも、買いに行くよ」

「そんな時ははっきりとテッシュが欲しいんだって言えよ！　そんな事で僕が居なくなったらどうするんだ。心配になるよ」

　僕には何でもはっきり過ぎるくらい言うくせにだ。

「大丈夫よ！　今からそんなこと気にしてるの？」と笑った。

それにホームへ入居した年の事を思い出す。

　それは入居した7階建てホームの火災退避訓練の件だ。君津市の消防署から2台の梯子車が出動してきた。そして最上階の7階の非常階段まで梯子を伸ばし、入居者をそれに移して地上へ救護するという公開訓練であった。法的にやらなければならないようだ。

　その救出入居者役に妻が館長から直接依頼されたのだ。事前にその話を聞いていた僕は、妻は目立つのを嫌がる人間だから、当然辞退したと思っていた。ところが訓練当日、7階の非常口には妻が立っていたのである。消防車の梯子が7階まで、音を立てて伸びて行った。隊員二人が妻を梯子に移し無事地上へ下ろした。ケロッとした表情のその妻を見ると、黄色のヘルメットをかぶっていた。顎紐は掛けているのだがヘルメットが大きすぎ、小学生のように可愛く見えた。館が撮ったその写真も残っている。見ていると顔がほころんでくる、25年も前の懐かしい思い出だ。

やると決めたら一途で迷わない。それが妻だ。最近も家事で妻がバタバタしているので、僕が、「動き過ぎだよ、適当に休めよ」と言ったが、「これだけ終わってからね……」と、絶対に「ハイ」とは言わない。もうこんな会話は何百回繰り返しただろう。ガンコ者！　と声を荒げたい気持ちだ。僕は彼女の要望に対して、合理的だと思ったら100％ＯＫを出している。

しかし彼女は殆ど僕の提案には従わない。関西弁で一見柔らかそうに感じるが、自我は強いのだろう。彼女なりの理屈があるだろうし単に整頓好きなだけだと、妻の素直なＯＫは今は諦めた。

イヤ、夫婦円満の秘訣は妥協することだと達観したのだ。不思議と人間は、夫婦関係も含め環境に慣れるものだと思うようになった。そこまでいくとすべてに大らかに許せるものである。

ただ未だに、ちょっと不愉快な思いをすることがある。それも困った妻の性格の一つだ。それは何にでも感想を否定形あるいは、欠点から話し始めることが多いのだ。

僕に言わせれば、マイナス思考なのだ。批判精神が旺盛なのだろうが、自己保全の裏返しかとも思う。それでは折角の話も盛り下がる。話していて気持ちが萎え口を閉じてしまう。それは楽観主義の僕とは相容れない。僕はそのせいだろうが、会話は楽しいことから話始め肯定形から入る。その方が話をしていても楽しく脳内で幸せホルモン・ドーパミンも増えているはずだ。否定から入る妻は慎重な性格なんだろう。妻のその性格を受け入れるのに、結婚以来50年かかった。ヤレヤレ。

だが近年は彼女にそのことを僕が注意して、彼女を不愉快にさせるほどのことでもない。ついついそう判断してしまう。ただそんなことと思っている僕も、近年は妻の行動や会話にケチを付ける部分を探すように内心、アンテナを高くしているきらいがある。心の底で妻の行動のすべてを批判的に観ているのだ。切れやすい老人になりつつあるのだろうか。要、自戒だ。

アブラムシ、ゴキブリ、ボッカブリ

その虫のそれぞれ関東、関西そして、妻の呼称である。ついでに妻の奇癖を紹介して置こう。

彼女は元来虫は毛嫌いした。唯一繭を巻く前のカイコだけは例外で、「手で触ると冷やっこくて気持ちがいい」と手に乗せては灰緑色その背を指で撫ぜていた。共稼ぎの職場時代、別のグループが蚕の人工飼料を研究していて、その実験室に彼女が自由に入らせてもらっていたからだ。

だが妻は、ボッカブリは大嫌いだ。前世で天敵関係であったのかもと思うほどだ。

旧い話だが、２０２１年2月13日夜11時10分過ぎに僕のホームで地震があった。ベッドに入って半時間程だったので、寝むりっぱなを起こされたようで動転した。５分ほど経ってから、宿直担当から各居室へ、「只今、福島県沖を震源とする、地震がありました。千葉のこの辺りは、震度４だそうです。当館では異常はありませんでした。ゆっくりとお休み下さい」とマイク放送があった。その地震は結構長かった。30秒近く大きく揺れていた。その間の僕と妻の行動が、典型的に異なっていたのが面白い。

先ず僕。ベッドから起き上がって急いで脚に装具を付けた。この地震は尋常じゃないと思ったので直ぐ動けるようにと考えた。今回は揺れの時間が長かった、数え始めたのが少し遅れたので、40秒くらい揺れていたのではないか。そんな長く揺れた地震は過去に経験したことはなかった。その間唯々不気味だった。途中で突然ドーンとこないかと心配したのだ。で、可笑しいのは妻である。地震の最中にそんな行動に出る人間は世界で彼女一人だろう。

妻は地震発生直後すぐベッドから立ち上がった。ここまでは正常だ。そしてフッと見ると食卓椅子の床にボッカブリの大きいのが居たらしい。彼女はボッカブリは絶対生きて帰しません。食卓に常に置いてあるアーススプレイを直ぐ持って、静かに追跡開始。ヤツは妻の動きを察知し、背の低いチェストと冷蔵庫の間に逃げ込んだらしい。妻は根気よくその隙間にスプレーする。右手にハエ叩きを持っている。10秒待つ。ヤツはすごすごと明るい所に自首してきた。それは妻にとってはお見通しの行動であった。案の定出て来たそこをハエ叩きで即、死刑執行。

「やった！」と押し殺した声で呟いていた。旧い日活映画なら、宍戸錠演じるエースのジョーが、手にしたピストルの銃口から出る煙をフッと吹く名シーンに似ている。こんなことは入居以来、数十回は繰り返している。酷い時には部屋のドア前でボッカブリ見付けた妻は、逃げるそれを10ｍも廊下を追って逮捕したことがある。虫を怖がってくれる女の子が懐かしい。

地震発生時、僕はその揺れの長さを計り、妻はボッカブリを殺した、ということである。

結婚生活

寄り道が長くなったが、結婚生活の話だ。

やはり最初に、義父と母に彼女と結婚する旨を報告した。まだ入社2年目の二十歳そこそこの青二才がと、両親も驚いたはずだ。しかしなぜか二人とも反対はしなかった。もちろん彼女とは共働きをすると話した。

ところがその話の数日後、義父は突然住んでいる家を得意の大工仕事で増築し出した。

その頃僕達一家は大阪府の竹山薬品のある阪急十三駅から二つ目の庄内駅の近い所に住んでいた。三畳ほどの玄関に六畳二間、それに6畳程の台所、風呂、トイレという、狭い木造の平屋であった。そこへ義父と母、そして義弟の4人住まいであった。僕は義弟と路地の道路に面した玄関横の六畳で寝起きしていた。トイレのある廊下の向こうに6畳の義父たちの部屋があった。家は義父の持ち家である。ただ家の裏に小さな庭があった。ところが僕が結婚を切り出した直後、その庭に義父は八畳の間を増築し出したのだ。

それはまったく誰に相談もせず、突然義父が工事を始めた。屋根の瓦拭き以外は、何時も義父の手伝いに来る若い大工職人と一緒に二人で作業した。大工が専門だけに庭が無くなると同時に、八畳の間は瞬く間に出現した。

その突貫工事がアッという間もなかったので、気の弱い僕は結婚して別居すると義父に言い出すタイミングを失っていた。ズルズルという感じで僕ら二人は、その新しい八畳の間で義父達と同居した。義弟は隣の元、僕が寝起きした六畳間を使った。その義弟の部屋と襖一枚で新婚の僕たちの生活が始まったのだ。妻は黙っていたが、不満はいかばかりかだったろう。今覚えば不憫の極みだ。

義父は僕達からの下宿代を狙って、相談もせず突貫工事で増築したのだろう。彼は世間では一匹狼だけに、金銭的に細かいところがあった。義父の作戦勝ちであった。三間ほどの狭い家での両親や弟との同居は、新婚気分云々どころではなかった。なぜあの時、結婚と同時に僕は別居を言い出さなかったのか。今思えば、自分に対し実に腹立たしい思いで熱くなる。

妻の結婚のスタートはそんな環境で、本当に気苦労だったと思う。家事はまだ健在だった僕の母がやってくれるとはいえ、共働きで狭い家に5人が同居するのだ。それまでの妻の実母と兄の気楽な三人暮らしの環境から、彼女の毎日は一変したのだ。僕達夫婦の性生活の不調も、その同居辺りに遠因があったのは間違いない。絶対に無理な同居であった。当然のことだがそんな彼女との結婚生活で、残念かな結局子供は出来なかった。

元々彼女はその方に全く興味がなく、極めて淡白、いや毛嫌いするくらいで正直諍いもあった。食事と同様、性の方も特異な観念の持ち主なんだと、僕は思うようになっていた。

彼女は末っ子だし本来気の強い、いや極めてガンコな性格であった。妻の性格がだんだん僕にも分かってきた。8つも歳が違えば僕と彼女に、世代間的な意識の齟齬があって当然だろう。僕よりも性については閉鎖的な世代だろうし、とも思った。だが当時の僕は二十歳初めの男の塊に在った時代だ。それに女性は初めての経験だ。毎夜の彼女の拒否する態度を見て苦しかった。彼女は異状体質なのかなぁと一時は絶望に近い感情も持った。このことはその後の雑文の知識で、女性にはそんな人も結構いるのだと知り、悲しいけれども納得した。

それにしても人間の本能のうち、食欲と性欲が希薄な妻のような人間が存在するというのは想像すらしていなかった。学校でもそんなことは当然教えてくれなかった。「本能すら拒否するの？」という気持ちで僕には到底理解できなかった。やはり交際時間が短か過ぎたと、ひどく後悔したこともあった。

妻は肉、ニラ、ニンニクの類が嫌い、性欲も乏しい、洗濯・清掃など身の回りの整理整頓を第一義に考える。加えて一日のそれらのルーチンワークは新興宗教の信者の如く、ガンコに順番を守る。それらを凝縮したのが彼女だった。典型は、昔からの妻の食事方法にも、見られた。

今のホームでも、箸を付ける順番は決まっている。先ず、みそ汁を飲み干す。と言っても、ホームの給仕担当に以前から頼んで、椀に三分の一ほどしか入れて貰わない。更に肉類は鶏肉も含め、魚や野菜料理に変更してもらっている。そんな食べれるおかずのみに箸を進め、量の半分は残して食べ終える。最後に少量入れて貰ったご飯を食べる。これを、正にスタンプを押すように毎日繰り返す。若い時は理解してなかったが、ここ40年ほどの結婚生活でやっとそんな性癖が分かった。そうだとしても、ではこの世で一体何を楽しみ生きてるんだ！　という根幹の疑問に、僕の中ではまだ答を得ていない。

しかし一面、夏の朝ベッドに座って僕がパジャマを脱いでいたら、妻が後ろから黙って熱く絞ったタオルで背中や頭を拭いてくれたりする。かと思ったら、大阪弁の天然の一言で腹が捩れるほど僕を笑わせてくれる。脚の不自由な僕が、椅子から立ち上がっただけでさっと走って行き、トイレのドアを前もって開けてくれたり等々、言い尽くせぬほどの無言の親切と好意を僕は彼女から受けている。

更に言うならば、家にある祭壇への仏事である。僕の母と義父を祭ってある。僕の両親が亡くなって以来、朝の一番茶とご飯のお供えは家にいる限り彼女は欠かしたことがない。毎日変わらず朝8時ごろだ。小さなお盆にそれらを乗せ何か一言、位牌に言葉を掛けながら供えている。もっとも供えるご飯は、ホームのレストランで朝食時配膳の人が仏壇用にと炊き立てのご飯をラップに包んで添えてくれる。それを供えているのだ。そのあと時には正座して数分だが般若心経の一部を唱えるのである。時折途中で忘れるのか言葉が詰まって、経本を開くこともある。

その慌て方はまるで小学生のようで苦笑を誘う。自慢出来る事じゃないが、思えば僕は位牌に手を合わせたことがない。宗教を持たない僕だが、それと仏壇に手の一つも合わせないというのは、一寸違うということは分かっている。ご近所の人からの貰い物やシーズンになって桃や梨の初物を買ってくると、必ず仏壇に供えてからでないと僕の口には入らない。

これが世間一般の夫婦という間柄なんだろう。男は物事の一つ一つに理屈で反応し一喜一憂。片や女は感情の赴くまま、マイペースでルーチンワークをこなし平然と毎日を過ごせる。加えて女性は、元々根底に子孫を殖やせるという、どっしりした自信を持って生まれて来る性か、少々の言葉の外圧があってもド真ん中の神経は微動だにしない。いや、平たく言えば男に比べ女は図太いという形容が適当だろう。論は外れるが、大体何事においても男はバタバタし過ぎる。軽薄だ。毎夜のNHKニュースを聞いていても、犯罪の犯人のほとんどが男だ。当然バレるのにと考えられる様な幼稚な事件を、やらかしている。あぁ、神様だ！

誰にもバレてないと思っても、自分自身にバレている。それだけでその後の日々は十分しんどいはずだ。

ただその犯罪で昨今特に多いのが、男の情痴事件だ。男が女性を追い求めるケースが多い。レイプ、盗撮然りだ。何故あんなに男は女性を追い求めるのだろう？ 男性の性だと言ってしまえばそれまでだが、その根底にあるのは何なんだろうと僕は考えた。

結果は「サケと同じで自分を育ててくれた川への帰趨本能なのではないだろうか」と結論した。即ち男は大人になっても何時も母なる川、そう女性の子宮に帰りたいのだ。だから女性にちょっかいを掛け三面記事に載るような、恥ずかしいことをやらかしてしまうのだ。断っておくが、そんな男を擁護するためにこんな奇怪な文章を開陳した訳ではない。生物的に男を観るとこんな結果になったというだけだ。スルーして下さい。

戻って、結婚六十年の僕は、妻という女性に食生活や性向から前述の様なイメージを持っている。それが現実の性差なんだろう。結婚というのはお互い五割も許せるところがあれば、良しとすべきだろうとこの頃は思っている。だがそんな仲でも、僕は離婚ということをシリアスには一度も考えたことは過去になかった。もちろん若い頃は、口論のはずみでもうこんな女とは別れてやる！ と時にはカッカしながら思ったことは何回もあるが。そんな時、何事にも平然とした彼女とは川の対岸にいるような気持ちだ。どう話しても平行線だと考えてしまう。しかし少々の不愉快なことがあっても、結局は看過してしまう。一晩過ぎれば自分自身がその屈託を忘れることを知っているからだ。それも僕の楽観主義が培った果実だと思う。それが僕のビリヤードボールの転がり方なんだと悟ったのだ。いや、悲壮感を伴わず、諦めたのかもしれない。男族の習性であろう。

しかしながら僕からすると、やっぱり妻は女性の突然変異株の一人だとは思っている。僕の持つ女性一般の概念とは少しずれている。それは間違いない。食欲、性欲、そして物欲、金銭欲の希薄さ、加えてこのような家事や仏事の几帳面さ。

これらの妻の性格は、結婚前の交際期間が例え長かったとしても、僕はそれらの1％も知り得なかったと思う。男女の相性というものは日常を過ごさないと、お互い真の人となりは何も分からないものだ。

言わずもがなだが結婚も運命以外の何物でもない、人生とは選択の連続であり、良いことも悪いことも自分次第。神のみぞ知るに尽きるものだと、つくづく思う。だから人はその箱舟に逡巡することなく乗っているだけで良いのだ。それ以外、方策はないのだから。元より、後悔なんて全く意味がない。

ただ唐突だが、既に話した僕の楽観主義も本音の所では偽物だと思っている。理由は明白に分かっている。僕は子供がいないからだ。僕には真に守るべき物がないということだ。僕がいなくても、妻は一人で何とかやって行けるだろう。だから僕は真剣に渡世出来ないのだ。追い詰められてもついつい、まぁいいかと思ってしまう。

何かの映画で観たなぁ。「子供を持つことは、顔にタトゥーを入れるのと同じよ。相当の覚悟が必要よ」って。多分僕は子供を持てば結婚に後悔していたかも、と思う。その重圧には耐えられそうもないだろうからだ。そう言っても、既に60年別れずに結婚生活が続いている。

子供が出来るという事で、思い出したことがあるので次に紹介したい。

シーザー

僕が運命或いは、宿命という言葉で直ぐ連想するのは、古代ローマ帝国の「ガイウス・ユリウス・カエサル」、そう英語圏ならジュリアス・シーザー、その人である。ギリシャに逃れた自らの政敵、ポンペウス撃滅のためローマを配下のマーク・アントニーに任せ追撃戦に出たが、結果、ローマは無政府状態になってしまった。紀元前48年の「ファルサルスの戦い」の後のことだ。ローマ内戦中の最大の激戦となった戦闘であり、ルビコン川を渡ったカエサル派が元老院派を破った戦いで、結果カエサルはローマの覇権確立へ大きく前進した訳だ。

しかしローマに帰国して見れば街はカオス状態だった。彼の部下の軍人マーク・アントニーには、ローマの行政は無理だったのだ。シーザーが帰国し、それを立て直した事は言うまでもないが、加えて行ったのは市民への食料の確保と娯楽の提供だ。後者はコロッシアムでの、剣闘士同士や猛獣との殺し合いショーだ。何れも当時のローマ市民の心を鷲掴みした施策である。民衆には聡明なリーダーが常に必須なことの歴史的な証明であろう。

特に感心するのはその後の彼の先見性である。太陽暦の導入や現フランス、当時のガリア住民のローマ市民化だ。

言うまでもないが、前者は、1年を365日とし、「閏年」を4年に1度設ける、現在の暦だ。当初僕などは、暦がそんなに重要な問題かとさえ思っていた。それは現在の太陽暦の恩恵に慣れてしまっているからだ。

当時の太陰暦では、1カ月は29日又は30日とされ、1年は354日となると言う。このため季節と暦が次第にズレていき、33年かけてやっと、元に戻ることになるらしい。

農業や治水作業の準備で生活上で重要な事は、暦の正確度が前提となる事は言うまでもない。周知の通り、太陽暦の7月に「July」として彼の名が残っている。当然のご褒美だ。

現在「太陰暦」は、イスラム教の「ヒジュラ暦」においてのみ使用されているようだ。

そして後者、ガリア(現フランス)住民のローマ市民化。それまでローマ帝国の捕虜として扱ってきたガリア人を、その人間的な処置により彼らのプライドが保証され無意味な血を流す、反乱を未然に防ぐ効果があった。人間の本質をよく理解した政策で、卓見と言える。ノーベル賞くらいでは褒賞出来ない偉業と言えよう。何百年かに一度は、歴史を大きく転がす偉人が出現するものだ。勿論彼は生身の陰謀家、策略家という陰の部分も十分持ち合わせていただろう。当然のことだが、現代の倫理観ではその正邪を判断出来ないが。

シーザーは紀元前100年に生まれた。そして有名すぎる事件のお蔭で暗殺された日も、56歳の同44年3月15日と明白だ。一応裕福な貴族の出身だが、父が内戦で敗者側に立ったため没落した。しかし16歳で下級の一兵士として出征、頭角を現したとのことだ。若い時は剛健だったのだろう。強力な体力と自信に裏打ちされた信念の行動と幸運が周囲を圧倒したのだ。加えて下級兵士だったのだから数知れぬ実戦にも晒されたはずだ。一瞬の差で弓矢や刃の下を潜り抜け、死を避けられたのだ。シーザーは自分の武力以外にそのような幸運にも恵まれる星の下に在ったのだ。僕得意の運命論だ。

が、「ブルータスお前もか」の名言を遺して、愛人の息子ブルータス他に、公の場元老院で23もの刺し傷を受け暗殺された。華やかな栄光の日々から静寂の死の世界に旅立ったのだ。そのブルータスは子供の時からその頭を撫ぜる程に近くにいて内心後継者にと迄思っていた人物だった。

ローマの頂点に立っていながら、彼自身は妻や一人娘までも失い天涯孤独となった。その上、晩年てんかん症という業病まで発症し出したというのは、歴史と言えども残酷すぎる仕打ちだ。

しかし有難いことに、彼自身が執筆したローマ市民への現フランス原住民との戦闘報告書「ガリア戦記」と題する著作を遺してくれている。前58年から前51年の8年間を1年ごとに纏めた遠征記だ。その戦記は現在文庫本にもなっているが、厚さは2㎝近い著作だ。シーザーの書いた8年間の原本は膨大な報告書だったのだ。

報告項目をナンバーリングしガリアの多数ある種族を大き

く三つに分け、先ず敵の全体を掌握する説明から始まっている。十二分に相手を研究したが故に、その対ガリアの勝因も最小単位の部族への各戸攻撃が奏功したのだ。

全部族が纏まれば手ごわいことを分かっていたのだ。戦記のその表現も「カエサルはＸＸを考えた」とか「カエサルはＹＹを攻撃した」等と、自身を三人称で著し、客観的に戦闘状況も含め記されている。戦況を細やかに報告することで、ローマ市民や兵の支持が得られ、自然と彼を英雄視する状況を醸成して行ったのだ。すべて計算し尽している。

一方その戦況報告内容から、カエサルは好奇心も旺盛なことが分かる、当時ガリアと呼ばれたケルト人の文化・習俗にも関心を持っていたようだ。そうかと思えば妻や一人娘に小まめにお互いの身を案ずる手紙までも出している。人間性を感じさせる一面も十分有していたのだ。

その簡潔且つ冷徹な文脈からは人間シーザーの合理的な思考が汲み散れ、加えて、当時の生々しい戦闘の息吹までもが伺える。クレバーな戦略家だったのだろうことは、敵将ウェルキンゲトリクスに自軍が前後両面から挟み撃ち攻撃をされながらも勝利した、紀元前52年アレシア（現フランス北部）包囲戦の合理的な戦い方でもそのことは理解出来る。又紀元前73年、イタリア半島南部で剣闘士奴隷スパルタクスが扇動した約12万人余りもの奴隷集団の反乱があった。シーザーはその鎮圧に幹部兵士として加わり、勝利に大きく貢献した。が、彼の司令官は敗者の奴隷6千人余を、見せしめに磔刑に処した。シーザーは「生かして、利用すれば」と採用はされなかったが実利的な提案を行っている。彼はそのように大きな視野で物事を観れる人間だったのだ。

勿論、権力闘争の中では、政敵となる元老院議員への暴力的な脅迫も裏ではやっている。その延長上で終身独裁官に就任した。もう専制と言っていい。共和制を堅持したい元老院の許容を超えたのだ。併せて、彼のその冷徹さが周囲の議員からは、冷血漢、独裁者と映り、遂には非業の死に至ったとも言える。

しかし何よりも、日本の卑弥呼さんよりも古い人が、当時の大国ローマの実情について、自ら執筆した著作を遺してくれたことは、今を生きる僕らにとっては正に奇跡であり、それに触れられることは感激の極みである。卑弥呼さんが何か書き残してくれていたらと思ってしまう。

そしてついには、当時の世界人口の20％に当たる、５０００万人を有する帝国の運営と、30万人のローマ軍を組織している。そんな彼は帝国のリーダーとして7年ほども活躍した。

小心な僕なら、その間気の休まる日はなかったたろうにと思うのだが、そんな中でもクレオパトラと子を成すまで人生を楽しんでいる。余程豪胆な度量の深い人物だったのだろう。当然だろう、「賽は投げられた」、「来た。見た。勝った」で、キリストと並んで世界で一番、有名な人物なのだから。

そんな彼を見ていて、つくづく人生で後悔は全く無意味だし時間のムダだと分かった。今という時間の流れを精一杯楽しみ、目的と希望を持って突き進めば良いのだ。いくら考えて用心しても、人生というのは絶対良いことと不都合なことが、捩じり棒の様に現出するんだから。

シーザーにも、予測できない人生が待っていた。クレオパトラと間に出来た息子、カエザイオンの出現だ。シーザーは、後継者を得たその時点を境に、よく見掛ける権力渇望型の凡人になってしまったようだ。自らの家名を後に続く王朝にまでにと、考え出したのだ。もう滅亡への直進しかなかったのだろう。正にそれが、シーザーの運命だ。子供を得るという事は如何に人を保守的に変貌さすかだ。

結局、僕の人生も、山あり谷あり崖っぷちありで、子供なしだが、結局はすべて良しとするべきかと今は思っている。

唐突な話だが、僕は結婚したての時に一度妻の頬を思はず叩いたことがあった。彼女には家庭内暴力の走りとでもと勘繰られたかもしれないが、本人は恣意的に暴力を振るったとは絶対思ってない。後にも先にも、妻にそんなことに及んだのはその一回だけだ。勿論後味は後悔の塊だ。今思い出しても嫌な気分になる。PCキーのようにその記憶を一瞬で削除してしまいたい思いだ。

それは結婚後間もない、何回目かの正月の二日だった。その時はすでに僕たち夫婦は、義父と母の住んでいた家からやっと別居し、ちょっと離れたアパートに住んでいた。それでも親の家へは例年のように、新年の挨拶には行っていた。正直なところ僕は嫌々仕方なく、という思いであった。妻もそうだったろう。義父とはいえ一応家族なんだし、それは何か崩せない儀礼のような意識だった。新婚間もない妻は、僕の言うがまま両親の家へ付いて来てくれた。

ところが新婚もだいぶ経ったある年の正月、妻は僕の実家の祝い膳を前に、形ばかり口はきいたが、ほとんど喋らなかった。母が料理を勧めても形ばかり口に入れるという感じであった。会話の返事もほんの一言で、ほとんど料理も口にしない。無愛想この上なかった。両親の何かが気に障ったのであろう。結婚以来少し同居期間はあったが、その頃からの彼女の両親への愛想の無さは、僕の気がかりな所ではあった。

それは現在のホームでの、軽やかな関西弁で周囲や僕に冗談を振りまく妻からは到底想像できないほど、会話も少ない不愛想な態度であった。公平に見て僕の両親が当時彼女をいびっているとは思えなかった。むしろ母は、妻の機嫌を取っている雰囲気すら僕は感じていた。

彼女の胸の底に、僕の両親との何らかの軋轢があったのだろうか。それは無かったと思う。第一両親のことで結婚以来、僕と妻が言い合ったことなぞ一度もなかった。いわゆる嫁姑の問題もなかったと思う。僕は理由が分からないまま、妻のその無愛想さに正月のその日は、我慢できないくらい内心腹を立てていた。そして朝の祝膳を終え、昼前に両親の家から帰宅したとたん、その無愛想さに僕はたまらず、自宅の玄関口で気持ちを爆発させた。

僕の振り返りざまの平手打ちが妻の頬に飛んだ。パシッと音がした。ある意味、僕は無意識だった。帰路の道すがら段々と怒りが増して、ついに腹に据えかね爆発したのだ。

「あなたもそうなるの！」妻は僕を睨みながら、確かそんな言葉を発した。多分、あなたもよくある暴君的な夫になるのね？ というような意味だったのだろう。その時ほど結婚は失敗だったと思ったことはなかった。僕は本当に惨めな思いをした。叩いておきながら、内心僕はボロボロと泣いていた。

「なぜ僕の気持ちを分かってくれないんだ、両親に会った時だけでいいから、ちょっと愛想よくして欲しいだけだよ！」心の中では、大声でそう叫んでいた。

結局お互い二日ほど口を利かなかったと思う。ここ50年程は、少々口論しても一時間もすれば屈託なく喋っている。思えば二人とも成長したものだ。当時のことは、今考えればお互いマダマダ、稚拙だったのだ。結婚したての妻は28歳とはいえ、まだ、娘の配慮のなさを十分以上残したままだったし、僕は僕で、妻の気持ちを忖度できるほどの余裕など、当然持ち合わせていなかった、そんな若造だった僕が、両親との正月の祝い膳の後で突然切れたのだ。こんな弾みで人は離婚まで突っ走るのだろうと、今は理解出来る。ただその時は幸いにも離婚という言葉は僕にはまったく思い浮かばなかった。

今振り返れば、胸を撫で下ろす思いだ。その時は、妻のビリヤードボールが僕に当っておきながら、僕のボールは妻のそれと離れないまま転がり、二つとも台のポケットにも落ちなかったのだ。lucky! 新婚当時の苦い思い出だ、忘れよう。

3章　仕事に追われながらも

岡本さんのこと

話は飛ぶが、次はサラリーマン人生で僕の方向を決定的に変えてくれたビリヤードボールである。その人は岡本さん。そのボールの色は、目立たないが魅力的なシルバーグレーであろう。

現役時代、職場の上司だった岡本さんについては、前から絶対何かに書き留めて置きたいと思っていた。書くテーマは決まっている。振り返ればあれが社会人になってからの僕のターニングポイントだった。そしてそれは正しく僕にとっては出会いの妙でもあった。

時は、僕が30直前であった。昭和44、45年頃の話だ。既述の通り、竹山薬品の動物用医薬品の製剤化研究部門に勤めていた。世間も僕の会社も人手不足で、僕の20人程の小さな職場でも新入社員が二人、三人と毎年入社し、給料やボーナスも上がるのが当たり前という旧き良き時代であった。

で、岡本さんだ。彼は同じ大阪工場内の発酵研究所から僕の職場に転入して来られた定年前の人であった。肩書は平の僕の三階級上の「特別研究員（以下特研）」という部長職待遇。

頭はやや薄くなっているが白髪痩身。色白の見るからに好人物という印象を与えた。顎の小さい人だなぁと、初対面のときに思った。いつもニコニコしていて日ごろ強い言葉はついぞ聞いたことがなかった。本質的に気弱な人だと僕は観ていた。笑顔は彼の自己防衛術だろう。

加えて僕の直属の課長職の人物、A主任研究員（主研）はかって組合幹部も両立したほどの40代初めのエネルギッシュなやり手であった。そのA主研と岡本特研の職場内の発言力は完全にA主研がすべてでリードしていた。同僚の皆にもそれは知られていた。A主研に促されて、岡本さんが仕事のことで電話させられている場面も度々見かけた。

民芸品輸入

そんな職場の中で、僕は以前大阪万博のアフリカ館パビリオンで見た木彫民芸品を思い浮かべていた。丁度会社の仕事に慣れが出て来て、気が散っていた時期でもあった。

僕は中学生の頃にゼロ戦などの模型に興味を持った。もちろんそれを買って遊ぶほどの小遣いの余裕はなかった。朴の板、ナイフ、サンドペーパー、接着剤、エナメル塗料等で工作してゼロ戦を一から作るのだ。元より完成品を買う気はなかった。自分で作る方が楽しかった。朴の木は年輪がなく柔らかく削りやすい。そのころ、その木の角材や板は文房具屋で安く売っていた。

工作していると時間を忘れるほど夢中になった。薄く仕上げなければならない翼の部分には、特に注意がいる。左右同じ厚さと大きさが必須だ。ナイフでちょっと木に深く傷を付けてしまうと、新しい木で一からやり直しだ。

それでも朴の板一枚で何十枚もの翼が作れたので、失敗を恐れる必要はなかった。大きさはゼロ戦で15㎝ほどだ。確かゼロ戦だけは大好きで大小何機か作った。翼に赤い日の丸を入れるとほっとしたものだ。対戦遊びのためアメリカのグラマン戦闘機も作った。

そんな時、1970年に「大阪万博」が開催された。そこへ行ったときアフリカ館の民芸木彫品が、僕を惹きつけた。それは数センチから等身大くらいの動物や黒人の人間像などで、見ていたら動けなくなった。デザインの精巧さと共に表面の褐色のツヤが素晴らしいのだ。博覧会だから商品ではなく展示されているだけだが、作者が費やした熱意と時間が作品から強く感じられた。

そんな背景もあってか三十代前、僕は南欧の民芸品に興味を持つようになった。そしてついには仕事の傍ら、海外の民芸品のサンプル輸入までやり始めた。取扱業者の住所は東京にある各国の在日大使館に手紙で問い合わせた。

もちろん日本語だ。不思議にも当時ギリシャ、スペイン、ポルトガル、イギリスなどの大使館は、多分本国の電話帳のコピーだろうが業者名に線を引くなどして親切に対応してくれた。

僕は取り付かれたようにそれらの国の民芸品業者に、手紙を出した。と言っても僕の英語は、This is a pen. 程度だ。書くのは和英辞典を捲りめくりで、会社の隣室の研究員のタイプライターを借りてキーを叩いた。金もなかったが、当時タイプを買おうとまでは思わなかった。民芸品輸入はまだ趣味の段階という自覚だったのだ。

半年程で数冊のパンフレットが送られてきた。文通が出来たことだけで有頂天になった。僕は最初にギリシャから民族人形を20万円くらいだったか輸入した。高さ40㎝程の長いピンクや赤のカラフルなフレヤースカートの人形であった。スカートには金銀のラメが入っていた。白い短いスカートに赤や青のベレー帽姿の、男の子の人形もあった。それらはピアノの上にでも飾れば日本人形などとはまったく異なる新鮮さで映えると思った。プレゼントにもいいだろう。夢はどんどん広がった。

自宅の2階は人形だらけになった。時には不動産屋をやっていた義姉の事務所兼倉庫の30畳ほどの二階に、段ボールケースの民芸品やその他の外国のサンプルの荷を、何箱も置いてもらった。

不思議にも当時荷物がどんどん入って来るのに、妻は何も文句を言わなかった。彼女もアレヨアレヨという感じだったのだろう。それどころか、姪が通っていた短大のバザーに伝手を得、妻も同行してそれらの人形を売るのを手伝ってくれた。もちろんそのことが会社に知れたらクビであることは分かっていた。不思議と当時それを怖いとも思わなかった。バザーでは9体しか売れなかった。数十体売れ残った。

しかし嬉しいことにも出会った。小学生の女の子だったが、母親にねだって買ってくれた。これは行けると、その時僕は思った。その程度のあやふやさなのに、僕は何か憑かれたように輸入業者？ に突進した。

パンフレットを集め自分で商品を決めて発注し、輸入する。そういう作業はあたかもちょっとした実業家になったような気分が味わえた。輸入から販売まで自分の意のままに進められることが嬉しかったのだ。ただ当時の販路は義姉の知り合いを数軒紹介してもらって買ってもらう程度だった。

ポルトガルのタオル、ギリシャの壁飾りのレリーフや飾り皿などだ。何れもサンプル輸入で発注後3カ月ほども要して、数十点入荷する程度だった。が、夢中になった。やりがいが会社の仕事の比ではなかったからだ。世の中にはまだ日本で知られていない民芸品がいくらでも眠っていると思った。送られて来たイギリスやスペインからのパンフレットにはしゃれたデザインの骨とう品の壺や家具、さらには甲冑、サーベルといった写真まであった。見ているだけでワクワクした。ただ今思えば、それらは絶対に日本で売れるはずもない品物だった。

僕は当時商売とは、商品を探し当てることだと思っていた節があった。自明の理だが、仕入れた商品が売れてなんぼが、商売だ。それすら気付いていなかった。輸入することは金さえ払えば誰でも可能なのだ。

僕は、輸入品を持って百貨店や繁華街の雑貨店を一軒一軒、売り込む程度しか考えてなかった。伝手もないのに成功の可能性はゼロであったろう。浅はかといえばそうだが、だからと言って会社の仕事は十分やっていると自負は持っていた。

そんなことを数年やっていたある日、厚さ1㎝ものパンフレットがポルトガルの業者から送られて来た。それにはアフリカ南西部の国、アンゴラの民芸品の白黒写真が多数載っていた。前に万博アフリカ館で見たヤツだ。黒人数人が強い太陽の木陰で木材の塊を膝に置いて彫刻している写真もカタログの中にあった。商品は高さ30～50㎝ほどの色々な動物や人間の黒褐色っぽい彫像だった。中でも、多分インパラだと思うが細い脚の美しい草原鹿の彫り物があった。それには僕自身が部屋に飾りたいと思うほどの魅力を感じた。これは宝の山を掘り当てたという思いだった。そんな商品は日本では見たこともなかった。

早速その業者に注文の手紙を出した。1カ月ほども経って表に朱の Air mail と捺印されたブルーの業者からの手紙が届いた。送品ＯＫであった。商品はほとんどが2千円を超えなかった。安過ぎる！　と思った。日本なら少なくとも5千円では売れるだろうと皮算用した。僕は妻に内緒で、請求書にあった代金42万円を送金した。当時のその額は、共働きの僕ら夫婦のボーナスを合わせた以上の大金であった。送金を相談した銀行員から「いいんですね？」と念を押される中、こわごわ捺印したのを覚えている。貯金残高は半分を切っていた。

が、それ以上に自分の中に名状し難いマグマのような塊をいつも感じていた。今の仕事以上に、何か大きい没頭できることがあるはずだという飢餓感だ。僕の単純な情熱は、もう抑えられないほど沸騰していた。

そのような無鉄砲が出来たのも妻が同じ会社で働いている共稼ぎの甘えが根底にあったからだ。そしてその延長上で全財産の過半を注ぎ込んだのだから、もう退社以外ないと何とも不合理な決心をした。自由人となった身で、雑貨店や百貨店への売り込みをドンドンやりたかったのだ。当時はそんな段階で退社してそのあと生活出来ると思っていたのだから不思議だ。

そんなある日、直属上司のA主研を飛ばしてなぜかその上の部長職の岡本特研に直接「お話しがあるのですが」と言って、地下の人のいない試製作業室へ来てもらった。

退職依願

岡本さんとはそれまで、一回飲みに誘われたことがあった。その2カ月前くらいだったか、5時の就業を終え帰宅すべく僕は職場の6階のエレベーター前で待っていた。たまたまその時かばんを持って帰り支度の岡本さんと出くわした。紺のスーツ姿の岡本さんは背がすらっと高かった。話題も思い付かず黙っていたら、岡本さんが、

「……ハラ君、真っすぐ帰るの？」

「ええ、実験も予定通り終わりましたから……」

「そう、よかったね……これから予定あるの？」

「いえ特に……」

「じゃ、ちょっと飲みに行こうか、どう？」

「いいですね……ずーっと残業が続きましたから、ご一緒します」

僕は岡本さんの誘いは嬉しかった。

「じゃ、僕、先にゆっくり歩いて行くから追って来て……店は十三のG寿司だよ、二階に居るから。今頃だったら空いてるだろう」

と岡本さんは言った。エレベーターを降りて、岡本さんと別れた僕は更衣室へ走った。

そんな経緯もあり、僕は部長職であっても岡本特研とは話しやすかった。

余談だが、そのG寿司で思い出すのは二つ。

先ず当時流行歌手として語るような低音でならしていた、若手のMという男性歌手がいた。彼は下住みの時代にそのG寿司で下働きをやっていたと言う。

そしてもう一つ。ある時職場の同僚と退社後飲みに行き、その足でG寿司へ正になだれ込んだ。三人でカウンターへ座り思いっきり飲み食いした。そしてついには三人で、ポケットから10円玉も含め取り出し、

「最後、これで食えるだけ握ってくれ」

と、捩じりハチマキの職人に無理を言ったことがある。若い時の懐かしい思い出だ。

で、地下作業場へ来てもらって、僕は岡本さんに、「民芸品の販売をやりたいので、退社したい」と申し入れたのだ。僕は上ずった声で、会社まで持って来ていたアンゴラの木彫品の写真や、今まで集めた何冊かの各国のパンフレットを見せて説明した。得々とした態度だったと思う。岡本さんは一方的に喋る僕の話を黙って聞いてくれた。そして木彫品の写真を見て、小さく、「きれいだね……」と言ってまた沈黙し、少しして、「……もう少し考えた方がいいよ」と言うだけだった。その時は何時ものニコニコ顔はなかった。

数日が経った。岡本さんからは何も反応はなかった。僕はたまらず、また岡本さんに時間を下さいと頼んだ。すると僕の耳元で、「バカなことを考えないで、飲みに行こう!」と肩を叩かれた。僕はその夜、岡本さんと並んで十三の繁華街を歩いていた。以前誘われたG寿司屋の2階へ行った。

話は岡本さんの一方的なもので、要するに今の良い会社を転職なんてもっての外だという主旨で、一貫していた。そんな説教の中で、

「サラリーマンが変化を求めて商売に走るのは、君だけじゃないよ。一種の男のハシカみたいなものなんだ。だが、99%は失敗してるよ」

「……」

「第一今の仕事で何が不満なんだ? 考えてごらん、仕事のテーマは一つか二つだろうけどハラ君、君一人で、担当させて貰ってるんだよ。どうやるかは君の自由なんだろう。他の研究所だったら、ハラ君くらいで専任テーマを持つなんてあり得えないよ……殆ど数人のグループでテーマ一つだよ。僕だって、3年前まで発酵研究所に長く居たから、研究所の実情は良く分かってるからねぇ。どう、何が不満なんだ? そのことをはっきりと、僕に説明できるのか?」

そこの所は、僕は自身でもぼんやりした部分だった。給料やボーナスは、新聞で見る世間の相場の十分以上を貰っていて、それも定期昇給と同様、毎年上がっていた。それに僕は共働きである。生活費で妻と困ったなぁという局面は、入社以来経験したことはなかった。金曜日の夜はいつも誰かと飲んで帰っていた。一人で飲みに行くことはなかったので小遣

いは足りていた。要するに、何か変化が欲しかっただけなのだ。恵まれているのにそれをぬるま湯と感じ、仕事に飽きはしなかったが慣れが出始めたのだ。

他に誘惑がなかったからよかったが、ある意味その時期は、サラリーマンとしての危機であったかもしれない。入社3カ月、3年で若者の退職が多いとも聞く。僕もかなり遅れたがその口だったのだ。それは今なら、当時の心理の無謀さは理解できる。だがその時は、自分をまったく客観視できなかった。唯々民芸品を輸入したいの一点しか見ようとしなかった。自分の見たいものだけを見ていたのだ。

ビールを口にしながら、岡本さんは、

「僕に言わせて貰えば、君が今興味を持っている外国の民芸品とやらだけど、君がほれ込んでいるだけじゃないの？　少しは売れたの？」

カウンターに並んだ岡本さんは、隣の僕を見て尋ねた。

「短大のバザーへギリシャの民族人形を、売りに行きましたけど……それと親せきの知人とか」

「どのくらい売れたの？」

「20体ほどです」

「幾つ仕入れたの？」

「54体です」

「それで、見込みがあるって考えたの？　この次、何処で売るの？」

「心斎橋の商店街や百貨店を回ろうかと……」

「まだその程度なんだろう。まるで子供の発想だよ！　会社を辞めようという時には、すでに月80万や100万売れてないとだめだよ！　そんな程度ではとても商売とは言えないよ。ダメ。ダメ、ダメだよ！　そんなの絶対成功しないよ！」

いつも見る岡本さんと目の光が違っていた。強く僕を見てさらに続けた。

「第一、ハラ君の輸入した民芸品が本当に売れるとなれば、わざわざハラ君から買わなくても、商社を使うなど専門家のルートで店の人は直接現地から安く仕入れるよ。そうだろう？　君でもその立場なら、そう思うだろう？」

と言ってくれた真剣な岡本さんの表情は今も脳裏に残っている。僕には反論の言葉は一言もなかった。考えれば完全な一人芝居だったのだ。その岡本さんの言葉を聞きながら、これだけ喋る人だったんだと僕は変なことを感心していた。しかしその時初めて自分を客観視出来た。

そして小一時間飲んだところで、「ハラ君、出ようか」と僕の顔を見た。

「えっ、もう？」と内心思ったが、コップのビールを慌てて飲み干し、岡本さんの後を追った。まだ8時前だった。駅への道をブラブラ歩いて十三駅の改札口が見えた時、「ちょっと、行こう……」と、岡本さんは改札口右のガード下への道を歩き出した。駅向こうの西口は、こちらの騒然たる東口と違って飲み屋などない寂しい商店街だ。道は水銀灯だけが光っているアーケードが続く中、寝具屋などもうどの店もシャッターが下りていた。岡本さんは足早だった。5分も歩いたとき、僕はもしや！　と思った。その通りだった。

ストリップで有名な十三木川劇場の前に着いた。岡本さんは入口で何枚かの千円札を払って、僕を促した。意外な展開であった。しかし、そんな突飛な岡本さんの気遣いは嬉しかった。

そして終演の音楽が流れた。見ると隣の岡本さんは片肘に頭を預け、青白い顔で眠りこけていた。次の日会社で、僕が通りすがりに頭を下げたが、岡本さんは無言であった。

そんな時、僕の退社問題など吹っ飛ばす、思わぬニュースが飛び込んで来た。偶然見た朝刊の端に「アンゴラで内戦ぼっ発」という活字を見つけた。アンゴラのポルトガルからの独立戦争が起こったというのだ。

正直僕は、アンゴラがポルトガルの植民地だということすら知らなかった。木の下で草原鹿を彫っていたパンフレットのアンゴラの写真から、日本同様平和な国なんだとばかり思っていた。

僕は急いでポルトガルの業者に手紙を送った。会社に居ても心ここに在らずの心境であった。2カ月くらい経ってからだろうか、ポルトガルから、「戦いはいつものことだから、Please trust me!」と書かれた薄い手紙が届いた。42万円分の商品は届くと、まだ微かな希望を持った。しかしそれが彼からの最後の連絡であった。

その後アンゴラは米ソの代理戦争にまで発展し、2年後には独立した。そんなことは僕の知ったことではなかった。僕は完全に民芸品に興味を失うと同時に、軽率だった、子供だったと後悔した。

更に、そんな中であった。岡本さんはあっけなく、定年を待たず急逝した。

自宅へ同僚と弔問に伺った。心の中で、お世話になりありがとうございました、と手は合わせた。しかしその時は、ただそれだけの感情であった。岡本さんの死に深い感慨はなかった。出会いの貴重さに、その時の僕はまだ真に気付いていなかったのだ。本質的に僕は冷たい人間なのだろうかと疑うほど、当時の心境を今は後悔してしまう。

思えば僕が退社を願い出た時に彼が、「そうか、分かった」と事務的に処理されていたら、今頃僕は妻と正に路頭に迷うを地で行っていたと思う。彼が僕をストリップを見に連れ出すまでして、一呼吸入れてくれたことでその窮地から救われたのだ。仕事の忙しさも加わって、雑念も吹っ切れたのだ。

気弱げな岡本さんが、男のハシカだと言い切ってまで、僕を止めてくれたのは何だったんだろう。僕にとって岡本さんとの邂逅は、人生での奇跡の出会いだったのだ。今になって僕は深く感謝し、岡本さんに心の中で静かに手を合わせている。

ステンドグラス・堀内先生

彼は透明なブルーのビリヤードボールだ。その方は、僕のステンドグラスの先生である。

彼に出会ったのは、40代初めであった。僕の会社の女性の同僚吉野さんの友人、城村さんが梅田の英会話教室に通っていた。その教室に堀内先生も来ていたのだ。ある時、吉野さんが、

「今度城村さんと、ステンドグラスの先生のお宅を訪ねるんだけど、ハラさんも一緒にどう?」

僕が日頃、柄にもなく絵を見ることが好きなことを彼女は知っていたので誘ってくれたのだ。

後で思うのだが、この吉野さんが僕を誘ってくれたこともビリヤード台上での僕のボールの方向を変える大きな一助となった。この声掛けがなかったら、僕は一生ステンドグラスなる物と巡り合うことは絶対なかったろう。そのガラスとの邂逅は、後述の通り定年後の僕の人生を大きく見事に変えてくれたのだから。

その堀内先生のステンドグラス教室は、神戸沿線の西宮から支線で2駅北に向かったところにあった。芦屋に近い山の手の高級住宅街だ。連れられて3人でそこを訪れた。

後日僕が千葉のこのホームに転居し5年も経ったときの話だが、その吉野さんと城村さん、そしてステンドグラスの堀内先生のお三方は異なる日だが、千葉の僕の「Pのヒゲ工房」へ遠路来てくれたことがあった。懐かしくも非常に大切な思い出の一つである。その時の堀内先生と僕、妻の三人で工房で撮った写真が残っている。

で、堀内さんの工房訪問。その芦屋の方面へ行くのは僕は初めてだった。駅から5分ほども歩いただろうか。車道から10mほど小径を下ったところに堀内先生のこぢんまりとした平屋の教室兼住宅があった。家は旧そうだった。

車道から下る小道の入口に「駅から七分工房」と黒ペンキ書きした小さな板が立っていた。センスのあるネーミングだなぁと感心した。周りは畑でポツポツと小ぎれいな家が散在していた。

出迎えてくれた堀内先生の後に続いて玄関を入った。洋風のお宅だった。左手に10畳ほどの板間があった。そこには畳大ほどの作業台が置いてある。ステンドグラスの教室であった。先生は額は上がっていたが後日、僕より一つ上だと知った。

その室内に入るとプーンと、不愉快ではないが特有の匂いがした。後に知ることになるのだが、それはステンドグラスを半田付けするときに使うペーストが焦げた匂いであった。

部屋にそれが染みているのだ。

先生と三人で雑談していると、ノックあって小柄で色白の意志の強そうなお顔の白髪のお婆さんが入って来た。堀内さんのお母さんであった。手にティーカップを乗せたお盆を持っている。型通りの挨拶はしたが、彼女は何となく僕らがウエルカムではないような雰囲気を感じた。メガネをかけておられたので視線が強よそうに見えて、そう思ったのかもしれない。

先生との雑談が済んだ頃、僕は教室のガラスラックの中のステンドグラスの原板を直に初めて触った。ステンドグラスはこれまで教会の写真で見た程度で、実物に触れるのは初めてだった。その小片を取り出して窓から入る陽にかざして見た。内心、ワォー、と思った。カラフルなのに澄んだ透明のブルーで綺麗過ぎたのだ。感激が走った。

同じブルーガラスでも透明ガラス、スリガラス等々、色調の微妙に異なるもの。ガラス表面が凸凹のものなど、何種類もあった。さらには血のような真っ赤な色や深く澄んだグリーンなど、正に色々な色のガラス板があった。

雑談の輪に戻った。先生は鼻筋の通った、上品な青白い細面で、白いものが混じった長めの口ヒゲを蓄えていた。僕の第一印象は、ヨーロッパの旧い絵に描かれている、イエス・キリストの顔を連想させた。しかしキリストは中東のユダヤ人だから、顔色は浅黒かったはずで、目の前の先生の様に青白くは無かったろうが。彼は語り口も細々かつゆっくりとしていた。自分から積極的に発言することはなく、質問に答えるといった会話が続いた。

先生は僕を正面から見、僕が尋ねるまで自然な表情でそれを待った。僕は彼の話ぶりに飾りっ気がなく、本音で話せるように思った。

僕は人との会話で、途切れて間が開くと落ち着かない。だからすぐ何かしら話題を捻りだす癖がある。自分でも嫌な性質の一つだが、関西人の性だと諦めている。ところが堀内先生に会って、まったくそんな間を気にしない人間がいることを発見した。これは新鮮な驚きであった。だからその後二人で飲むようになって、彼との会話で僕が話したいネタが思い付かない限り、僕は黙って酒を飲んだ。彼もまた然りであった。その短時間の無言の間は心地よかった。

後日知ったことだが、先生は若い頃結核で長い療養生活を経験していた。そんな彼だが別の顔を持ち合わしていた。神戸の私立大学の経営学科を卒業し、大阪の商社に勤めたこともあった。更にはその後長期の渡米経験も持っていた。その時にステンドグラスを知ったと言った。そして帰国後、名古屋にあったガラス問屋の伝でその近隣のステンドグラス教室にアパート住まいで通い始め、正式に制作技術を修得したらしい。1970年代だろう。

そういう意味では、彼も日本人でそれを学んだ先駆者の一人と言える。加えてこれも彼との飲み屋話だが、彼はアメリカで女性と同棲していたような話し振りであった。英会話が上手くなる一番効率的な方法だと笑っていた。

僕と同世代で独身だったが、僕にはないスケールの大きい奔放さを彼は持ち合わせているようだった。それは外見の繊細そうな雰囲気とは真逆である。僕は彼に強い親しみを感じた。

その初訪問で話は弾み彼が教室を開いていること、生徒は40人ほどで土日以外の午前と午後の部に分けて教えていること、ただ水曜日だけは18時から20時までの夜の部があることなどを話してくれた。生徒の中で男性は一人だけだと追加した。土地柄、有閑マダムの手芸教室といった雰囲気だ。個人宅などの注文にも応じているようなことも話してくれた。

その時、彼の作品の写真も何十点か見せてもらった。色彩も構図も華やかさはまったくなかった。どこか抽象的で人物の顔も輪郭線は焼き付け技法だがピカソ風だった。僕にはそれらの作品の制作意図はよく分からなかった。

少なくとも色ガラスのキラキラとしたカラフルな綺麗さを利用した作品ではなかった。

おおよその製作工程も話してくれた。聞いている内に僕は何か強く魅かれるものを感じた。ガラスの色彩が余りにも魅力的だったからだ。夢中になりそうな予感があった。加えて、初対面ながら堀内さんとも波長が合いそうに思った。

そして帰り間際、軽々にもその場で僕は先生に水曜の夜間の教室に入れて欲しいと言った。同行の吉野さんと城村さんは、突飛すぎる奇行と映ったのかキョトンとしていた。会社は当時17時に終わった。教室が終わっても夜9時過ぎには帰宅できる。週一だ、僕なりに計算は成った。既述の通りそのころの僕は、阪急電車沿線の兵庫県川西市に住んでいた。

そんな経緯で、毎週ステンドグラス教室に通うようになった。自分でも思わぬ展開であった。ところが後日このステンドグラス経験が、僕の行動の大きな原動力となって行くのだから分からないものだ。

毎週水曜日、東京転勤で教室を辞めるまで10年近く教室へは欠かさず通った。夜のクラスで男は僕一人だったこともあって、堀内先生とも親しくなった。それまで一人いた男性生徒は辞めたらしい。水曜日の夜の部は看護師さんや近所の主婦の5人ほどだった。

この教室に通っていた時の思い出は、三つ。

先ずは、展示会。教室入って2年くらい経ったころだった。生徒全員の作品の展示会を先生が企画した。

場所は近くを流れる夙川の堤の野っ原で、日曜日の1日だけ。先生が前もって現地に用意した作品の吊り下げバーに作品をぶら下げるスタイルだった。

作品は何れも30㎝角ほどのパネル（板状）の小品ばかりだ。僕も出品した。確か先生は出さなかった。晴天の気持ちのいい小春日和だった。先生は常々、「ステンドグラスは教会窓のように陽の光を通すのが一番色が映えるのですよ。蛍光灯はダメですね」と言っていた。だから屋外での展示会を考えたのだ。

が、思わぬトラブルが発生した。展示中、昼過ぎに突然風が強く吹いて、ぶら下げた作品が大きく揺れ終には倒れるバーも出て来た。風は止みそうでなかった。「中止しよう！」と先生が叫んだ。すべて撤収し僕の初出品の展示会は終わった。

「ここは散歩によく来るんですが、突風など経験ないんですがねぇ」と先生が残念そうに首を傾げていた。先生も初めての展示会で残念だったろう。全作品の記念写真を撮ると張り切っていたのだ。

次は飲み会の話。何時の間にか先生と一緒に飲むほどの気易い仲になった。会社が終わって十三駅で落合い、義父と飲んだG寿司屋へよく行った。

その飲み会は、僕の東京転勤まで2カ月に1回ぐらいだが続いた楽しい時間だった。教室が終わった帰りしなに十三での日時を打ち合わせるのだ。彼も「いいですねぇ！」と快くいつも即決した。寿司屋での席はいつも静かな2階のカウンターの奥と決まっていた。

その頃には何時の間にか僕は、先生とは呼ばず彼の苗字を呼ぶようになっていた。ただ彼はシャイなところがあって自分の食べたいものをカウンター越しの板さんに直接注文しないのだ。

僕がその寿司屋の職人たちのための賄い料理で「厚揚げの焼き物」というのがあるのを知っていたので、それを注文した時だ。「ハラさん、僕もそれが食べたいんだけど……」と僕のそれを小声で指さすのだ。食べたければ自分で注文すればいいのにと思ったが、邪魔くさいので、「これ、もう一つ追加で、頼む」と僕が注文した。いい大人なのに彼は変なところで恥ずかしがり屋なのだ。「厚揚げの焼き物」は庶民の食べる惣菜である。芦屋に住むような彼は、それまで口にしたことがなかったのだろうと僕は思った。

飲み屋では先生こと堀内さんは、僕の話の聞き役であった。僕が話し出すと、「……それはハラさん、つまりこういうことですか？」と、僕の話をもう一度整理し彼自身の言葉で咀嚼して話し直すというような、ゆっくりとした会話で進んだ。それに堀内さんは僕の職場や仕事の話にかなり関心があるようで、「そういう仕事をやってるんですか！」と、興味深く話しかけた。

彼との会話で「成程！」と思わす会話が一つあった。職業の話をしている時であった、堀内さんは、

「……遣り甲斐という事で、僕は理解出来ない職業が一つあるのですよ」

「どんな仕事ですか？」

「……アナウンサーという仕事ですよ……勿論必要な職業であることは、分かるんですよ、でもニュースを読んでいて別にニュースの内容そのものを、創り出しているものでもないでしょう。それに原稿は別の人が作るんだろうし、僕だったら喋るだけでどこに遣り甲斐ってのを感じるのかなぁってネ。強いて言えば分かりやすい話し方を自分なりに工夫する位しか、思い付かないのですよ。しかしＮＨＫのアナウンサーは個性的な表現は、むしろやってはダメだろうしね」

表情は真面目である。その職業が必要なことは分かり切っているのだ。彼の物言いから、勿論それを軽んじている訳では絶対ない。そんな彼を見ながら、僕も、「そう言えばそうだなぁ」と頷いた。が、その後、いや違う！　と閃いた。

「堀内さん、アナウンサーの重要な使命を思い付きましたよ。……日本語の美しいと言うか、正当なというか、そんな言語を後世に伝えて行くという重要な職業という一面があるんじゃないですか。そうでないと若者のジャンク・ワードが巷に溢れ、本当の日本語がいつしか消えて去ってしまいますよ。それに、アナウンサーの話術、例えば話す速さ間の取り方、更には相手が話し易くなるように雰囲気を作るとか……それらは実に凄いスキルですよ。ある意味心理学者であるかもしれませんよ、そうでしょう？」

「成程……なるほどそれは言えますね。やっぱりアナウンサーは重要な職業なんだ、よかった！」

堀内さんには珍しく、表情を輝かした。納得できる答えが見つかってほっとしたんだろう。堀内さんは心底納得した風であった。僕もその使命について、自分で言っておきながら再発見したようで嬉しかった。ただ言語は放っておいても時代と共に変わっていくだろう。室町はおろか江戸時代でも、その会話は現代人では聞き取れないのではと興味を持って思っている。

ここまで彼と親しくなったのは、堀内さんがステンドグラスの問屋へ僕を連れて行ってくれたことが契機となった。ある日教室が終わった後、彼から、

「ハラさん、今度の土曜日空いてたら付き合って貰えませんか？」

と話しかけられた。堀内さんは何時まで経っても、丁寧で物静かな話しぶりであった。目的は分からなかったが即ＯＫした。行先は東大阪市にあるステンドグラス問屋であった。荷台にガラス板の立てかけ式の保管棚を積んだ自動車に同乗した。ガラス原板の仕入れであった。

到着した問屋には、二棟の広い倉庫がありそれぞれに何列ものガラスラックが並んでいた。倉庫に入った堀内さんは、欲しいガラスの原板を倉庫内の手押し車に勝手に取り出しながら僕に説明してくれた。ガラス原版はどれも、80×１００㎝ほどだ。倉庫内の長い20ｍほどの三列の通路の棚のガラス原板の在庫量は膨大なものだ。

因みに英語のstainは「染みる」という意味でstainedはその形容詞である。ガラスに色を染みこませているのでこの単語を使う。

彼の話によると、ガラスの種類は大きく分けて次の4種類あると言う。

①アンティークグラス：機械を使わず、職人の手によって作られる昔からある透明なガラス。ヨーロッパの旧い教会はすべてこれらしい。価格は最も高い。

手作業故に原板一枚でも上と下の場所によって厚さが異なるものが多い。中には少しだが気泡が残っている板もある。

炉内で熔かした着色ガラス液（種）を高い位置から長い吹き棒の先に取り、下に向けて職人が強く吹いて長い提灯のような物を作る。と、その表面を別の職人が瞬時に縦に切って、まだ柔らかいガラス板を鉄板の上に広げ、風呂敷のような板状にするのである。冷えると1m角ほどのステンドガラス原板となる。極めて熟練を要する、まったくの職人芸だ。これは彼がアメリカで実際に見た製法であったらしい。

僕も何種類かのガラスを見たが、このアンティークグラスが一番上品で作品にしても、飽きがこず魅力的だ。

②キャセドラルグラス（パターンガラス）：型板ガラスのことで、熱いうちに色ガラス表面に小さな凸凹模様をロール機械で押して着けていくのだ。

③オパールセントグラス：ジュエリーアクセサリーで有名な、米ティファニー工房が作り始めたガラスである。どの色も原板全体が乳白色がかったガラス。砂の一成分である二酸化ケイ素が添加されている。それが多数の結晶水を持っていて、分子レベルで球となって牛乳を水で薄めたような色合いのガラスになるのだそうだ。

④ダル・ド・ヴェール（スラブガラス）：堀内さんのところでは見なかった。厚さ2、3㎝もある厚手のガラス板である。割るのはガラス面に線状に傷を付け、重いトンカチでその線上を叩いて割る。

彼に連れられて芦屋の高齢の女性作家のダルガラス工房を見学したことがある。何れのガラスも、メーカーは全部外国でアメリカには主なものは5社ほどあるらしい。各社毎にそのような個性的な独自のガラス板を製造している。この問屋見学で、同じ色でも濃淡、表面の表情など実に多様なガラスがあることを知って驚いた。

ステンドグラスの発祥は、5世紀ごろだと言う。キリスト教と歩調を合わせて発展したようだ。その教えを色ガラスで庶民に理解しやすいように工夫されたものだ。イスタンブールの紀元500年前後に完成した寺院には、ステンドグラスの工房跡が残っているという。

日本に登場した初めてのステンドグラスは、明治の文明開化の頃19世紀末にフランスから長崎の大浦天主堂に寄贈された「十字架のキリスト」だと言われている。

なお、ガラスの色は、熔融時に添加する少量の金属の種類により発色するのである。金や銅を加えれば赤のガラスに。ピンクは、マンガン、銅。青はコバルトや銅。黄色は、銀、ニッケル、などである。

昔、僕たち子供が飲んでいたラムネと称する泡の出る飲み物の特異な形の瓶は、透明で緑っぽかった。ガラスに不純物として微量の鉄が除かれずに溶けていたのだ。

ガラス問屋は、大阪、名古屋そして東京にあるという。堀内さんは事務所に行って注文処理をした。

そのあと彼は、そのガラス問屋の専務と名乗る人の机へ僕を案内してくれた。そして唐突に専務に、「今後、このハラさんから、直接ガラスを注文して貰いますからよろしく頼むね。……ハラさん、住所と電話を専務に教えてあげて」と、紹介してくれたのだ。ガラスを原価で買えるようになったこともだが、そんな事よりも、彼の友情の証を得た思いで僕は嬉しかった。堀内さんには、僕が教室だけではなく川西の家の2階でも作品を作っていることを既に話してあった。だから僕がステンドグラスには本気だと分かってくれていたのだ。

さらには、彼のお母さんとこんなやり取りもあった。

僕が会社の休みの日に、先生の家へ少量の欲しいガラスを取りに行った時だ。その頃の僕は主に家で作品を作っていて、ガラスも先生のところのラックから自由に持って帰っていた。ガラスの縦横サイズを測ってメモを置いておき、後日清算して貰う方式だった。週一の教室へは、生徒さん達と雑談しに行くような感じだった。

その時、「ハラさん、あとからちょっと、いいですか？」とお母さんから、声を掛けられた。堀内さんは不在だった。お母さんのところへ行くと、

「ハラさん、実はね、息子が教室のYさんと親しいらしいのよ……ちょっと心配でね。で、お願いなんですが、ハラさんから息子に彼女とどうなってるのか、それとなく訊いてもらえませんか？」

という話だった。さらにその親しい女性は既婚だと付け加えた。お母さんは、僕と彼がよく十三へ飲みに行くことを知っていたからそんな話を僕にしたのだ。

「なぬ！」と僕は驚いた。が同時に、堀内さんもヤルじゃん！　と思った。僕は彼をけし掛ける気持ちはあっても、説教するなどそんな思いには絶対になれなかった。それは瞬時の判断であった。そんな後日、お母さんに、「先生も大人だから、大丈夫ですよ」と、僕は答えた。お母さんは、「……そうですかねぇ」と、肩を落としていた。

そのお母さんもそのあと直ぐ亡くなられ、堀内さんも昨年後を追われた。その電話を神戸の妹さんから受けた時はショックで一瞬身体が硬直した。それは知人を亡くすという

経験で一番つらい出来事だった。

もしかしたら彼とは、遅ればせながらも真の親友だったのかもしれない。

勿論、堀内さんは僕のビリヤード台上で、最も貴重なボールの一つだ。ステンドグラスとの出会いで、僕の熟年後の人生を名実ともにカラフルにしてくれたんだから。ステンドグラスがあったからこそ、千葉の老人ホームへ移る決心が出来たのだ。そしてその後の教室の経営にまでに至るのである。

そんな中でも会社の仕事は、否応なく僕の尻を叩いた。時には徹夜で申請用のデータ取りの実験をやったこともある。動薬研で後年、気の合う近藤研究員の下で仕事をしていた時だった。液体クロマトグラフィーという分析機器で、抗生物質を投与したブロイラーの血中濃度測定をしていた。申請時期が迫っているのに思うようなデータが出ないのだ。測定試験の徹夜で朝を迎え、6時過ぎに近藤研究員山田君など3人で会社を出て、十三駅前のパンや新聞の売り場までトボトボ歩いた。眠い目をこすりながら配達されて来たばかりのパンを朝飯代わりに牛乳で流し込んだ。そんな懐かしい思い出もある。

その近藤研究員、いやその後すぐ昇進した近藤主任研究員(課長待遇)も昨年他界された。

思い返せば、岡本さん、堀内さん、佐藤会長、鈴子姉、それに知り合いの同期等々近年同じ時間を共有した方々が、次から次へと天に召された。追い立てられるようで落ち着かない……合掌。

茨城転勤

転勤、転宅が始まったのは40代の後半からであった。

ただ救いもあった。すべての転勤先が研究所時代にやっていた動物用医薬品絡みの仕事だったことだ。だからどこへ飛ばされても、要領はおおよそ分かっている。転勤先の人たちとも電話や出張で顔見知りばかりだった。不安はまったくなかった。むしろ内心は、「よーし、やってやろうじゃないか！」と思っていた。

最初の転勤は東京。そして直ぐ茨城県沿岸の神栖町であった。竹山薬品はそこに旧陸軍払い下げの何十万坪もある広大な土地を持っていて、人間用医薬品の主力工場の一つが稼働していた。その敷地の一部千坪ほどで、子会社直轄の動物用飼料添加剤の製造工場を建設するプロジェクトに僕は編入された。

建設は名義上子会社の専務が主担した。僕は東京本社に工場完成まで在籍し、建築会社と折衝する子会社の役員の補助として働いた。完成後新工場に移って、僕がどうなるのかは言われていなかった。だが製造の立ち上げまでを担当することが推測され、そこまでは当然覚悟した。

僕は上京後、高田馬場の竹山薬品の単身赴任寮へ入った。食事は寮の賄いのおばちゃんが朝晩やってくれる。昼は社内食堂である。初めての一人住まい。別に口うるさい妻ではなかったが、この東京転勤で開放感を感じたことは確かだった。

転勤当初、休日前の金曜日の寮の夕食はほとんど欠食した。バー通いに忙しかったのだ。誰も誘わず僕一人だったが実に愉快にハメを外した。僕がこんなに尻軽な男だとそのとき自分で再発見した。一方で、独り者とはこんなに開放感があるのかと、これまで損をしていたようにも思った。結婚が早かったからである。

その内に何軒か通っている中で、高田馬場駅から少し離れた場末のスナック「ブス」に通うようになった。最初、何という店名なんだ！ と興味を持って入った。４人いたホステスは、皆んな素人娘のようで会話は弾まないが、美人ばかりだった。最初はカウンターでやり手婆さんのようなママとよく話した。ママは店名について、「ブスという店に入ったら女の子はみんな美人だったと、噂になるでしょう」とママなりの戦略を話してくれた。

僕は、早い時には6時に退社して、7時ごろにはブスへ行っていた。店にはまだ客はいない。そんな時でもママは、カウンターの奥の調理場でせっせと料理を作っていた。ママに言わすと、「この料理を目当てに、夜の客がランチに来てくれるのよ。それも女の同僚をたくさん連れてね」と、大きな窯で煮ものをかき混ぜながら、笑った。そして、「……私のところのランチの七割は、配達か持ち帰りよ」と続けた。だから夜、閉店間際まで僕が居てもママはカウンター内で翌日のおかずの準備で忙しく、手を止めることはなかった。アルバイトの中年の女性が調理を手伝っていた。

その分僕も気楽だった。時にはママから、「ちょっと味見して」と料理の小皿が出てくることもあった。

赤く染めた髪や派手な顔作りから、最初ちょっと引いた感情も持っていたが人柄は気さくで、そのスナックでの居心地はよかった。僕はついつい第一印象で人を判断しがちだが、大きな間違いであることをそのママに気付かされた。

チョイ浮気・Ｙシャツ

よく通うようになって、ママ以上にホステスの愛ちゃんと会話が弾んだ。彼女は4人の中で取り分け美人というほどではなかったが、現代っ子らしく脚が長い。ピッと胸も張っていてスタイルがいいのだ。僕は背丈では負けないが、脚の長さでは彼女の横に立ちたいとは思わなかった。カラオケもよくデュエットした。チークダンスをしながら、閉店までよく話をした。

最初東京ということで、高いんだろうなと心配していた。だがボトルをキープしておけば僕のペースで飲ましてくれて、会計も驚くほどでもなかった。その内に愛ちゃんに連れられて、彼女が前に勤めていたバーへ飲みに行ったりもした。その店のママと愛ちゃんの会話を聞いていると、愛ちゃんが不義理をしてその店を辞めたというようなことではなかった。

帰りがけに、そのママが僕に、「あの子がお客さんを連れてきたのは初めてよ……」とささやいた。そして、「愛ちゃんをよろしくネ！」と、軽く僕の肩を叩いた。それは彼女への好意の溢れたものであった。

ブスは10時を過ぎるころには7人、10人と客は増えていた。最初ブスへ7時ごろ行った時、店ががらんとして暇そうに見えたのは東京が不夜城だということを、田舎者の僕が知らなかったからだ。

夜も10時を過ぎるころには満席以上になった。そんな金曜の夜でもママは調理場で翌日ランチの料理作りに余念がない。店は女の子たちに、完全に任せっきりであった。客が勝手にカラオケ当番をやったりボトルや氷を出したりしていた。ママはそれでいいらしい。本業は昼食や配達弁当の提供だった。夜のバーは常連をキャッチするためのトラップだったのだ。働き者のママだが一体いつ寝ているのか僕は心配したほどだ。

そんな中で、僕は愛ちゃんを誘って上野へ行くことになった。彼女が御徒町近くのレストランのオムレツが食べたいと言い出したのだ。彼女は友達と一度行った店らしい。それなら連れて行ってやると、話の勢いで僕は誘った。

もっとも、上野の地図など僕はまったく分からない。

当日小奇麗なレストランへ連れて行かれた。愛ちゃんはブスの店での雰囲気とはガラッと変わった服装だった。紺系の女性用ビジネススーツでバシッと決めていたのだ。店はフレンチレストランとは聞いていたが、僕は黄色いポロシャツ姿だった。店にドレスコードまではないだろうが、ポロシャツ一枚ではどう見ても不味かった。そのことを愛ちゃんに謝った。

「いいのよ、私のこれ三年前田舎から着てきた就職受験用のスーツよ。母が作ってくれたの。好きな服なので、休日チョットしたところへ行くときは着てるのよ。私の方が大袈裟よね！」と彼女は笑った。

「で、オムレツでいい？」と隣のテーブルで客が食べているそれを目で追いながら、僕に確かめた。

「ちょっと多いな……他には？　……」と僕は愛ちゃんからメニューを貰って目を走らせた。

今はまだ11時40分である。寮でちょっと食べ過ぎた朝食がまだ腹に残っている。僕の意を見抜いたのか、

「ここのカキフライも美味しいよ」と話した。

「カキは大好きだ。じゃ、それとビールのグラスを貰うよ」

「そうしな、私のオムレツも一緒に食べたらいいし……私は白のグラスワイン」

と、そこでも愛ちゃんは手馴れていた。小一時間掛けて食

事は終わった。会計を済まして店を出た。

さて、と思った。愛ちゃんとこれからどうするか考えた。店ではキスするような仲だから、そろそろそんなホテルへ行ってもいいかとフッと思った。

ところが、「じゃハラさん、私友達と約束があるから！」と言って唐突に僕に、握手を求めてきた。まるで僕の胸の内を見透かしたような鮮やかな別れ方であった。僕は彼女の背に寂しく手を振った。

そんな中での、東京本社での仕事。勤務場所は当初3階の動薬開発1課に僕の机はあった。その後2カ月ほどして隣の子会社のビルに僕は移った。子会社の総括はそこのO専務が当たっていた。動物用医薬品新工場建設のプロジェクトは、子会社のR営業部次長が主担だったからだ。その子会社は僕たちの本社隣の小さなビルにあった。R次長はそこに常駐していた。

彼とは大阪時代に出張して来て、既に面識はあった。もう五十代後半だろう。東京へ移って見て彼が周囲に煙たがられて、いや、はっきり言って嫌われているのが分かった。そんな噂も社員から聴かされた。

R部長は営業主担の人物だったから、実によく喋った。野太い声でうるさいくらいである。鷲鼻でゴルフ焼けした顔は、自分が会社を回している一匹狼を自任していた。彼は僕を指揮下に置きたくて仕方ない風で、動物薬業界の情報をひつこく話し掛けてきた。僕を教育している積りなんだろう。

東京本社でのガキっぽい、話題を一つ。

そんなR次長だがファッションでは教わることがあった。Yシャツのオーダーメイドである。彼は大阪で会った時シャツの胸ポケットに小さく「S・ROOO」と茶色の洒落た細字の刺繍があった。これは僕にはスマートに映った。大阪の職場の連中でそんな洒落たオーダーシャツを着ているのは見かけなかった。

その子会社に在籍したある日、それを僕は指さして「かっこいいですね」とR次長に話しかけた。「シャツ？　そう、ありがとう。僕は大学でラクビーをやっていたので胸囲が大きくて既製品では窮屈なんだ。だから一寸高くつくけどそこの高島屋でいつも作ってんだ」と嬉しそうに話した。

そう言えば時たま話をするこの会社のO常務も、左腕に青いイニシャルを入れたYシャツを着ていた。それまでオーダーシャツがあると言うことすら、流行に疎い僕は知らなかった。それに彼らは夏でもパリッとアイロンの掛かった長袖のYシャツを着ていた。真っ白だったり、ブルーのストライプだったりだ。十三の僕の研究所では夏は皆半袖のYシャツであった。中にはポロシャツ姿もあった。キザと言えばキザだが、やはり東京本社は違うとなぁと感じた。

僕は腕が普通の人より長い。シャツは何時もLLの既製品を妻に買ってもらっていたが、それでも袖が2、3㎝短い。

逆にウエストはブカブカで着ていても落ち着かない。R次長のように一度オーダーメイドYシャツを作ろうと思い立った。ある日本社から通り二つ向こうの高島屋へ行った。紳士服の階の奥にYシャツコーナーがあった。

体形のサイズを計られながら年長の店員から、「袖の長さはこんなところで良いですか？　これが標準です」と、くるぶしが隠れる程度のサイズを教えてくれた。更に袖や襟の形を壁に展示してある見本を見て選び、薄いブルーと白の2着のYシャツを僕は人生で初めてオーダーした。

一週間後に取りに行って試着した。まったくぴったり身体にフィットした。僕は当時映画007シリーズのカレンダーで見たYシャツ姿のジェームズ・ボンドになったような気分だった。胸や腹が適度に引き締まり、ピッタリ感が心地いいのだ。しっかりした店でそれなりの対価を払えば、満足できる品物を手にできることを知った。それら何枚かのYシャツは、40年後の今も夏になれば妻が出してくれる。僕は往時を思い出しながら飽きずに着用している。しっかりとした作りだから今でも着れるのだ。と同時に体型がその頃から変わってないことにも満足している。

オーダーしたその日、嬉しくなった僕は調子に乗って、その階のメンズ・スーツコーナーでR次長が着ていた麻のスーツも作った。それは後で妻にばれて、「何で麻なんかで作ったの？　麻はしわがつきやすく、ズボンの膝もすぐ出るのよ！　大体麻はお爺ちゃんが着るスーツよ。ちょっと相談してくれればいいのに」と、睨まれた。

で、R次長の事。

その内に僕も、彼を適当にあしらうことを覚えた。

彼は昼食で会社に近い「いわし屋」という店へ、僕を何回か連れて行ってくれた。店内の大型水槽に泳がしているイワシを注文に応じ料理していた。

当時イワシは関西では安物魚の代表であった。大阪時代、既述のように僕に与えられた研究テーマでハマチ養殖用の飼料添加剤の製剤化というのがあった。抗生物質やビタミンの養殖魚用製剤である。それは生餌に混ぜて投与する薬剤だが、その生餌はイワシやサンマの冷凍品であった。それらの冷凍トロ箱を前日に室内に出しておく。翌朝解凍したイワシなどをミンチ機に入れ、それらの薬剤をそのミンチに手でこねて混ぜ、養殖ハマチに与えたものだ。そんなイワシが、その店では昼食メニューとして結構な値段になって出てきた。東京というのはキザな街だなぁと改めて思った。

時には神田のうなぎ屋へも昼食を誘われた。それこそ結構な値段だったが、彼はすべてサインで済ましていた。僕も食べたので後味は複雑だった。

段々と本社の彼に対する空気が理解できた。ただ、僕はそれとは別に電話と書類だけで進んでいく本社の仕事に空虚なものを感じたし、はっきり言って退屈した。僕はやっぱり実験で数字を追っている仕事の方が向いていると思った。

その子会社で事務を補助する女性社員が同じフロアーに二人いた。お茶を淹れてくれたりするので、彼女たちと毎日雑談もした。その際僕は転勤して来ても当然関西弁で話す。それを彼女達からからかわれた。

例えば僕は、東京で「そうと、違うの?」という会話を、「そう、ちゃうの?」とやってしまう。それが彼女たちには面白いらしく、よく僕を真似て、からかうのだ。「ちゃうの?ちゃうの?」とわざわざ僕の机の前にまで来てやらかすのだ。

彼女たちは二十歳前後の箸が転んでも可笑しい年頃だ。当時のそのような女性社員は、コピーや走り使いが主な仕事だった。その分気楽で、職場の花として輝いていた。まだ、世の中に余裕があったのだ。そんな彼女達だが昼食事情には詳しく、時には社内食堂では食べずに近くの高島屋界隈まで連れ立って出かけることもあった。

僕の大阪の職場では、外に出るには上司に目的を告げ印鑑を貰って外出許可書を正門の守衛に出さなければならなかった。工場や研究所がある大阪とは、東京本社は自由度がまったく違う環境であった。そんな中でいつしか僕は、その新しい職場の女性たちに誘われ3人で就業後飲みに出かけるようになった。関西人は話していて面白い、と誘われたのだ。女性に免疫のなかった僕は誘われれば一コロであった。

その内に「ちゃうの?」で、気安くなった女性と二人で飲み歩くまでになった。色白の高校卒業間もないキャピキャピ娘であったが、結構遊び慣れているようだった。カラオケや洒落た飲み屋を連れ回された。深夜バーで腕を組んだまま11時を過ぎることもあった。東京の繁華街ではそんな店ばかりであった。僕は東京の夜に酔っている思いだった。それに彼女は色々な飲み屋で常連の様な気易さで、店内の男達と話していた。

初めて六本木とやらへも誘われて行った。梅田と変わらない灰色の羊羹のようなビルが立ち並ぶ味気のないひっそりとした街であった。

六本木の名は歌謡曲やテレビで度々聞く街だったので、もっと煌びやかなイメージを勝手に描いていたのだ。

ただ坂の多い街だなぁ、とは感じた。スペイン坂や芋洗坂そして、なだれ坂、更には、渋谷の井の頭通りから公園通りには間坂(まさか!)という坂まであると言う。面白い名前のそれら道を、手をつないで歩きながら、名前を教えてもらった。

またある夜は、「どこか静かなところへ行きたいね……」と含みのある声で僕を誘った。思い切って外資系の大きなホテルで部屋を取った。部屋全体が薄いベージュ系で統一された、品のいい部屋だった。ルームサービスのシャンパンで乾杯しバスルームに入った。外国人用らしいバスタブは、二人でもゆったりと入れた。彼女とキャッキャいいながら。ふざけ合ったりした。そして小休止し、静かに湯に浸かっていた。彼女は目を閉じて、手で湯を肩に掛けていた。

「何、考えているの?」僕は自分の気持ちを整理できないまま、天井の乳白色の小さな飾りランプを見ながらそう言った。こんなことは初めての経験で、僕は自分の目のやり場を探していた。適当な会話も思い浮かばなかった。

湯を手で掬って彼女の肩に掛けながら、静かにまた声を掛けた。「後悔してるの?　……」彼女は目を瞑って数秒無言であった。そして静かに僕を見て、首を横にゆっくりと振った。そのあと、

「……こんなところを、私のお父さんに見られたらどう言われるかなぁ……多分張り倒されるやろか……」

僕への当て付けなのか、湯の表を見ながらきつい内容の独り言を言った。

僕は答えようがなかった。内心僕はまだ彼女とは手をつないだり、軽くキスをしたりだけでそれ以上には及んでいない。その事実だけが僕の心の最後の砦であった。そのことが僕を少し安心させた。だがそんな言い訳をしている自分がちょっと情けなかった。

二人とも冷めた思いになったのか、残りのシャンパンで乾杯してその夜は何事もなく帰った。

が、頻度は減ったがまだ二人で飲み歩いていた。そんなある夜、結構飲んだ後タクシーで彼女を送っている途中で、目を瞑っている彼女の横顔を見た。フッと、先日バスタブの中で、「お父さんに、張り倒されるやろか……」と、言っていた彼女の父親のことを考えた。その父親は、多分僕とは同世代だろうと思った。それで急に後ろめたくなった。既婚の僕はちょっと怖くなったのだ。際どいところだった。

この時は顔も知らない彼女の父親のボールが、ビリヤード台上で激しく僕のボールにぶち当たり、その怒気で方向を90度変えてくれたのだ。感謝すべきだろう。

次に会った時、「茨城へ転勤になるから、忙しくて……」と、ぼかして彼女の誘いに応じなかった。その後また会社で呼び出されて話をしたが、結局は彼女の誘いに返事をせず、それで、終わった。

やっと穏やかな日常に戻ったと思った。やはり犯罪はもちろんだろうが、浮気もその字面のように軽い行為ではないことを僕は痛感した。日々の時間が何故か落ち着かないのだから……。浮気すれすれまで行ったその娘と、会社の同じフロアーで顔は合わすが当然軽い会釈程度だ。彼女のよそよそしい表情を見ると、お互い整理が付いたんだなぁ、と安堵を感じた。

が、数日して単身寮の僕の住所をどう調べたのか、彼女から封書が届いた。しかし僕は開封せず、奥の箪笥の飾り棚へそのまま仕舞った。なぜ直ぐ封を切って読まなかったのか?不気味だったことは確かだ。かと言って、それを破り捨てら

れなかった。中学生の時の年賀状と同じで異性から貰った稀有の経験の勲章として、捨てるのは忍びない。そんなところであったろう。40もかなり過ぎたいい大人が、だ。

再転勤

竹山薬品の鹿島工場。

その年の暮れ、竹山薬品鹿島工場敷地内に動物用飼料添加剤製造の新工場が完成した。そこへ僕は製造課長として東京から赴任することになった。期限は言われなかった。工場長は関係会社の定年後の老人、Mさんが連れてこられた。それらはすべて僕の関知しないところで決まっていた。

M新工場長の元居た関係会社の上板橋の工場へは研究所時代に僕はよく出張していた。だから少し面識はあった。彼は理工系大学卒で、薬剤士免状を持っていた。工場の製造管理者にはそれが必要だったのだ。僕は当然持ってない。

しかし僕も、この工場へ転勤する前、研究所で上司から「衛生管理者」の資格を取るよう下命された。労働基準法第32条において労働時間は「1日8時間・週40時間」と決められているとか、それ以上に残業させる場合は労使間で36協定を結ばなければ等どうのこうのという、労働基準法などを勉強させられた。受験費用は交通費、日当付きで会社持ちだったので試験に落ちるわけに行かず、結構なプレッシャーだった。当初その受験について僕は気付いていなかったが、それは新工場へ出向させる布石だったのだ。

赴任した鹿島新工場でも、製造が軌道に乗るまで僕は竹山薬品の単身赴任寮に入った。寮住まいの社員は20人ほどであった。僕も同じ会社の社員だから気を遣うことはなかった。M新工場長も僕と同じ寮に住むことになった。

彼は新工場赴任後も結構僕に気を遣って親しく接してくれた。

新工場は、飼料添加剤の混合・小分けラインを2系列新設したものであった。工場は外壁が青色に塗装され、室内は3階建てほどで見上げるような結構大きな建屋であった。

構内には、3t用と1t用の2系列のコーンミキサーと小分けラインが並列していた。そのミキサーは、その名の通り横から見ればピカピカのステンレス製三角錐型の大型混合機である。その混合機に、ビタミン、鉄や銅のミネラル、アミノ酸、あるいは抗生物質などの粉末を投入し、さらに増量剤の脱脂米ぬかや魚粉などを加え、円錐形のパドルで混合する。

近隣の農家の作業員12人を社員として雇い入れた。ほとんどが農業兼業者で、会社に勤めるのは初めてである。社名の入った繋ぎの作業服を着て、お互いに喜んでいるような人たちである。社員教育は僕と工場設計会社の技術者で、製造しながらのラン・トレーニングだ。設計技術者は3日ほどで帰った。

僕が悩んだのは、12人の社員の方言が分かりにくいことだった。特によく使われるのは「おらほ」だ。彼らの仲間内の会話で、それが多用される。最初僕に対して、結構強い語調で「おらほ！」とやられるので、何か僕が嫌なことを言ったのかな？　と思ったことがあったくらいだ。「おらほ」は、「私は、」という意味なのだ。「僕は……と思う」という会話になる。

その他に、「これだっぺ（そうだろう）」、「これいがっぺ（これいいでしょう?）」などだ。それを、機械の騒音の中で、防塵マスクを着けて話すのだ。だから、お互い耳元で説明と確認を取らなければならない。

加えて一番困惑したのは、彼らが僕の説明を分かってくれたのかどうかの返事がまったくないのだ。僕はその理解度を、彼らの表情から読み取るほかはなかった。まったく異国で作業している感じだった。何を話しても作業員からの自発的な質問などはまったくない。仲間同士の話といえば作業の休憩や終業時間、自分の畑で何をいつ種まきするか、除草剤の組合の値段などに気を取られた人達たちであった。

内心はイライラしたときもあったが、その時も僕の気弱さが幸いした。いいことかどうかは別だが、彼らと作業場で衝突することは退任するまで一度もなかった。ちょっとトラブっても、あとで僕一人で何とかできると思い直すからだ。行程的にも製造法が単純だったから、そう楽観できた。

原料投入後、混合機は内部に付いている長さ3mほどのスクリューパドルが自転しながら公転し、投入粉末を30分間混合する。この混合時間も、スタート時に僕が20分、30分、40分と時間を変え混合機内の粉末を数か所からサンプリングし、製剤中のビタミンB2粉末の混合度を自ら定量して最適時間を決定した。その後は混合機の下の計量器で、ビニール袋内装のクラフト紙袋に排出し、20kgに自動計量する。その小分けされた袋がヒートシーラーとミシンを通って、ベルトコンベヤー上に製品袋として流れ出て来るという工程だ。

1tと3tの2系列で、1日計6バッチ前後、計10t、即ち製品袋として500袋ほどが製造される。作業は1バッチ毎の原料の倉庫出し、計量確認、主薬の原料投入、製品重量の監視、倉庫入れなどだ。原料計量も含め管理室のモニター画面を監視しながらの全自動なので、複雑な工程ではない。

ミシン掛けされた製品は、ロボットが掴んでパレット台に奇麗に段積みされる。この段積み作業は、当初は作業員がやっていた。だが、人にやらすのは止めるべきだと僕は思った。その内に腰痛などの欠勤者が、絶対に出ると恐れたのだ。直ぐ、段積み用の最新型ロボットを導入して貰った。

製造ラインで言えばそんなところだが、稼働し始めて、その中のミシン掛け工程で連日問題が頻発した。時にはミシン不良袋で作業場が一杯になった。ついにはそれによる遅れで、製品搬出のトラックが工場前で製造待ちすることまであった。

そのトラブルは、20kg製品粉末充填後のベルトコンベヤー上の袋口の高さや、ミシンに入る時の袋口の水平度のバラツキなどで、起こることが分かった。ミシンが空掛けしたり、クラフト袋口がグチャグチャによじれてミシンされたりで、不良袋が続出するのだ。重いミネラル成分の多いものとそうでない製品とでは、袋口の水平度が異なるのだ。

その各工程を、僕は包装ラインに貼り付いて、数日観察だけを行った。すると、ミシン口に入る袋のトップをちょっと下げてやると、グチャグチャになるトラブルが防げることが分かった。そこで、当初専任の作業員を張り付け、袋口トップがちょっとでも高い袋を手で下げるようにして製造を進めた。結果は成功であった。包装トラブルが激減した。さらにこれには、後日特製の袋口ガイドを発注して取り付け、作業員の貼り付けも不要になった。

この種のトラブルやモニター管理室での誤操作が、立ち上げ当初頻発した。この時期がそれまでのサラリーマン人生で一番しんどく、又孤独感を味わった時期でもあった。トラブルのすべてが、僕にとっては初めての事象ばかりで、且つ相談相手がいなかったからだ。そんな毎日のある夜、妻と電話で話していると、

「そっちへ私も、移ろうか？」と、言い出した。

「ここへ来るの？　遠い、ド田舎だぜ」

「一度どんなところか見てみたいし……それとも私が行ったら、都合悪い？」

「何もない田舎だからだよ。何なら東京で飯でもと、思っただけだよ！」

「イヤに慌てた言い方よね」

そんな会話で週の終わりに、単身寮が一度どんなところか見たいということで、妻が茨城へ来ることになった。到着する日は、東京駅まで迎えに行くことにした。

その日の朝出発前、ちょっと、やましい気持ちもあったのか、僕は掃除だ！　と罪滅ぼしのように行動に移した。寮は6畳の2間だ。入り口直ぐの部屋は小さなシンクの台所と机、テレビのみ。至って殺風景な畳部屋だ。ほとんどこの部屋しか使っていない。奥の間はタンスと簡単なベッドだけで、何時も飲んで帰ってくれば電灯も付けずにパタン、キュで眠るだけだ。

久方ぶりに掃除機を手にした。玄関間が終わりベッドのある奥の間を掃除しようと、襖を開けた。明るい部屋を見るのは入居して以来だった。部屋に入ると窓からサンサンと、陽が入っていた。カーテンも閉めてなかった。が、「何だアリャ！」と、部屋の隅のそれを僕は凝視した。太さ3cmほどの灰色の綱のようなものであった。近づいた。

それに陽が当たっていた。「これ、ホコリじゃん！」と、思わず声が出た。そう、埃の絡まったふわっとした灰色の太いロープ状のものが部屋の周囲を一周しているのだ。「へー

長いこと掃除せずに放って置いたら、埃ってこんな風に部屋の周囲に集まるんだ」と僕は、新しい物理現象を発見したかのように、変なことを感心した。約2年間の自然のなせる業だ。毎日部屋に帰ってくるが、6畳の前室の電灯だけを点けている。それで明るさは十分だった。寝るだけだから奥の部屋は電灯も付けないし、部屋の周囲までは一々見なかった。

妻といる時は、僕は清潔好きだと自認していた。全く嘘だった。妻が綺麗好き、整頓好き、だからそれが常態だと勘違いしていたのだ。自分が動いて掃除しないとこうなるんだと、当たり前の現実を突き付けられただけだ。慌てて掃除したのは勿論だ。

東京まで迎えに行き、寮へ初めて妻が来た。「……結構きれいに、住んでるのね」玄関口に立って、何もない部屋を見回してそう言った。妻は上がってきて奥の間への襖を開けた。

その瞬間、僕はアッと思い出した。……疲れたやろ、などと浮ついた声を掛けながら、奥の間へ妻より急いで先に入った。タンスの飾り棚に置いた封書を隠さないと、と慌てたのだ。それは東京本社で遊び回っていたころ、「ちゃうの、ちゃうの」の女の子から貰った封書であった。破るのを躊躇しタンスの飾り棚へ置いたまま、この茨城の寮まで持って来てしまったのだ。何と優柔不断な未練男だったのかと、その時は自分ながら情けなかった。妻に隠して、封書を飾り棚から手早く取り出し、身体の陰で三つ、四つと破りさり気なくごみ箱に捨てた。その間僕は、無意味な会話で妻に喋りっぱなしであった。

夕方、寮の食堂へ行って妻と夕食を共にした。ソツのない妻は、寮母さんに手土産を渡しながら関西弁を振り撒いていた。僕はこの時期、東京、茨城の夜の街でレールの上をつま先立って、歩くような生活をしていた。それが妻の上京で、電車の通らない安全なレールの外側へ倒れることが出来た。退屈ながら心静かな方向へ僕のボールは転がったのだ。

今頃は、キャピキャピ娘だった彼女も50代になっているだろう。今はただ彼女が子や孫に囲まれて幸福な家庭に納まっていることを心から願うばかりだ。ただ、僕が心身ともに最も充実していたその40代に、華やかな彩りを添えてくれたそれらの女性たちには感謝以外に言葉はない。

そして工場。そんな僕も製造ラインに入って作業していたころ、東京の子会社の役員が製剤の販売先の客を、見学に連れて来ることが多々あった。こんな最新の製造ラインで製品は造られてますと、見せたかったのだろう。得々と来客に説明していた。

僕は彼らを観光客だと割り切って無視し、一々作業から抜けて、会議室へ見学客を案内して説明するなどはしなかった。そんな時間はもったいなかったからだ。子会社役員は招待客への、僕の丁寧な対応を期待するかのように会話の水を向けてきたが、僕は無視した。僕も他の作業員と、同じ繋ぎの作業服を着ているので、外部の人間には目立たないだろうと思っていたからだ。

トラブル続出で帰宅は夜の8時、9時は度々であった。僕一人だった。どんなに製造がトラブっていようと、午後5時になったら作業員たちは我関せずで、「上がるべ！」と、一斉に帰ってしまう。

妙に明るい水銀灯の青白い光が僕一人だけの広い作業場を照らしていた。僕がたまらず、自虐的に発する「コンチクショウ！」と叫ぶ怒声が作業場に空しくこだました。工場のシャッター上のツバメの巣が見えたのだけが、救いだった。

そんな状況で、当初はウンザリもしたが慣れてきて、小分けラインのノウハウを掴んだと自信を持ったころには、「やってやろうじゃないか！」と僕は内心で気分転換が出来るようになっていた。

例え装置の一部に故障があった時でも、最終的には一人で何とか復旧した。何があろうと、明朝には出勤してきた作業員に、製造ラインでスムーズに作業して貰わなければならないのだ。泣きつく相手もいなかった。どんなことでもトラブルは解決出来る。そう信じて僕自身が動く以外なかった。それまで何とかやって来た自信というものだったのだろう。この工場で、僕は結構強くなったように思う。貴重な体験であった。

その反動で、休日前は東京のように地元のバーへよく飲みに出るようになった。もちろん一人だ。こんな状況では、男は仕方がないと自分の行動を心の中で正当化した。一方で、俺という男は糸の切れた凧だな、とも思った。

東京で若い女性とあんなヤバイ状況を経験しているのに喉元過ぎればで、何も学習してなかったのだ。

息抜き

近くにFOXというバーがあった。野良作業兼業のせいか、肌の浅黒い遣り手のマダムがいて、3人ほどの女の子を置いていた。通う内に、ホステスの一人と、親しく話をするようになった。店ではアイちゃんと呼ばれていた。ありきたりではあるが、その源氏名にはよほど縁があったのだ。

3カ月も通ったころだろうか。チークダンスをしたり、デュエットでカラオケでも度々唄ったりと心易くなった。二人だけのボックス席で彼女は、「家は水郡線の棚倉ってとこ。……田舎よ」と言った。

「スイグン線？」

「近いんだけど、ハラさんは当然知らないよね？　正式には磐城棚倉って駅。茨城県の水戸から福島県の郡山までの単線のJRの途中の駅よ。近くに袋田の滝という観光名所もあるし、今なら城址の桜が、それはキレイのよ……一度ハラさんにも見せたいわ」

と言ってくれるまでになった。「行こうか！」とつい言い出しそうだった。棚倉でさらに話は盛り上がった。

次の週末店へ行った時には、彼女の弟や初恋の人にまで話が及んだ。かなり気を許してくれた雰囲気だった。身体をぴったりくっつけながらの話だ。化粧の香りも強く感じた。

店には、似合わない大きなジュークボックスが置いてあった。客がいないときは、僕も酒が回ると当時流行った「思い出のサンフランシスコ」などを唄った。トニー・ベネットのCD中古盤を持っていて、歌詞は覚えていた。若者の前なら大ブーイングものだろうが、それしか歌えない。

本当は歌は聞くほうが好きだった。それもプロに限る。だから本当はカラオケは嫌いだった。特に好きなのはサラ・ブライトマンの「Time to Say Goodbye」、内藤やす子「弟よ」、堺正章「街の灯り」、セリーヌ・ディオン、映画タイタニックの「My Heart Will Go On」、そしてジュークボックスにはないが、チャイコフスキーのバイオリン協奏曲等々ジャンルは何でもいい。ダボハゼだ。

工房でガラスをやり始めた六十代から数百円で集めだした洋楽の中古のCDの曲は、1000曲はあるだろう。すべてPCに保存してある。

ただ最近それについて、少々厄介なことがある。リクライニングチェアで寛いで、PCでそんな曲を聴いていて、ついついこの「テネシーワルツ」を歌っているのは誰だったかなぁ？　と気になりだすのだ。数年前までは歌手は？　と考えなくても「パティ・ページ」と直ぐ思い出せたのだ。僕が六つの時の、1948年発売の彼女の代表曲だ、と余分なことまで頭に浮かぶ。それが最近は、その名前が中々思い浮かばない。ついには脅迫感まで覚え邪魔くさいがウィキペディアで曲名を引いて、やっと「パティ・ページ」だと分かり、そうだったと安心する。

ホームの若い子に歳を訊かれて、「三十過ぎやけど」と虚勢を張って答えていても、八十歳。記憶力は確実に落ちてきているのだ。「80だけど、30過ぎには間違いないだろう？」とワザワザ釈明している自分は哀しいけどネ！

昨今気にしている一つは、記憶力である。

例えば唐突だが、アメリカのホワイトハウス前に立っている白い4角錐のオベリスクはワシントン記念塔と呼ばれ、合衆国初代大統領の業績を讃えて1885年に建立されたものである。170m程で世界一高いオベリスクだと言う。オベリスクの記憶は昔から僕の頭脳の衰えのバロメーターとして時折頭で拘って反芻している。それで安心しておれるのだ。

余談だが、このオベリスクというのは、3千年も前の古代エジプトで神殿の前に、王の功績をヒエログリフで刻印した、先の尖った30～40m程の四角錐の塔の事である。長さ20～30m、重さ数百トンもある石柱である。

元は太陽神ラーに捧げられたものだが、王の権威が弱体化してピラミッドが作られなくなると、その代わりとして登場したという説もある。ピラミッドの名残として塔先が4面体となっている。語源は、ギリシャ語のobelosで、串(くし)の意味だそうだ。

現在、ローマには13本のオベリスクが立っていて、内7本がエジプト産の本物であるらしい。

元々はローマのそれらは、初代皇帝アウグストゥス帝の時代(紀元前10年)からコンスタンティウス2世(357年)の間にローマに運ばれたものだ。

ナポレオンのエジプト遠征でも何本かフランスに持ち帰えられており、その1本がパリのコンコルド広場の中央に立っていると言う。このオベリスクは元々はエジプトのルクソール神殿にあったものを1800年代にオスマン帝国総督ムハンマド・アリが時計やシャンデリアと交換したのだという面白い話も残っている。

ヴァティカン市国にあるサン・ピエトロ寺院広場にも1本建っている。紀元前40年頃にローマ皇帝カリグラがエジプトから運んだと言われている。長くて重く運ぶのも極めて大変だったろうに。

ただ友好裏にエジプト政府から寄贈されたオベリスクもあるようだ。それはNYのセントラルパークとロンドンテムズ川沿いに立っているらしい。

オベリスクは余程注目を引くのか、日本を含めコピーが世界各地にその広場あるいは建築物の目印として建てられている。ただよく考えると、ヨーロッパ人がエジプトを遠征したのだが、逆にエジプトのオベリスクという文化がヨーロッパ人を虜にしたとも言える。

つまらん事にひつこくて、すみません! 本当はそんな記憶に一々拘っている自分が疎ましいのだが、八十路の習性だと諦めている。

で、FOXというバーでの夜。そんな歌謡曲を聞きながらアイちゃんと踊った。と言っても、ただ腕を組んで腰を合わせて動いているだけだ。その頃には帰りがけに、ママにばれないように、出口で軽くキスまでしてくれるようになっていた。そして僕の中では彼女の実家、棚倉へ訪ねて行くことが決まったかのような雰囲気であった。

ところがある日を境に、その後彼女は突然店に出勤しなくなった。ママは僕を見て最初は、

「連絡もつかないのよ、おかしいわね。もしかしたら何時もよりに重いのかなぁ」

「何が?」

「生理よ!」

などと言っていた。電話一本も寄こしてこないと、ママはグチった。出勤しなくなって一カ月が過ぎたころ、僕は棚倉へ尋ねてみようかなと思うようになった。店に行っても他の女の子とでは話が弾まないのだ。アイちゃんの本名は大山順

子と聞いて知っている。小さい村のようだったから探すのは無理ではない。

ただよく考えると、行って逢えたとしてもどうするんだと思った。既婚の50近い男が訪ねることの影響を考えた。村中の噂になるだけかもしれないのだ。第一、例えアイちゃんに逢えても何のためなのか、彼女に訪問の目的を説明出来なかった。決心は当然途中で萎んだ。

新築一号

そんなある日、妻と電話で話していたとき、

「どうなの、そちら長くなりそう？　そうならそろそろあなたの言う通り、そちらで覚悟を決めないといけないんじゃない？」

「家か？　……」

僕は本格的にこの神栖の地で定年まで放って置かれる可能性も考えられると妻に話してあった。それならここで家を新築しようかと、以前僕が言い出していた。旅行でグリーン車を使うのと同じ思考である。転勤の間も仮の生活はしたくない。一時と言えども人生の大切な時間だ、自分の家で寛ぎたい。

アイちゃんの失踪そして時を同じくしての妻の新築了解。僕はこの辺りが中年男の放浪の潮時かと観念した。空中に放たれた風船のように危ういところであった。妻の電話で僕は決心出来た。僕の白いボールの方向は、それで変わった。

茨城県神栖町で家を新築することに決めたのだ。独身生活をまた捨てることとなった。妻を呼び寄せることを覚悟？した。

金は兵庫県の川西の家を処分していたので、手つかずで預金してあった。不動産業をやっている妻の姉に頼んで、唯一の財産だったその家を売って貰ったのだ。土地高騰の最中だったので希望額以上で直ぐ売れた。

神栖町の地元の不動産屋に紹介してもらい、土地63坪を買った。そしてすぐ20坪ほどの2階建てを、僕らは初めて新築した。川西市の持ち家はかなりくたびれた中古だった。

新居のヒノキの香りに先ず感動した。2階の10畳二間の襖を開け、大の字になって寝転んだ。感動に浸った。妻と共に設計した、初めての自分たちの城だ。恐らくここで定年を迎え、終の棲家となるだろうと思った。

もう都会に戻ることはないだろうなと覚悟した。二階から窓の外を見た。一面黄色い稲穂が波打っていた。

この神栖町の新築した家でも、面白いというか、妻のノーテンキなテンネンぶりに驚いたことがあった。妻のそんな性癖は前々から分かっていたが……。

それはある日、会社から車で自宅へ帰ってきて、門柱横の青空駐車場へバックで車庫入れていたときだった。まだ中古

車を買って数日後のころだ。運転に慣れていない僕が、初めて通勤用として買った車だった。僕は妻の、「オーライ、オーライ……」という声でバックした。アクセルを強く踏み込んだその直後だ。突然「ガリッ！」という、ものすごく大きな音がした。妻曰く、

「ちゃんと後ろ見て運転しないと……門柱、凄いこと、欠けたよ！」

「待てよ！　オーライと、言われたら普通、信用するやろ！　こっちは小さいバックミラー一つなんやぜ！」

「信用したらあかんよ、私がハンドル持ってる訳じゃないでしょうが！」

と腕を組む妻。……ジャン、ジャン、でした。

帰阪

ところが、である。この茨城で4年を過ごしたころであった。

ある日突然、大阪の研究所の所長から電話が入った。挨拶代わりの雑談の後、

「……どうやハラサン、そろそろこっちへ、帰ってくるか？」

思いがけない話であった。所長は昔から誰にでもサン付けであった。エッ、と思った。もうここで定年を迎えるべく観念し、そのことは心の中で整理済であったのだ。家まで新築したのにと、ちょっと「オイ、オイ！」という思いであった。だが、家を建てるなんぞは僕が勝手に先走っただけだ。上司の知ったことではない。勿論家新築は報告もしていない。何時ものように一人合点が早過ぎたのだ。

「工場は、誰が見るんですか？」

「N君だ」と所長は言った。その人物は僕と同じ動薬研で、国立大を出た同い年の人物であった。気のいい真っ正直な九州男児であったが、僕のように気弱でなくはっきりと物を言うタイプであった。地元で採用した野良仕事を兼業でやっているここの作業員を、衝突せずに差配できるのかと一寸と懸念が走った。

が、思い直した。彼も僕と一緒に働いていた大阪の研究所時代、次の年に入社した大卒の女性と恋愛結婚をしたほどである。女性の機微を思いやれる人物だったから結婚までに至ったのだ。分を越した差し出がましい忖度だと気付いた。僕と同様彼なりの方法でやってくれるだろうと、僕は一人相撲を呑み込んだ。

ただ不可思議な記憶が未だにある。それは僕も何回かの転勤や昇進があったが、考えてみたら「辞令」を上司から貰った記憶がまったくない。昇進は社内報の人事異動に一覧表として載っただけである。

映画でもそうだが、どの会社も社員を動かすときは「――を命ず」と書かれた辞令を上司から貰っているはずである。

サラリーマンにとって辞令は大切なものである。貰っていたら記念としてどこかに置いてあるはずだが、その後見たことはない。この茨城から大阪の研究所への移動も、所長からの「そろそろこっちへ、帰ってくるか？」の電話一本しか記憶していない。記憶が怪しくなっているかもだが、僕はそんな軽い男だったのかと今は僻んでいる。記憶違いを祈るばかりだ。

この茨城、神栖での思い出は、十二分にあった。初めて家を新築したこと、動物薬製造の新工場を曲りなりにでも一応軌道に乗せたこと、そして、ド田舎のホステスではあるが、アイちゃんという娘と懇意になれたことなど。

イヤ、そうだ、もう一つある。近所にあった「砂場」という食堂名らしからぬ店の、エビ天そばも思い出に追加できたことである。そのエビ天はどんぶりから両端がはみ出ていた。20㎝ほどもの長さで、太さも3㎝、都会では絶対に見られない太いエビが2本も入っているのだ。それをウリにしているらしく「一回、行ってみな」と工場の作業員から教えられたのだ。

妻とその店へ行った。そのエビ天そばがテーブルに運ばれてくると、一緒に透明な薄いプラ箱の空ケースが、添えてあった。食べ切れなかったらそれに入れてエビを持ち帰れと言うのである。店も分かっているのだ。店の配慮は正しかった。そばを食べたら、エビ1本で満腹になった。妻と二人して笑いながら残りをケースに持ち帰った。

そんな思い出とともに、帰阪した。茨城で僕のビリヤードボールに、また別のそれが当たったのだ。方向は変えざるを得ない。That is my destiny.

大阪をスタートに東京、茨城と転勤し、大阪の元の研究所に舞い戻った。新築した家はちょっと残念だったが処分した。ただ家を売ることについてはひと悶着あった。僕は家はそのままだれか、竹山薬品の社員に貸して時期を見て売ろうと主張した。ニュースで地価高騰が増々騒がれ、土地を買った地元の不動産屋もまだまだこの辺も上がりますよ、というのを聞いていたからだ。だから僕は未練たらしく貧乏根性が出て、値上がりを期待したのだ。

大阪に帰れば義姉が紹介してくれた、アパートに入ることを決めていた。しかし妻は反対した。帰阪すれば茨城は遠過ぎて家を貸したりしたら管理も大変だし、現金を持ってないのは心細いと言うのだ。日頃従順な妻には珍しいくらい強硬な反対であった。これは意外だったが、その時は妻と僕は激しく言い合った。

その翌朝であった。出勤時、駐車場の車のフロント・ドアへ書類かばんを妻が入れようとした。僕は前日からの怒気に任せて、そのドアを強烈に閉めた。バタン！　と大きな音でドアが閉まるのと、かばんを入れた妻の手がドアの外へ引っ込めるのと、ほとんど同時であった。ほんの一瞬早くドアが閉まっていれば、妻の手を挟み大怪我を負わせていたところであった。

妻が「キャッ！」と発した悲鳴が今も耳に残っている。腹立ちまぎれとは言え暴挙もいいところだった。それまで僕たちは、少々の口論があっても次の日まで引きずることは、先ず無かった。がその時は翌朝まで持ち越した。一方的に僕がガンコだったのだが、二千万単位の金が絡んでいたので余程僕はナーバスになっていたのだろう。単に、欲深いだけの男だったのだが。

出社して妻に謝りの電話を入れようと思って受話器を二、三度手に取ったが、結局出来なかった。帰宅して、「今朝はゴメンな」と何とか謝った。無口のまま出勤したその日一日は、精神的にクタクタになった。何時ものことだが、妻との口論はとにかく後が疲れる。分かっているのについついやってしまった。妻は不思議と朝にはケロッとしているので余計に頭にくる。理解不能の異星人！　その件を思い出すと今でも冷汗が出そうだ。

結局家は、妻の意見通り売却した。銀行に入金されたことを確認した時、正直ほっと肩の力が抜けた。妻の言う通りであった。

で、大阪に帰ったが職場の雰囲気は豹変していた。知らない新人が増えていた。仕事も難しい文献を読まないといけない。到底僕の能力を超えていた。それと生産現場に居たことから、文献を読んだり同僚との議論するなどの机上の仕事に何か虚しさも感じるようになっていた。それは研究所での仕事が将来は別だが、今すぐには直接金に絡んでいないからだ。

茨城の工場では、ちょっと製造ラインが止まるだけで作業時間でいくら損する、部品を買うとどれだけ予算が残っている、と心配したものだ。単価の安い製品を製造していたから金に敏感になっていた。研究所に帰ってきても、この研究がいくら儲かるという金額がその場で欲しかった。

やはり今の仕事には向いていないのだ。加えて初めてのアパート住まいだ。狭いし住みにくい。と言って、高騰した大阪の地で新しく土地を買って家を建てるには難しい預金額だった。それにその頃は田舎に慣れてしまったのか、マッチ箱を重ねたような建物の並ぶざわついた灰色の都会に一種のシンドさを僕は感じていた。大都会は、黄色い稲穂の波を見て深呼吸がしたくなるような、田舎の環境とは完全に別世界であった。

歳も食って来ているし、この頃がサラリーマン生活で真に悩ましい時期であったかもしれない。それに何よりも、狭い住まいに不満も漏らさず付いてきてくれる妻に申し訳ないと思った。茨城転勤前の川西の家の処分は早過ぎて、ミスったかなとも反省し出した。

研究所に二年ほどいると、性格的にも能力的にももう限界かなと思うようになった。しかし定年まではまだ少しあるなぁとも考えた。仕事に身が入らないのだ。飛ばされるとしたら次は業務上、山口県光市の動物薬の工場現場かとまで突飛な予想までするようになった。ちょっと狭いアパート暮らしで、ノイローゼ気味だったのかもしれない。

終の棲家

それを考え始めたのもこの時期だった。というより、僕は常に頭の中をじっとさせておれない性癖なのかもしれない。本人はそれがすべての男の常だと思ってはいるが。

そこで妻と今後を相談した。もし移動があったとしても、僕は転勤先でも家が欲しいと言った。妻は何時ものように反対はしなかった。

今の研究所の仕事と立場を考えた。僕は茨城の製造管理の経験があるだけだ。可能性はこのまま研究所で定年か、他の工場への転勤かだった。高卒であることも考える必要がある。研究所だとその上の課長職相当の主任研究員になるのは難しい。例えなったとしても、周りは大卒ばかりで仕事で悩むだろうと思った。また研究所で文献や書類だけで進める仕事に、今後働き甲斐を見出せるのか自信も持てなかった。

そのころ竹山薬品は、山口県光市の旧海軍の広い払い下げ地に人間用医薬品の主力工場が在った。そこの一角で茨城と同じような動物薬製造工場がかなり以前から稼働していた。元々そこが、動物薬の主力工場であったのだ。そこへはこれまで何回も仕事で出張していた。要するに勤務地は大阪か山口か、だ。

僕が考えたのは、その中間で二人の理想の家を建てることであった。大阪は金額的に無理だったし、環境的にも嫌だった。山口は田舎過ぎると考えたのだ。もちろん定年後も住める、終の住まいでなくてはならない。ただ、中間で建てて大阪にずっと勤務するようになったら、妻一人をその中間点で置いたまま僕は週末帰宅となる。もちろん山口に転勤になってもそれは同じである。定年までは2年無い。その程度なら今少し、妻に僕の週末帰宅を我慢してもらおうと思った。

そんな話を妻に説明した。妻がちょっとでもその新築に気が進まないようなら、すぐ撤回する気だった。

「……で、大阪と山口の中間点ってどこ?」妻は無邪気に僕に尋ねた。

頭から反対しなかったことに、まずホッとした。

「新幹線が停まることを考えれば、広島か岡山ってとこかなぁ」

「どちらでも、このアパート住まいよりは、いいわね」

僕と同じで、妻もアパートはどうも我慢できないようだった。そして、

「何処か、静かな観光地がいいわ……」

と付け加えた。その気楽さがありがたかった。

「岡山の隣に、倉敷があるけど」

「うん、倉敷か……倉敷はどう？　私はそこでいいよ！」

あっさり気持ちのいい妻の返事だった。倉敷に悪い印象はなかった。その街は、一度二人で一泊だが観光で訪れているので少しは知っていた。運河沿いの美観地区。駅直ぐのセンター街。その中のぶっかけうどん、等々が記憶に残っている。旧い風情のある路地もあって、ゆっくりと時間が流れる街である。それに倉敷中央病院という、大きな医療施設や大原美術館もある。

「倉敷、うん、いいな……そうしようか」二人で決断した。今のアパート暮らしを何とか脱出することを二人で決めたのだ。勿論真剣にその後、何回か話し合った。僕の無理強いは避けたかった。十分話し合って近い将来倉敷で家を建てることにした。誠にミーハー的だが、決まると二人とも腰は軽い。何か「上がり」のないサイコロゲームをやっている気分であった。

その時過去に、倉敷へ一度観光で行っていたという事実は、ある種の運命を僕に感じさせた。すぐ電話で適当に選んで、倉敷の不動産業者に連絡を入れた。最初電話に出た不動産屋の男性は僕の依頼を訝しんだ。無理もない。

電話一本で、南向きの60~70坪ほどの住宅地を倉敷駅近くで探して欲しいと僕は話した。そして、僕自身はそちらへは探しには行けないと付け加えたからだ。その頃僕は仕事を休むわけにはいかないような状況にあった。倉敷へ行っての土地探しなどは到底無理だった。だから不動産業者の男性とは、すべて電話連絡だ。

しかしそれにも僕の合理性を重んじる考えがあった。家付き住宅を買うわけではない。土地だけだったら出向かなくても、面積と駅や繁華街への徒歩時間を聞くだけでいい。おおよその地図は二人とも頭に入っている。

業者は場所だけを提案してくれればよいのだ。分からない素人がしゃしゃり出ないで、土地だけならむしろその道のプロに任せた方がいいと結論した。それが合理的だと思ったのだ。

正解だった。4日ほどで、その業者が「丁度いいのが出ましたよ。建売業者が抱えている物件です。68坪、小さな公園の前の、南向きですよ！　どうです！」と自慢げに報告するのが可笑しかった。

その土地は倉敷駅から北へ10分の好立地だった。理想的だ。すぐ二人で倉敷まで行った。案内された敷地の周囲は家は積んでいるが、その土地の前は小さいがブランコ一つの閑静な公園だった。妻もその土地を見てにっこりとした。保守的な妻にとっては多分目も回る思いであったろう。今だったら、もっと妻の本音を汲むべく配慮しただろう。彼女にも理想とする人生がある事を全く考えていなかったのだ。

当時は、妻に対してむしろ、「どう、僕よくやってるだろう！」という感覚だった。僕はまだまだ若く、単純だった。思えば独断専行で本当に申しわけなかったし、正にサーカスの綱渡りのような時期だった。よく間違いも犯さず大金のやり取りをやったものだ。

倉敷へ・新築二号

次は倉敷へ、それが僕達のビリヤードボールの回転方向だった。

研究所に戻ってからの僕の勤務ぶりは上司も分かっていたようだった。適してなかったのであろう。大阪に帰ってきて3年目の初め、上司から、「山口の光工場へ行ってくれるか？」と打診された。もちろん相談ではない。転勤は読み通りだった。やっぱり、と少し落胆を感じながらも冷静に受け入れた。フッと、妻の顔を思い浮かべた。

すぐ倉敷の土地で家の新築を開始した。例によって大阪の研究所から倉敷の建築会社の棟梁とのリモートコントロールであった。上司に家の建築のことを話した。そして定年まで光工場の単身赴任寮に入れて貰えるよう頼んだ。

そして倉敷の地。そこに25坪ほどの2階建ての家を新築した。建築は、土地を持っていた建売業者に頼んだ。5年ほどで2軒目の家を新築する。我ながら面白い人生だと思ったが、何か他人事のような気分だった。

家の建前は、暑い夏のある日だった。妻も勿論倉敷へ同行した。彼女は、勝手の知った駅前商店街でお茶とお菓子、酒のつまみ等を買って来た。新築は茨城で経験済みだ。

地方での新築の場合、特に建前の準備に留意することが大切だ。神主の地鎮祭など建前の神事が終わった。棟梁に大工さん達や関係業者の集合を掛けて貰っていた。神主やそれらの人達への接待と心付けに、茨城以上に気を遣った。酒と寿司桶も昼前に配達されて来た。地方での建築の場合、棟梁に渡す皆んなへの心付けをいかに奮発するかだ。僕はこの倉敷での新築が人生最後になると思い、神主を含めみんなに三万円ずつの祝儀袋をまとめて棟梁に渡した。前回の茨城では、形ばかりでいいと思い五千円だった。

効果はてき面だった。棟梁は喜色満面で、「施主、ハラ様からの心付けや、剛仁だぜ！」と声を張り上げ、15人ほどの大工さん、左官屋さん、配管屋さん、電気屋さん、それに不動産屋さん達に配っていた。僕は、紀伊国屋文左衛門だった。思えば僕たちに取っては人生で上げる最後の、大きな打ち上げ花火になるのだ。

今度の家新築で拘ったのは、リビングの天井照明、ステンドグラス制作作業場新設、それに和室の4寸角柱の採用だった。まずリビングの照明。15畳ほどの一階リビングルームの天井に、畳一枚ほどの埋め込み式の、照明ボックスを設置した。その天井部に幾何学模様をデザインした、畳一枚ほどのステンドグラスをはめ込んだ。ステンドグラスパネルは３分割して、僕が倉敷の作業場が出来てから、そこで入居後作った。照明は20W蛍光灯を４本入れた。シャンデリアなど、天井に照明を吊り下げないので部屋が広々とした。

　僕のステンドグラス作業場は、リビングの隣に10畳ほどの洋間を造り、畳大の特注の作業台を置いてもらった。僕専用だ。そしてその天井には、径１ｍほどのゆっくり回る、黒い天井扇も付けた。旧い洋画の「カサブランカ」で見て、昔から憧れていたのだ。その作業場から、大きなガラス戸越しの土地に、小さいが坪庭も作った。

　そして極めつけは、二階和室の柱だ。一般に住宅の柱は３寸角であったが。それをすべて檜の４寸角とした。建築雑誌から仕入れたアイデァだ。モデルハウスの写真を見れば、両者の重厚感の差は歴然としていたからだ。２階は10畳二間の和室。奥の座敷は当然床の間付だ。

　更には、残りの土地に、青空駐車場とガラス板保管の、物置小屋も作った。倉敷の家は僕ら二人で望み通りに設計した御殿だと思った。

　このように文章にすると出たとこ勝負のようだが、当時の僕は本当に一つひとつ真剣に悩み、妻と相談し、そして考えたのだ。だがこの歳になって、思い返せばあの家は、老後を暮らすには不適当だったと思う。寝室として二階の和室を使っていたのだ。当時は気にしなかったが、歳を取れば掃除はおろか階段の上下だけでも難しくなっただろう。あの程度の家の管理でも、老いると妻一人では絶対出来ないと想像する。

　その新築の際も、地鎮祭などの神事以外は現地には全く出向かなかった。進行具合はすべて会社からの電話での遠隔操作だ。ケータイもない時代だった。自分でも、ようやるわ！と思いつつも、心の中ではいつも落ち着かなかった。

　これから何も分からない倉敷で、僕たち二人で定年はおろか、その後もずっと暮らすのだ。何か、行先の分からないジェットコースターに乗ったような気分だった。小柄ながら健気に振る舞っている妻を見て、今後何があっても矢面に立たなければと改めて思い起こした。

　このあと倉敷移住に進むのだが、その前に大きなミスに僕は気が付いた。が、もう後の祭りであった。家を新築する前に、近所への挨拶周りに僕が妻を伴って直接出向くべきであった。その土地は周囲すべてが住宅で詰まっていて、空地は僕のところだけだった。倉敷は田舎ではあったが、その分保守的、閉鎖的であった。それは不動産業者からも聞いていたのだ。彼も和歌山の人間であった。それで苦労したらしい。

　で、倉敷の家でのつまずき。建築の際、近所挨拶のことはチラッと頭はよぎった。しかし大工の棟梁が、

「その辺は、心得てます。適当な手土産をもって、私が建てる前にご近所様へ挨拶に伺っておきますから」

と言ったのだ。その時は些事だしそれでいいかと思った。だが後日引っ越して、右隣や真向いの奥さんが朝会って挨拶しても何か素っ気ないのだ。家を建てる前の挨拶を無作法した性かどうかは分らないが、不安は前もって解消しておくべきであった。世渡りは難しい。特に尻の軽い僕達にとっては。

山口転勤

そして僕は、山口県の光工場へ転勤し、工場に近い単身赴任寮へ入った。妻は新築した倉敷へ転居し、毎週金曜日に僕が帰って来るのを待ってくれるという変則的な生活になった。こんな環境にでも、妻がグチ一つ言わなかったのは今思うと不思議なくらいである。彼女の日長一日、一人でコツコツやれる性癖が幸いしたのだろう。有難かった。当然胸の内ではイライラや悩みがあったはずだ。それは怖くて今も妻には訊けないでいる。

転勤した光工場の僕の職場は、これまでも勝手の知った動物用医薬品の製造現場であった。そこはかって技術指導のために、何度も出張した部署であった。動物薬は研究所で製造申請し、旧厚生省から承認が得られたら新製品として、製造法を僕ら動薬研が指導して工場へ移管する手順になっていた。

僕が出張で、そこへ行くと、「揚げ饅頭屋さんが来られたのぉー」と現場の作業員が山口弁で迎えてくれる。僕が出張の際にいつも大阪を出るとき、十三駅前の老舗の和菓子屋でタヌキ饅頭と称するアンコの入った揚げ饅頭を手土産に持って行くからだ。

元々光工場は、茨城と同じく竹山薬品の人間用医薬品の主力工場であったが、それ以外に農薬製造専用工場でもあった。製造1課は農薬を製造していた。そして赴任先の製造2課が動物用医薬品。僕はその製造担当課長として着任した。その両課を上司のI部長が束ねていた。もともと部長は農薬製造の大ベテランで、光工場労働組合の委員長も歴任した人物でもあった。

赴任して部長とは何かに付け接触があった。太っ腹な重厚な人だが、組合幹部として活動していただけに人の機微に通じた人でもあった。親分肌でみんなからも非常に信頼されていた。目や体形が印象的な明治の西郷隆盛を彷彿とさせた。

僕も部長とは本音で話が出来た。その性か動物薬製造に関しては、予算、人員、設備を含め殆ど任せてくれたのでやりがいはあった。加えて部下は、茨城の工場のような農作業兼業の田舎の人間ではない。皆んなれっきとした大企業のサラリーマンだ。すべてに責任を持って対応してくれた。製造のトラブルは全て係長任せで行けた。僕は半年毎の年間予算の見直しや立案と製造の更なる省力化に専念できた。

その光工場から、僕は毎週末に倉敷の家へ新幹線か中古の車で帰宅していた。

喫茶店経営

定年近い今後の生き方のための収穫もあった。倉敷に帰った週末二日間は妻の日常の過ごし方をじっくり見ることが出来たのだ。土日は倉敷でゆっくりと過ごした。時には観光客で賑わう美観地区へ二人でよく散歩に行った。

途中小さな角店の土産物屋へ必ず立ち寄った。ちょっと値の張る備前焼きの陶器を主に売っていた。二人でふらっと出向いて、湯飲みや2㎝ほどの陶器人形そして香炉までも買ったこともある。それらは今の千葉の居室の玄関に飾ってあり、出入りのときに目を遊ばせている。

そんな静かな生活が、4年程続いた。

ある休日のその日も、例によって二人で美観地区と大原美術館辺りをぶらついた。その帰りの中央通り商店街の中によく立ち寄る喫茶店があった。その店、「カフェリング・クラシキ」は、喫茶店を関東や関西で展開しているチェーン店の一つであった。

その日もそこへ入って何時も通りコーヒーとホットケーキを頼んだ。シロップを垂らしながら、テーブルの上の数枚の紙片を見た。それはメニュー表と一緒に何時も置いてある見なれた紙片であった。が、その時はその一枚を何気に手に取った。

「あなたも喫茶店のオーナーになってみませんか?」と可愛い文字と絵でイラストされた紙片である。

要するにカフェリング・チェーン店のオーナーにならないか、という誘いのチラシであった。経験不要、1カ月の実務トレーニング教育。開店当初3カ月は弊社専門指導員が無料常駐し直接徹底指導などの文字が躍っていた。

斜め読みしながら、「……まぁ、コーヒーを淹れるだけだ、難しい話ではないわなぁ……」と思った。僕はその時一瞬、喫茶店の経営を空想したのだ。民芸品輸入での失敗の傷は僕の中では既に癒えていた。それにそろそろ定年後を考えて置かないと、という思いがいつも頭にあった。

最後のあがき

「喫茶店か、面白そうだな」と内心思った。その紙の一枚をポケットに忍ばせた。

そしてその想いが数カ月、脳裏の端に残った。その後は休日は、妻とその喫茶店に必ず立ち寄り、客の出入りを見ていた。ついにはカフェグループの東京本部の営業マンとチェーン入会の連絡も取った。

僕は本気で喫茶店の経営を考え出したのだ。それなら定年後もやれると思った。だがそのことは、妻にはまだ一言も言っていなかった。

そして営業マンから、「最近福岡の姪が浜駅前に、いい候補地を確保しました。今のところ当社の直営店にする予定ですが」との情報も得ていた。最初僕は、倉敷の近くでと希望を伝えたが、担当者は岡山エリアは既にチェーン店が三店もあって出店予定はないと言われた。彼らはエリア内の自社チェーン店間の距離に制限を設けていた。当然だと納得した。

半年ほどもそのことで悩んだ後、ある日妻に、

「ちょっと相談したいんだけど……」

「……？」

「定年後、姪が浜で喫茶店をやりたいんだ！」

妻に正面から切り出した。

「喫茶店！　コーヒーなんかの？　飲むところ？」

妻は余程驚いたのか、キョトンとした後、数秒、僕を睨んだ。

「中央通り商店街の何時も行っている喫茶店の、チェーン店をやりたいんだよ」

「えぇ、またかいなぁ！　民芸品で十分失敗したじゃない！」

「あれはアンゴラで独立戦争があったからだよ。僕の性じゃないよ」

「よくもまぁ、そう次から次へ考えるわね。言いたくないけど、茨城とここ倉敷で家を次々と二軒も建てたのも、そうよ！　あなたの一人決めよ。その時その時で、あなたは心の中では既にすべてゴールを決めているのよ。相談しているようで反対できない状況を、全て作ってしまってるのよ。どう？　その方向へ私を誘導する話を、後日形ばかりするだけよ。どうなの！　そうでしょうが！　……まだまだ余生は長いのよ、経験もない喫茶店になんかにお金を使える？　分かってるの！　大体あんたは私に強情だと言うけど、そういう自分はどうなの？　何時も独断よ！　民芸品、私に相談した？　話の出る前に、ボンボン商品が到着してたじゃない……グチャグチャ言っても、物が目の前に置かれたら仕方ないから、バザーへの売り込みには黙って付いて行ったけどね！　茨城の家、建てるのを決める前に私に相談した？　その前に購入する土地や家の設計図を業者と決めてしまっていたじゃない！　倉敷の家もそうじゃない。全部決まった後よ。私に相談するのは！」

僕はひたすら沈黙した。いつになく彼女の口説は強烈だった。これまでに見たことのない目で言葉数も多く、かつ本気で怒っていた。

「分かってるよ！　……でも今度は、喫茶店の専門家が選んだ場所だし、決まった実際の店で、３カ月はベテラン社員が一緒にやってくれるんだから……」

「その実際の場所ってのが、姪が浜？　一体、それ何処よ？　私聞いたこともない地名よ」

彼女は一言も逃さぬという険しい表情で僕の次の言葉を

待った。妻には珍しい反撃だった。

「福岡の近くのＪＲの姪が浜駅の駅前ビルの一階の28坪」

「エッ、フクオカ！　あの南の九州の？　驚いた！　これから年老いていくのに今更そんな九州くんだりまで、行くって言うの？　いい加減にしてよ。お金がどうなってるのか、まったく知らされない私の不安、考えた？」

僕は頷いただけで、だんまりを決めた。彼女の気の落ち着くのを待とうと思った。

「お金は銀行に入ってるし、通帳は君が持ってるじゃない」

それは事実だった。結婚以来僕は毎月給料日毎に小遣いを貰うだけで、通帳は妻に任せっきりだった。

「もう決めたの！」妻は一層目を大きくした。

「もちろん契約はしてないよ。あんたに相談してからだよ。それに店には一年後の定年までは、休日の週一僕が往復するだけだよ。他の日はチェーン派遣の副店長がやってくれるって……」

「でもやる場所まで、その会社と話してんでしょう？」

「まぁ、そうだが……」

「もう限界よ！　絶対協力できない！　あんた気付いていないでしょうが、本当におかしい一面があるよ！　分かってないでしょ！」

何時にない真剣な表情で、妻は語気を荒げた。確かに僕の生き方には一寸非があることは、自覚していた。仕事に慣れてきたら、ある日ピョン！　という感じで別のやりたいアイディアというか、プランが頭に灯るのだ。サラリーマン時代からそうだった。

人生の楽しみの一つは、予期せぬ出来事に出会うことで、その経験の数が人生の豊かさだと、若い時から思っている。それは僕の宗教だし、真理だろう。だが僕は自分でそれを自ら作り出しているようだ。妻の迷惑も顧みずに。

妻の指摘は正解だ。ただ、何においても変化を嫌い、毎日掃除、洗濯、食事作りのルーティン作業で暮らして行ける妻の人生観も、僕にはとてもじゃないが理解できない。が、尊敬はしている。僕にとっての彼女の役割は、以下のように岸壁のボラードじゃないかといつも感じている。

即ち、大きな港の岸壁に大型船が接岸したとき、船から係留のための何本かのロープが岸壁の作業員に投げられそれを太い鉄の引っかけ（杭）にそのロープを巻き付け、船が岸壁から離れないように安定させる。その鉄の引っかけをボラードと言うらしい。僕にとっての妻は、正にそのボラードなんだと思った。僕という船は、時として気の向くままに色々な方向に出航するが、結局最後は妻の居る家庭という岸壁のボラードに係留されている。時々は迷走し、嵐に巻き込まれそうになるが、何とか事なきを得て家へ帰っている。そういう運命なのだ。「岸壁を離れた時くらい自由なんだから、まぁ、いいか！」そう、考えてしまうのだ。

僕は飽き症ではないのだが、ちょっと別の風景が見えると興味本位の段階で突っ走ってしまうのだ。要するにじっとしておれない奔放な母のＤＮＡだろう。しかし、当時は僕も若く、かつ強引だった。更にチェーン店の営業マンと何度も連絡を取り、カフェリング・クラシキの店で僕は話し合った。するとは、

「じゃ、ハラさん、あなたが定年になる今後半年ほどは当社から姪が浜に副店長を派遣して、営業に当らせますよ。ですからハラさんは、その間土日の内のどちらか、週一日店へ出て下さい。そうしてもらえたら、チェーン店での実務トレーニングも受けたという事になりますので、改めてのトレーニングは不要になります。それだと定年になったら正式契約頂いて、即、店に入って行けるでしょう」

とまで譲ってくれた。6回も会って親しくなったせいか、同社の社内方針も話してくれた。それによると今後戦略的に九州全土を重点地区に指定し、大規模に進出を計画していると言う。

「姪が浜店は、その九州進出の1号店で社としても是非成功させたいのですよ」と、続けた。

営業マンは、

「姪が浜店は当社直営の予定でしたので、駅の乗降者数、ピークの通行者数と時間帯、さらには、近隣の喫茶店の経営状況、住民密度、来店客層推定などの基本調査は既に完了しております。その結果として手当てした場所なんです。それに大都会の福岡に比べ、すぐ傍なのに賃料や人件費が大幅に安いですしね。加えてビルのオーナー、Ｙさんは70代の人柄もいい方です」

30過ぎの若い営業マン、Ｆさんは自信あり気に僕に説明した。

僕は当時竹山薬品に在籍しながら、休日2日を倉敷から福岡までどう通う心算だったのか、本当の所は怪しかった。体力的に自信があったことは確かだが、根拠はそれだけだった。それに出張などで昔は新幹線で眠ることは出来なかった。しかしその当時は乗ったらすぐ眠ってしまう。目覚めるとすっきりした。そのことも安心な材料だった。

今考えれば、姪が浜店経営は体力の衰えも考えず、本当は無謀な計画だった。そんなことで、3カ月ほどが過ぎた。

が結局、僕は姪が浜店をオープンさせた。ビルのオーナーさんにも面会し、妻も渋々ながら最後は黙認した。開店日前日のパーティにはそれでも妻は来てくれた。なんやかんや言っても夫婦はありがたいと思った。但し帰り際、「私は一切タッチしないよ。絶対よ！」と再度きつく付け加え、新幹線で倉敷へ帰った。しかし僕は何とかなるだろうと高をくくっていた。女性に嫌われるマイペースのB型人間で、本物の楽観主義者だった。

更に喫茶店経営の事。僕はその後3カ月ほど福岡―倉敷を往復した。金土の夜は店の3畳ほどの休憩室で寝起きした。倉敷の家へ帰るため夜8時ごろ喫茶店を出て、電車の時間待ちの間、姪が浜のＪＲ駅構内の窓から道路向こうの喫茶店をよく見たものだ。客が続けて僕の店へ入って来るのを見ると、「ヨッシャ！」と一人拳を上げていた。駅の窓の下の褐色の丸い大理石に座っている尻が冷たくなるのも気にならなかった。

幸運にも姪が浜店は成功だった。半年ほど過ぎて日の売り上げが最低10万円はあった。採算ラインは８万円であった。最初開店一週間ほどは、売り上げが20万くらいあった。特に今でもはっきり覚えているが、二日目は26万８２１０円を記録した。ビラ書きしたケーキ半額が効いたのだ。副店長の森下さんの提案だった。客は次から次という感じだった。ケーキの持ち帰りも驚くほどの個数だった。

僕はこんなに客が入るの！　と驚いたものだ。それでも、本部から派遣された40代のＭさんは、落ち着いたものだった。「マスター、開店当初はこんなものです。３カ月を過ぎて、常連さんが固定するようになって、日に８万いけば先ず大丈夫ですがね」

レジを打ちながら興奮する僕を窘めた。彼は僕をいつもマスターと呼んでくれた。

一番思い出すのは、オープンした月の給料を三人の女店員に支払った時だ。彼女たちは本部が姪が浜周辺で募集し、ウェートレスとして雇った娘さんたちだ。三人とも化粧気も薄い21歳と19歳のすれてない土地の女の娘だった。直ぐ冗談を言い合える仲になった。家族として娘三人を一度に持ったような思いだ。この気分は格別だった。

当時給料は振り込みではなく手渡しだった。専用の給料袋を本部が用意してくれていた。それに名前を書き僕が金を入れて渡した。明細書通り間違いないか金額を３回も数え直した。副店長は本部からの派遣なので支払わなくてよい。

僕はまだ体力、気力に満ちていたのか土曜一日の福岡通いは全く苦にならなかった。ただ、次の日曜日はさすがに午前中は家でだらだらしていた。

珈琲豆やケーキなどの仕入計画は、すべて本部におんぶにだっこだった。「チェーン店というのは、喫茶店のノウハウが実によく整備されているなぁ」と感心したものだ。

時には土曜の夜喫茶店で泊まり土日連続で店へ出て、翌早朝直接山口の会社へ出勤するという無茶もやった。会社にはバレなかったが、まったくハチャメチャだった。そんな綱渡り的だが喫茶店も会社の仕事も、充実した毎日が続いた。しかし55歳定年の１カ月前に、起こるべきことが起こった。

交通事故・退職

それは倉敷の自宅から山口の光工場の単身寮へ車で帰る途中であった。日曜日の夕方食事を終え、車で山陽高速道に入った。CDでゆっくりと流れる「♬ムーンリバー」を聞きながら、喫茶店経営のことを考えていた。夕食に出たサンマの焼き物の口臭が残っていた。それは僕の大好物で当時は大きな2匹を骨まで食べるほどであった。アルコールは勿論飲んでいない。

尾道、小谷を過ぎて広島の手前であった。車は80㎞程しか出ていなかった。少し先の上方に西条インターの緑の道路標識が見えたように思った時だ。ハッと我に返った。後で考えると食後でウツラウツラしていた。やはり日ごろの疲れが出ていたのだ。西条インターの入口の端に置いてあった、何本かの誘導用200Lのウォータードラムに激突した。ドラムのその名称は後日警察で教えられたのだが。

アッ！　と思っただけで、後は病院のベッドで翌日目覚めるまで意識がなかった。

妻が夜中に病院へ飛んで来たらしい。だが本人はベッドで眠ったままであった。その間に衝突による骨折などの治療が、広島の西城病院で行われていた。意識が戻った翌日、妻は引き攣った顔つきで僕に顛末を話した。

「床に入ろうと着替えをしていたら、夜の10時過ぎに伊丹の鈴子姉ちゃんから電話があったのよ！」

「えっ、なに？　鈴子姉さんから！」

「今、広島のサイジョウ警察からワテのとこへ、カズさんが交通事故に遭ったって電話が入った、って言うの」

そして更に、

「ハラカズオさんの家族の方に至急、広島のサイジョウ病院へ来るように連絡して欲しいって』ほんとビックリしたわ！警察から鈴子姉ちゃんへでしょう」

妻の顔は、青かった。

「取る物も取り敢えずすぐタクシーを呼んで、新幹線に飛び乗ったの。福岡行の最終便よ！」

それらが翌日ベッドで聞いた妻の最初の説明であった。その時の妻の話では、交通事故を起こしたとき僕の財布の中に会社の原一夫の名刺があった。当然自宅の電話はそれには書いてない。その名刺に「鈴子姉ちゃん、073－XX－XXXX」と走り書きしてあったらしい。それは僕が義姉の電話番号を何かの機会に走り書きしたものであった。その番号を警察が見つけたのだ。夜間では会社とは連絡は取れないだろうと、判断したようだ。

それで警察から鈴子姉ちゃんと書かれた義姉へ、僕の事故の第一報が入ったらしい。妻は続けて、

「で、西条病院に着いたんだけど、病室の入口で原一夫の名札のあるベッドを見た時、誰もいなかったのね。まさかのこ

とが起こったのかと、床に崩れそうになったわ。後で分かったんだけど手術中だったのよね。ホントびっくりしたんだから……でもそのあと、もう一度部屋へ行ったらカズオさんは居たし顔に白い布も被せてないし、ヤレヤレとね……」

最後の言いぐさは僕には遠慮会釈なくズケズケものを言う、素の彼女に戻っていた。

結局広島の西条病院で1カ月、その後自宅に近い倉敷中央病院へ転院し2カ月間入院した。初めての長期入院で病院食にはうんざりした。

幸いなことに事故で内臓や脳には損傷はなかった。大きな負傷は左脚股関節の骨折であった。担当医の説明では、手術時体内に金属ボルトを入れたと説明を受けた。お蔭で本物の筋金入りの男になったのだが、正座はおろか当初杖を突いての歩行も出来なかった。

当然のことながら一番気になったのは姪が浜の喫茶店の差配であった。ベッドで気が付いて、すぐにカフェリングのFさんと店の副店長Mさんに連絡した。二人とも声を高くして僕の安堵を喜び激励してくれた。

それだけではなかった。一週間ほどしてFさんと森下さんが二人して病院へ来てくれた。見舞いの会話の後、「……早々の復帰は、難しいでしょうね？ ……」とFさんは思案気に言った。僕は頷かざるを得なかった。

「で、当社の上司とも相談したんですが、ハラさんはまだトレーニングを完全に済ませておらず、正式契約前の状態です。前にもお話ししましたがオーナーさんとは仲間同志ということで、一生お付き合いするご縁です。ですから事故に遭われたハラさんには何事も強要する心算はありません。どうですか1カ月後くらいには復帰できますか？ その辺が私が上司と話したリミットです」

とFさんは続けた。僕はやっぱりだめかと落胆した。反面僕は無理をし過ぎたとも思った。若いと思ったのは過信だった。考えれば定年の55歳である。あんな無茶な生活をやったら事故るのも当たり前だと心底反省した。

「治療に更に1カ月、リハビリに半年。ただしそれで歩けるかどうかは分かりません……」

医者からは少し前にそう告げられたのだ。僕は首を横に振りながら医者の診断結果を包み隠さずFさんに話した。

「分かりました。折角ご縁が出来たのですが、あの店はハラ様はキャンセルという扱いで処理させて頂きます。売り上げも10万を超え出したのでお気遣いは要りません。前からの計画通り当社の直営店とします。但し申込金は返却できかねますが、よろしいですか？」

「もちろんです」僕はきっぱりと答えた。僕は店舗新設の工事費用も全額請求されるかと怖かったのだが、それはなかった。ホッとした。あれだけの自分勝手な冒険をして申込金200万の損失で済めば安いものだと割り切った。申込金は新設改装工事経費の10％の前払いとなっていたのだ。

喫茶店の処理が完了し、その晩は悩むこともなく病院のベッドで大の字になって僕はぐっすりと眠れた。思わぬ一騒動だった。しかし身体のケガがその程度で済んで僕は万々歳だった。喫茶店の処理結果については、妻にも報告したが黙って聴くだけであった。僕の信用度はまた大きく落ちたと思った。

結局リハビリを入れて3カ月入院した。退院してもリハビリは続き一年ほど倉敷中央病院へ通って、やっと何とか両脚で杖歩き出来るようになった。

刑事部屋

その交通事故には後日談があった。

退院して2カ月程経ったとき広島の西条警察署からはがきが届いた。「2週間以内に出頭されたし」とあった。

出頭の文字にはドキッとした。考えたら対物とは言え交通事故を起こしたのだから当然だ。妻はその「はがき」を僕に渡しながら暢気に、「何でもハイハイと答えるのよ。こちらは自首する身なんやからね」とほざいた。

指定された交通課へ妻と共に行った。「僕一人でいい」と言うのに、妻は、「もし逮捕されたら差し入れに行かんなんやんか」と真顔でぬかす。

当日嫌々妻を伴って広島の西条警察へ出向いた。イヤ出頭した。受付の女性に受け取ったはがきを差し出した。彼女は僕の顔も見ずに、そこへとばかりそのはがきで前の長イスで待つよう指図した。もう犯人扱いかようと思った。

20分ほども待たされてやっと若い男が僕らの前に来た。が、すぐ後ろを向いて挨拶も出来ないまま、手でコイコイの身振りをしただけだった。そのまたくさんの机の並んだ大部屋の前の小部屋の一つへ連れて行かれた。

「奥さんはあちらへ」と大部屋の真ん中辺りを指さした。

「ここで」と刑事はドアを開け、僕はその小部屋に入れられた。その刑事は、交通違反などだろうと思われる一般人でざわつく大部屋へ戻った。

小部屋に入る際、ふと入口の上を見てドキッとした。「第二取調室」と黒地に白い字で書いた小さな札が吊ってあったからだ。まったくの「犯人」扱いなのだ。これには萎えた。飾りっ気のない小部屋の真ん中に灰色のスティール机とパイプ椅子があった。テレビの犯罪ドラマと一緒だ。僕は杖を置いて机に手を着きながらゆっくりと座った。少しして中年のがっしりした男が入って来て前にドカッと座った。取調官の何とか刑事だと、早口で名乗った。

刑事は書類ファイルを机に置いた。「それでハラさんね……」と話始め、住所、年齢、職業など一切を聴かれ、会社の身分証明書まで出すように言われた。その後、「あんたのやった交通事故を詳細に話してくれる、正直にね！」と続けた。僕は内心ビビりながら、覚えていることをすべて話した。と言っても、単なる居眠り運転である。説明することなどそんなにない。それでも何時に飯を食ったなどと尋ねながら刑事は書類に時々メモを入れていた。僕は大げさなと思いつつ、ちょっとガラス窓越に前の大部屋を見た。

「何だよう！」と思わず声が出そうになった。妻が大部屋の机で、誰かと話しながらコーヒーカップを口に持っていた。

「何という女だ！」亭主が刑事の取り調べを受けているというのに、てめえはコーヒーかよ！　愛想のいい関西弁の女を妻に持つとこんな羽目になるのかと改めて分かった。

取り調べは20分ほどで済んだ。その程度の話ならわざわざ呼び出す必要もないのにと、思った。最後に、

「それで全部だね？」

「ハ、ハイ……」

その会話で事情聴取は終わった。「じゃここへ」と調書に持参を指示されていた印鑑を押した。「まぁあんたの場合は速度も出てないし、呼気からアルコールも検出されていない。それに高速入口のウォータードラムも壊してないし、よかったよなぁ」と刑事はやっとほぐれた顔で話し掛けた。僕の身体よりドラム缶の心配かようと言いたかった。

帰る途中、早速僕は妻に抗議した。

「亭主が刑事に取調べを受けているってのにコーヒーなんか飲むか！」

「だってご主人はちょっと長引きますからって、出してくれたんだもの……私から飲みたいって言ったんじゃないよ！」

「アッタリマエじゃん！　ここは喫茶店か、刑事のいる警察だよ！」

と本気で頭にきて声を荒げた。しかし出されたコーヒーを飲む方も飲む方だけど、出す方も出す方だと警察にもまた腹が立った。先ほどの窓越しの光景を思い出し、余計むかついた。そんな腹立ちまぎれのあとも、妻はどこ吹く風で尋ねた。

「……でも請求来るのかな？」

「コーヒー代か？」

「バカ違うよ！　今のあなたの取り調べ代金よ！」

「マジで、聞いてるの？」

「救急車出動が有料化になるとか聞いたことがあったからよ！　それに今回の警察の取り調べってのはスピード違反で罰金を取られるのと一緒でしょう？　どちらも警官の作業を増やしたことには違いないでしょうが。それと同じかもと思ったの。だってこんなこと初めてやからよ……市民税か何かに取り調べ費、何時間として加算されるかなーってちょっと思っただけよ」

妻は声を高くした。僕は今、異星人と話していると思う事にした。が、妻のそのストーリーにはちょっと合理性はあると思った。

結局その事故が、僕が会社で規定の55歳で定年を迎え退社を決心する契機となった。交通事故を起こす大分前に60歳までの定年延長は可能だと部長から言われていた。60からだと年金が受け取れる。一寸迷ったが、もう55でいいと思った。延長で会社に残っても肩書もなく部下もいない。同じ職場でうろうろし製造工程の改良点を見つけて提案書を書くくらいの仕事だ。そんなふうに定年を延長した人を工場でよく見かけていたからだ。周囲からは煙たがられるだけだ。いい潮時だと思って退職を決心した。

だが退社後は顔面と左手脚のシビレに悩まされる毎日であった。そんな僕なのに妻の態度はまったくの関西流であった。僕はシビレで顔面に違和感があり、表情の歪みがマジで気になった。

そんなことから妻に、「僕の口元や目元、普段右か左かのどちらかへ吊り上がって歪んでない？」と大真面目に尋ねた。すると即、「大丈夫、顔は真っ直ぐやよ……根性は曲がっているやどけどね」とほざいた。ホント妻は漫才が過ぎる！

シビレの発現で夜の寝つきが悪くなった。床に入る前にトイレの往復などの歩行運動がシビレを増幅させ床に入っても中々収まらないのだ。それが余計寝つきを悪くする。隣のベッドの妻は、若い時から寝床に入って5分も経てば寝入っている。人生で悩み事が無いのか！　その寝息に迄腹が立つ。

4章　退職して

老人ホーム入居

　しかしやはり事故の後遺症は、生活の種々の不自由さで想像以上のお釣りがあった。

　特に感じたのは倉敷の自宅だった。危惧していた事が起こったのだ。２階の10畳二間の床の間のある方で、僕は寝起きした。が、その階段が問題なのだ。一応ゆっくりとだが２階へ上がる事は出来た。しかしこの先何時まで上り下りが出来るか不安であった。日中は家の前で歩行練習に励んだ。ついには自転車を買い、家の前の公園でそれに乗れるまでになった。そのトレーニングは自分でも効果が自覚で出来たので一層熱が入った。

　だがその「交通事故」が、ビリヤード台上の僕の白いボールをまったく意もしなかった方向へ転がしたのだ。

　当初その方向が、幸運なことなのかどうか期待はしてなかった。僕が定年後に入居した今のこの老人ホームを知ったのは、定年直前の前述の高速道事故のあとだった。

　老人ホームに興味を持ったのは、事故で退院したあと家で妻の毎日の家事を見ていたからだ。ホームに興味は持ったが、まだ自分が老人だとはまったく思っていなかった。

　その頃は倉敷の新しい家に住んでいた。僕の外出は病院通いくらいだ。毎日夕食を妻と食べていて、主婦って本当に忙しいんだなぁと初めて気が付いた。僕が午後病院で歩行等のリハビリを終え４時ごろ家に帰ると、妻は台所で食事準備に余念がなかった。買い物は朝、家の掃除の後昼前にスーパーへ出かけ済ましている。その買い出しが昼食、夕食の準備など妻の家事のスタートだ。そして夕食は６時ごろだが半時間ほどで終わる。だが食事の後かたづけにも結構時間がかかる。その後風呂も終わって妻が寝るのは、11時を過ぎる。僕が後かたづけは明日にしたらなんて言っても、几帳面な彼女は聞くはずもない。

　日曜日も普段と変わらず掃除、洗濯、食事と一日中いつも妻はバタバタしていた。座って落ち着くのは僕がお茶を頼む10時と３時の２回くらいだ。子供がいなくても一日中コマ鼠のように何かしている。僕には理解できない人生観だ。

　そんな妻を見ていてある日、ふっと考えた。僕が更に歳を取った後の二人の老後はどうなるんだろう。妻は僕より八つ年上だ。当然先に老いる。そこに脚の不自由な僕がいる。こんな家事を何時までも続けられるはずもない。

　心配性の僕はその先が心細くなった。老人ホームに興味を持ったのはそんな時だった。何故か頭に老人ホームという言葉が浮かんだ。それまで一度も考えたことが無いのにだ。

　僕は早速電話で老人ホーム協会にパンフレットの送付を依

頼した。尤もまだまだ、冷やかし半分だった。

送られて来たのは厚さ１㎝ほどもある小冊子であった。表紙を捲ると、会長ご挨拶とあり写真も載っていた。ちょっと薄くなってはいるが白髪小太りの、貫禄のある老紳士が会長であった。佐藤会長とあった。歳に似合わない丸い可愛い目が印象的だった。ページをパラパラと捲っていると偶然千葉県にある老人ホームが紹介されていた。

新婚旅行で潮来から房総半島の安房白浜を回ったので目が留まった。余談だが、当時はその地をアワ白浜と読めずアボウ白浜と読んでいた。その後テレビの時代劇で○○安房守と呼ばれる大名名でアワと読むのを知ったくらいだ。房総の地はその程度の知識であった。

さらに次のページを見ると、その中に「朝日ホーム南房総」という名前の老人ホームがあった。読み進めると経営者がその佐藤会長であった。へェー彼もホームを経営してるんだと一瞬思ったが当然のことだと合点した。だから協会の会長に選ばれたのだ。その会長は、房総半島の君津と東京の目白そして調布の三か所でホームを経営していた。僕は東京には住みたいとは頭から思わなかった。それに同じ暮らすのなら倒産の心配のない手広くやっているそんな会社がいいとも考えた。

朝日ホームについて妻の同意を得た。ただし妻は「またいつもの、興味本位の奇行が始まったなぁ」くらいの感覚であったろう。それは妻の返事の熱意で僕は分かった。

河口さん

その佐藤会長の経営する朝日ホームの案内電話は東京にあった。すぐそこへ連絡した。

「朝日ホーム、東京本社です」と女性の応対があった。東京が本社だったのだ。千葉の老人ホームのことを尋ねると、「ちょっとお待ちください」と言って男性に変わった。それが営業担当の河口さんだった。その後長い付き合いとなる人だ。

電話口で河口さんは卒なく僕の要望を受け取ってくれた。好感を持って話をしていると、「来週初めにでも、そちらの倉敷へ一度説明に上がりますよ」とまで話は進んだ。エエッとびっくりした。僕はまだ入居するとは決めた訳でもなく、パンフレットでもと思い電話を入れただけである。そのことは何回も彼に話した。なのに倉敷くんだりまで東京から説明に来てくれると言う。無駄足を懸念した。

朝日ホーム

そんな経緯を経てトントン拍子でスケジュールは決まった。5日後倉敷の自宅へ河口さんが来てくれ、話を聞いた。僕は入居の条件として自宅の販売を地元の不動産屋に頼むことを考えていると伝えた。だから入居は出来てもその後になると言った。

ところが意外な提案があった。河口さんは、「ハラさん、自宅は私のところで下取り出来ます。私の会社は不動産売買も正規にやってますからご心配ないですよ」とにこやかに言ってくれたのだ。これは実にありがたかった。僕は以前地元の不動産屋の査定額が頭にあった。気になったのでその額以下ではホームへの転居は難しいと河口さんに話した。僕の計画では家の販売額のみで河口さんのホームに入居したいのだ。

「その額は妥当でしょうね」と河口さんの返事が返ってきた。そして河口さんはもう一度お宅の家の内部を見せて下さいと言って、家内外を見て回った。

席に戻り、河口さんの説明が入居する居室の種類に移った。それによれば朝日ホームの部屋の種類は3種類あった。一部屋（10畳ほどのリビングのみ）タイプと二部屋（10畳のリビングと6畳の和室）タイプ。それに更に6畳間が付いた3部屋タイプだ。何れも浴室、トイレ、洗濯場それと自炊用の小さなシンクは付いていると言う。

予算では一部屋タイプで我慢せざるを得ない。しかしなぁと僕は悩んだ。

これは難問だなぁと僕は思った。毎日小さな一部屋で妻と顔を突き合わすのだ。息が詰まる心地がするだろうと危惧した。僕にはパソコンが欲しい。妻には当然テレビが必要だろう。一部屋でそれらの中で顔を突き合わすのだ。眠るためのベッドも2台入れなくてはならない。

仕方ないか……。妻も思案気な表情だ。何とかこの家の金額だけでホームに入りたい。河口さんの家の査定額では二部屋タイプは５００万円足りない。一寸不足額が多過ぎる。僕たちの老後はやっぱりダメかという思いが頭をよぎった。

僕の退職金とわずかな預金は老後の予想外の出費で是非持って置きたかった。それに55歳で定年退職したのである。年金を受給出来る60歳迄の5年間を僕たち二人はその金額で食い繋いで行かねばならない。老人ホームへ入って僕が働くなんて無理だ。唯一の救いは年上の妻が既に60歳を超えているため、年金を貰い始めたことである。人生で初めて本格的な金欠というシリアスな壁に直面した。サラリーマン時代は少ないながらも給料で何とかやって行けたのだ。

僕は入居は止めようかとも考えた。しかしなぁと一部屋タイプで仕方ないかと妻を見ながら諦めかけた。小さな一部屋。これがこれからの終の住まいだ。想像するだけで侘しくなった。

そんな微妙な思いの時である。河口さんは僕達の表情を読んだのか、

「原さん。このお宅、柱もいい檜の4寸角を使うなど本当に

高品質のオーダーメイドハウスです。それに見せて貰ったらまだ新築と言っていいくらいです。子供さんもいらっしゃらないのできれいに住んでおられる。当社で直ぐ処分できるでしょう。このお宅、二部屋タイプの価格の500万不足で下取りしましょう、だから500万を追加ください。それで入って頂けます」

と言ってくれた。

「えっ、本当ですか！」と僕は興奮したが、でもよく考えると、まだ500万円足らないのだ。喜べる懐事情ではない。

「査定額の500万円アップでこの家と交換というのはダメでしょうね？」無茶振りだと思いながらも僕はねばった。

「イヤイヤ、500万はとてものこと一寸難しいですね……じゃ100万上げて400万出して頂ければ何とか二部屋タイプへ入って頂けますが…」と河口さんは僕を見た。僕は黙って下を見た。一瞬銀行からの借り入れなどを無理だと分かっていながら考えた。その時、

「一寸カズオさん、いい？」妻が僕の袖を引っ張った。

「私200万出すからカズオさんも200万出してよ」

妻の意外な提案であった。顔は真剣である。僕は妻の預金額は知らない。それどころか僕の通帳も、結婚以来妻に預けっぱなしだ。妻がそう言うんだからOKなんだろうと、僕はそう思った。僕は出すことを決めた。

「河口さん、査定額不足400万でいいです。それは出します。それで二部屋タイプお願いします！」

これで2部屋タイプの部屋への目途が立った。これは心底嬉しかった。思えば河口さんというボールが僕に当ったってくれたビリヤード台での貴重な出会いであった。決裁権のない営業マンだったらこんな金額不足の課題は絶対即決出来なかっただろう。イヤまだまだ世間が寛容であった時代であったのだろう。25年も前の話である。神のキュースティックが余程の強い力で、その河口さんのボールを突いてくれたのだ。妻と二人の終の住処の道筋が見えてきた。河口さんは東京から遠路倉敷まで来てくれたのだ。僕は、「一寸、夕食にでも行きましょう」と河口さんを伴って倉敷駅上のレストランへ案内した。

1週間後僕達二人は、千葉の朝日ホームへ見学に出かけた。久方ぶりの新幹線のグリーン車だった。これまでも妻と二人で旅行に出かける時は何時もグリーンを使っている。別に見栄を張っているわけではない。旅をすると決めた以上、その移動の時間も楽しまなくては意味がない。宿はもちろんのことだが交通機関も旅の重要な一部だ。だから行くと決めたら可能な限りケチらない。それが僕の合理主義の徹底だ。

入居予定の朝日ホームは鉄道なら東京からは丁度1時間。千葉、内房線のJR君津駅で降りる。河口さんとの待会わせ場所は駅前の「大使館」という変わった名前の喫茶店だった。駅を出るとすぐ右に平屋の小さな喫茶店が見えた。この店

も朝日ホームが直営していると河口さんから聞いていた。駅前に老人ホーム見学者のための待合せの喫茶店まで用意しているということも、僕の中で朝日ホームの評価を高めた。店内で妻とコーヒーを飲んでいて、アッそうかと気が付いた。これから行くホームの付属施設で「青春の森共和国」という名前の遊園地がパンフレットに載っていた。それも朝日ホームの経営である。「共和国だから喫茶店も大使館か」とやっと納得できた。名付け親だろう創業者のセンスに感心した。

駅前にバスが停まっていた。ふっと見ると行先が亀田総合病院とあった。河口さんの言っていたのはこのことだなと分かった。彼は、「君津駅でJRを降りるとその後はホームまで、バスで40分。そのバスの終点は房総半島の基幹医療施設となる亀田総合病院です。戦後すぐ設立され病床数も１００0近いんですよ」と話していたのだ。

喫茶店のドアが開いて勢いよく河口さんが入ってきた。駅まで車で迎えに来てくれたのである。というより彼の東京本社からだとアクアライン経由だから、君津駅は通過点なのだ。

三人で朝日ホームへ出発した。ちょっと興奮する。新婚旅行で潮来へ来たが、その房総へ正か35年後に老人ホームの見学に来るとは！　思えば不思議な縁である。That's a miracle!

僕たちがホームに入るなんて一カ月前までは思いもしなかった。このことからも人生を予測しようなんて思案は不遜の最たるものだろう。ここへ入居する前兵庫県の伊丹に住む妻の鈴子姉に、ホーム入居を報告に行った。顔を合わすなり義姉はコテコテの関西弁で、「何やてカズさん、比呂子から聞いたんやけど養老院に入るんやて？　アンタら一体何考えてるの？」と嗤われた。老人ホームという言葉は当時は養老院と同義語だった。まだ世間ではその程度にしか認知されていなかったのだ。そこへ僕が55歳で入居すると言い出したのだ。姉の疑念も当時はそんなに突飛なものでは無かった。

河口さんの運転する車は広い車道がなくなり、クネクネの山道に入った。途中運転席のフロントガラスに左右から伸びた木の小枝が音を立てて当たっていた。妻も心細そうに僕を見る。

河口さんの運転は通い慣れた道らしく、曲がり坂もまったくスピードを落とさない。さもあろう、対向車がまったくないのだ。それほど山深いところだった。駅から40分、やっとの思いでホームに着いた。終点の亀田総合病院は更に30分ほどかかるらしい。

僕達が君津から今登って来た左下１００ｍほどの道路の上に隧道と言うのか、陸橋が見えた。後に知ることだがその陸橋の上の道は「青春の森共和国」の遊園地やホテル・シルクビラへ通じている。道脇の古びたベンチの横の鉄棒に「朝日ホーム」と記したバス停の四角い錆びた時刻表がぶら下がっていた。河口さんが言っていたバス停だな、と分かった。一日2便でもバスがホームの前で止まってくれるのはありがたい。そう自分に言い聞かせた。途中の森だらけの不便さを見て来たので、何か一つでもいいところを見つけたかったのだ。

車がホームの黒い両開きの門扉を入った。右に植木や園芸菜園のような小さな畑のある広場を20mほども進んだ。そして建物の車寄せの大きな軒の下に停まった。

左に両開きのガラス戸の広い入り口があった。その車寄せには2台のマイクロバスが停まっていた。車側に大きく「朝日ホーム南房総」とあった。それらは河口さんが言っていたスーパーや病院へのホームのシャトルバスだと分かった。

妻と車を降りて見渡すと、大きな褐色のタイル張りの建物が離れたところにもう1棟あった。

「この建物が、ここ君津市で最初に弊社が建てたもので、今いる館が7階建で壱番館と呼んでます。そして左のあちらが5年ほど前に建てた9階建ての弐番館。両方合わせて今の所100名様ほどがお暮らしです」

と河口さんが説明した。見れば20mほど下ったところに、今いる建物と同じ外観のマンションが見えた。それらの褐色の建物は周囲の緑の森の中に、センス良く溶け込んでいた。

玄関の自動ガラスドアを入ると両開きのガラスドアがまたあった。左側に壁一面が下駄箱となっている、10畳ほどのスノコ板の置いた沓脱室が見えた。そこが居住者の通路部屋のようだ。正面の大きなガラスドアを入ると一面ベージュのカーペットが敷かれた、広い部屋に入った。天井の高い広いロビーであった。左に受付のカウンターがあり若い女性二人が、「いらっしゃいませ」と気持ちよく迎えてくれた。受付カウンターの裏が職員室になっているのか、机に座った何人かの人影が見えた。

「ハラさん、まあ一休みしましょう」と河口さんがロビー中央のコの字型に並んだ長いソファへ案内した。奥に黒いグランドピアノがあった。その横の部屋には図書室の吊り札が下がっている。お茶を出してもらって暫くすると、館長と名乗る人物が挨拶だけに来た。まだ40代の恰幅のいい男性だった。

ではと、河口さんに促され、受付カウンターの前を通った。隣は売店になっており、棚に袋入りのお菓子が並んでいた。アイスクリームストッカーも見える。右の壁に1m角ほどのガラス額が吊り下げられ、職員の小さな顔写真が組織図となって表示されていた。顔写真は、100名ほどもあった。そこを進むと右に大小2基のエレベーターがあった。左は部屋を仕切るような掲示板である。掲示版の裏は20畳ほどのソファを並べた入居者達の談話室となっていた。テレビや新聞掛けが置いてある。隅にはバーカウンターがありコーヒーでも頼めそうな雰囲気であった。エレベーター前まで歩いた。

エレベーターの対面の大きな掲示板には、何枚もの連絡メモが張り付けてあった。更にエレベーター横を右に回る廊下があった。河口さんはその廊下を指さして、「ここを行けば突き当りが診療所です。日曜以外は医師が常駐してます。ナースは昼夜を含め何時も居ますけどね」と話した。

掲示板裏の談話室は、幅5mほどの大きな一面のガラス窓となっている。その外は芝生張りの小山が見えた。河口さんが、僕たちの傍に来て、「……原さんのお部屋へご案内する前にちょっとこちらへ」とエレベーター前を通り過ぎ、突き当りの両開きドアを入った。大きな部屋の前室であった。左に幾つかの蛇口のある手洗いボールがあった。その前は全面カガミとなっている。そこを通って高い天井の大部屋に入った。

「ここがレストランで入居者の皆さんに毎日3食ご提供しております」と河口さんは僕らを中へ招じ入れた。4人掛けのテーブルが30卓ほども並んでいた。

その部屋の対面の幅20mほどの壁は、これも全面大きなガラス戸で二重のカーテンが左右にまとめられている。ガラス越しに今は明るい陽が入っている。その向こうに広い裏庭が見えた。

建物から20mほど離れた裏庭に、見上げるような緑の芝生張りの大小二つの小山がラクダのコブの様に並んでいた。正面に見える右の小さい方の山の裾下には、径10mほどだろうか、楕円形の大きな池があった。濃紺の水面をよく見ると大小の赤、黄鯉が遊弋している。山裾から池の間の中間に高さ1mほどの横長の水溜まりが一段ある。その水溜まりから下の池までの3mほどは、凹状の石壁となっていた。その石垣は苔むして暗緑色の緞帳のようである。緞帳は10m以上の横広で、その壁面は薄い石板を積層して出来ている。丁度今はその緞帳に陽が当たって、幾筋もの水が球暖簾の様にキラキラと光って水が池へ滴り落ちていた。

小山の裾や水溜まり、そしてその下の池の中には、灰緑色の1m大もあろう巨石が4個配置されていた。そんな大きな石を小山の斜面や池の中によく置けたものだと思った。左に植えられた大きな松の樹3本が、曲線の緑の枝を池面すれすれまでしな垂れている。それは、踊りの名手の手の先から伸びた扇のような風情を醸していた。その横の小ぶりな樹に山茶花の赤い花も咲いている。

僕たちが入居後の話だが、その池に時にはカワセミやセキレイ或いはアオサギなどが飛んできて池に入って小魚を睨んだり、芝生をついばんだりするのが見えた。中でもカワセミとアオサギの辛抱強いのには驚く。カワセミは松の枝に止まって、アオサギは池に入って池面近くを泳ぐ魚影をじーっと探していた。僕等の昼食中、その間20分、微動だにしない。鳥たちにとってはその日一日の狩りの場である。とは言えその真剣な姿勢と辛抱強さには驚嘆する。

その緞帳の左上に細い小川が見えた。そこから流れ込む水が水溜まり段や下の池への壁面を伝い、ポタポタと落下しているのだ。その裏庭の光景は正に一幅の風景画であった。そしてその上の小山は、全面に緑の芝が張ってある。左の大きな山の芝生は先ほどのテレビのあった談話室からの風景に繋がっていた。外の緑の庭を見ながらの食事だ。当然気分はいいだろう。

後日親しくなった創業者の佐藤会長が「レストランの池や山の造成工事は、私の思い描いた通り造らせたので一億掛かったよ」と自慢していたのを思い出す。これだけの庭は入居者には心地いいが、ホームの経営者側には特に実利をもたらすものではない。創業者でなければ設計はできないであろうと思った。建設当時の佐藤会長は70代前であったろう。まだまだ十分ロマン心と胆力が備わっていたのだ。

レストランはまだ11時で正面奥の配膳カウンターの中で数名の割烹着の職員が動いているだけで、室内はガランとしている。

そのあとK課長に連れられて、僕達が予約した居室の見学に移った。その居室は、最上階の7階であった。部屋の玄関前の廊下からは弐番館が見えその向こうには、登山訓練に最適なような垂直の崖がそそり立っていた。

玄関とは反対の南向きのベランダ側は陽が入り、少し離れた深い谷川を挟んでそこにも言葉通りの切り立った褐色の大きな絶壁があった。ところどころ松の小樹がその崖に張り付くように青い枝を伸ばしていた。その向こうには更に緑の山が重なり、その上に青空が広がっていた。見ていると深呼吸を誘うような風景である。表と裏いずれの崖も、僕の7階の居室からでも見上げるほどの高さである。風景のスケールが大きいのだ。この光景は都会の臭いを完全に忘れさせた。僕は満足した。ここなら正に余生を静かに暮らせそうだと確信できた。いや、静か過ぎるかも。

部屋の内部は河口さんから聞いていた通りの、畳とカーペット敷の二部屋であった。それらは今回入居前に色を選んで新しくしてもらっていた。6畳の間にあった押し入れはなくして板の間にし、整理タンスと仏壇を置けるように改装した。もう一竿の箪笥は玄関を入った廊下の下駄箱に並べた。畳間にはベッド二つは十分置けそうだ。シンクやバスルームは小さい。ベージュのカーペットのリビングは予想していたより広かった。これだけあれば、時には昼飯ぐらいはそこで簡単に済ませられる。朝、夕は下のレストランへ行けばいい。妻も満足げであった。

1部屋タイプも見せてもらった。2部屋タイプを見たからだろうが、その部屋に冷蔵庫など家事の雑物やこれまで使ってきた二竿のタンスを入れたいという要望は無理だと思った。広タンスは結婚後初めて買った桐タンスのセットであった。広島の産直品である。その一竿でも手放すことは嫌だと妻が拘ったのだ。何とか2部屋タイプに入れたのはラッキーだった。河口さんの倉敷の家の買取り額５００万アップの有難さを改めて実感した。

ただ、館内を見学していて、表札が掛けられているのは全体の半分もないのではないかと思った。ということは、この朝日ホームは入居率がまだまだ不十分なのだ。弐番館もそうだろう。

……そういうことかと僕は思った。河口さん達営業マンは今、会長から入居促進のハッパを掛けられてるんだ。僕は内情に合点した。河口さんに連絡したら入る確約もしてないのにすぐ倉敷まで説明に飛んで来てくれたり、僕らの家の下取り額を大幅にアップしたりと至れり尽くせりであった。それはホームはまだガラガラで彼らは、入居を急いでいるのだ。それならと納得かつ安心出来た。でも下取り500万のアップである。彼も勇気が要っただろうと僕は感謝とともに気の毒にも思った。

しかし2021年現在のホームは、ほぼ満室で空きを順番待ちしている状態であると聞いている。老人ホームでは空きの発生は、イコール住人の死歿である。他人事ではない。僕らもそれを待たれているのかも？　と心が冷える。

河口さんの説明は続いた。

・食事は一週間毎にメニューが各自の郵便受けに配布され欠食は自由。ご飯食とパン食の2コースから選べる。また別に、いつも「おかゆ」が用意されているのでその日の体調によってその場で切り替えられる。

レストランの席は各自どこで食べるのもご自由です。でも席は、ほぼ決まってしまいますがねと付け加えた。

・風呂とシャワーは各居室に付いている。それ以外に男女の大浴場が2階にあり水道浴槽と鉱泉浴槽の大小の風呂があると言う。月に2日清掃のために休みとなる。

・館内には共用部として他に図書室、談話室、カラオケ室などがある。

・一階に診療所がありドクターや看護師が常駐している。予約不要である。診察後ドクターから処方箋が出ると当日夕方、市内の薬局が部屋まで薬を届けてくれる。

・年2回X線撮影も含めた健康診断がある。

・介護士が夜間も宿直で見回るらしい。高齢者には安心だ。

・買い物は土、日も含め毎日専用シャトルバスで送迎してくれる。

「シャトルバスは今玄関に駐車していた、あの2台です」と河口さんは付け加えた。

・買い物のスーパーは2店あって順次シャトルバスが巡回してくれる。君津駅へもそのバスだ。それは市役所行にも利用できる。

・病院は亀田総合病院と他に歯科医院を含め3病院がある。そこへも毎日シャトルバスが巡回送迎する。

・入居者に介護が必要と判断されれば、館内の介護室に移って全面介護に入る。

・軽度の要介護と認定されれば自分の居室で生活し入浴、

配膳、亀田病院への送迎などをやってもらえる。それらの介護の判定および要員は、すべて国家資格を持っている社員が当たる。

・郵便ポストは玄関横にある。郵便物は玄関横の各自のポストボックスに配達員が入れてくれる。宅急便も部屋まで届けてくれる。

・いちご園も青春の森で運営している。春にはそれ目当ての観光客も多いとのこと。

次に屋外の施設ですがと、河口さんは続けた。

「このホームから5分程歩いた丘の上に、当社直営の「シルクビラ」という小さなホテルと「青春の森共和国」という遊園地があります。13万坪ほどの広い敷地です。後楽園球場が3千坪ですから、広さが分かってもらえるでしょう？　遊園地内の池には釣り堀があり貸し出しのスワンボートも浮いています。大きな池とレストラン、屋外バーベキュー場などやテニスコートなども楽しめます。特に100mの断崖を眺めるホテルの露天風呂はホームページに載せているくらいのここのウリです」と話した。

「ほらこの方向です。アッそうだ、そのホテルには6レーンほどのプールもあるんですよ。夏場は子供さんで一杯ですがね」と河口さんは、指さしながら付け足した。

「気候は温暖。雪も年1、2回白くなるかどうか程度です。高台だから雨や洪水の心配は有りません。それにこの建物は岩盤の上に立ってます。後付けの盛り土じゃないので地震などでの地崩れの心配もありませんしね。ちょっと手前みそが過ぎましたですかね。どうです……早口になっちゃいましたが分かりました？」

河口さんは大きく息をついて僕と妻を見回した。僕は妻を見て、何か質問ある？　と尋ねた。顔を横に振って笑顔を見せた。僕もおおむね説明には満足していたが、

「いいことだらけだけど、少しは困ることもあるでしょう？」

僕は、ちょっと意地が悪いかなと思いながら河口さんに言った。

彼は空を見て、

「うーん……そうですね……うん……。強いて言えば山の中で不便だということですかね。お二人にはここへ来る車で十分それは分かり過ぎた程でしょうがね……東京から2時間ちょっと遠いですよね。僕も東京の本社から3時間近くかかって、ここまで来てますからね。バスの便も日に2便ですし。しかしまぁ、ちょっと逃げの言い方ですが……2便ですが一応バス便はありますからその時間に合わせて生活の予定を組めばいいだけのことですけどね……生活に慣れることそれに尽きますよ。こういう山奥では」

と自身で頷きながら苦笑いを見せた。だがすぐ明るい口調に戻り、

「でも森の中ではならのよいこともありますよ。散歩です！

結構皆さん早朝から小鳥の声を楽しみながら、歩いていらっしゃいます。いや大ゲサに言ってるのではないですよ。3月に入ったらこの辺り桜が満開になりウグイスがやかましいくらい鳴きますからね！　アッそうだ！　ヒグラシも7月には鳴き出します。夏の盛りには一時ウグイスとヒグラシの合唱も聴けますから。……僕はヒグラシの方が余韻があって好きですけどね」

と話した。

このことは後日事実だったことを僕達は知った。2月末の早春から居室の東西南北、何処かの峰でウグイスが鳴き始める。加えてレストラン裏の池から夜はカエルの声もうるさいくらいだ。妻に言わせるとカエルは朝方4時ごろまで鳴いているらしい。中にはその声がうるさいので退去したという例もあるらしい。人それぞれだ。聞こえるウグイスの鳴き声は不思議と一羽のみだ。ウグイスは群れないようだ。

入居して青春の森の工房から帰るときなども、時には数メートル近くの木の上でホーホケキョ、ケキョ、ケキョ、ケキョ……と鳴き出す。最初のころは足を止めその周囲の木々の枝をじーっと目を凝らして探して見たが、姿を見つけることはできなかった。このごろはそれは諦め鳴き声を楽しむだけにした。鳴き終わったら、「ありがとう！」と大声で礼を言っておく。時にはその後で、「ケキョ！」とあと鳴きで返事が返ることもあるから楽しい。しかし不思議なことだが、ウグイスは8月15日のお盆が過ぎればピタッと鳴かなくなる。里帰りする訳でもなかろうにこれだけは毎年不思議だなぁと、妻と話している。

そして桜。このファッションショーは3月初めから始まる。居室の東西南北どの山もピンクの群れが散在し始める。工房への出勤時の国道42号線沿いも、さくら、さくら、さくらだ。ウクライナの人達にも見せてやりたいと思う。

確かに不便には違いない。後日僕らが入居してからここは首都圏のチベットだとの、冗談口を入居者から聞いたが頷けた。何しろ、タヌキや鹿が車にはねられて、道路に横たわっているのも何回か見聞きした。しかしその対極で、自然の織り成すプレゼントも多い。不便は、都会の騒音と反比例すると考えればなんてことはない。僕はそう自分を納得させた。

河口さんは、

「じゃ、丁度昼食時ですしホテルのレストランへご案内しましょう！」と僕らを促した。3人で10分ほど歩き、森の中の小さなホテル、シルクビラの一階レストランへ行った。客は二組いた。

佐藤会長

食事が終わって雑談していると、河口さんのケータイが鳴った。ちょっと失礼と言って僕たちから離れた。終わって

河口さんは僕らの傍へ来て、

「原さん、今本社から連絡があったのですが、ここの創業者の佐藤会長が園内のヒルトップというレストランに来られているようなんです。入居見学の原さんがホテルにおられるとお話したら、会長が原さんたちとお会いしたいということなんですよ。……よろしければ、参りましょうか。今来た道の、途中ですから……。……でも奇遇ですよね。会長がこの青春の森へ来られるのは年に2、3回なんですよ！　殆ど本社におられるのですがねぇ。まぁいつ来られてもいいように、このホテルにも会長専用の居室があるんですがね」

河口さんはいかに会長の来園が珍しいかを話した。そして声を落として、

「……でもここの従業員は会長の来園はウエルカムではないんですよ。気難しくワンマンですからね、内緒ですよ、ヘッ、ヘッ……」と笑いながら付け加えた。しかしその口吻は彼の会長への好感も感じさせた。

3人でヒルトップと呼ばれるレストランへ歩いた。途中左側にはバラック建ての長屋が20mほどもあった。その前は大きなビーチパラソルをかざしたテーブルが散在する広場となっていた。その広場の向こうに二階建てくらいの奥行きのある倉庫のような青色の建物が見えた。その左に大きなテント張のスペースがあった。「バーベキューのコーナーです」と河口さんが教えてくれた。

右側のシルクビラというレストランは校倉造り風の少し腰高の倉庫の様な平屋だった。建物は結構大きく、がっしりしていて台風くらいではビクともしそうもない佇まいだった。その建物は驚いたことに、すべての壁が20㎝角ほどもの太い角材を横に重ねて壁を造ってあった。角材は防腐液を塗ってあるのか黒茶色である。コンクリート造りより重厚感があってどっしりと見えた。その大きさや佇まいは、教科書で見た正倉院を思い出させた。

建屋中央部の3m幅ほどの木の階段の上にガラス戸の入り口があった。その階段に野良着姿の小太りの老人が一人座っていた。麦わら帽を手に扇いでいる。パンフレットで見た佐藤会長であった。

僕らが行くと、「いらっしゃい、ハラさんだな」と気安げに声を掛けてきた。河口さんが帰りかけたが、「お前もご一緒しろ」と、会長は命じた。

レストランに入った。薄暗いのは壁の木材が褐色なのと天井が高い性だろう。客は奥のテーブルに二組いた。入り口近くのぶ厚い木のカウンターに若い女性が一人いた。

「いらっしゃいませ」と笑顔で僕達を迎えてくれた。

「元気にやってるか！」と会長が柔らかい声を掛けた。そして入口近くの4人掛けの席へヨッコイショ！　と座った。手造りらしい丸太作りの椅子とテーブルであった。この建物や備品はすべてそんな手造りの仕様で統一されていた。むしろ

この喫茶店らしき建物にプラスチックのテーブルやパイプ椅子は、まったく似合わないだろう。

僕は照明の少ないその部屋を見回した。会長のいる窓際のテーブルに座った。カウンターにいた女の子が近寄ってきて、「会長、お久しぶりです。……コーヒーでよろしいでしょうか？」と少し緊張気味に尋ねた。それにちょっと頷いた会長は、「矢野を呼べ」と横柄にその娘に言った。僕らとの会話と声色はまったく異なるトーンであった。これが本来の会長の実像だろう。ラテンのBGMが流れていた。

矢野さんと思しき作業服の人が、ドアを押して早足で入ってきた。40代くらいの細面の男性だ。

「どうも遅くなりまして」と、ペコンと会長に頭を下げた。別に来るのは遅くもなかったのにと僕は思った。

「さっき見たら、トイレの前の水漏れまだ直ってないぞ！場所は確認したか？　この前言ってから3カ月は経つぞ、何やってんだ！　木造は雨に弱い。直ぐに周りの丸太まで見て修理後防腐剤を塗っておけ！　腐ったらオマエの責任だぞ！」

「すっ、すみません！　今直ぐやります！」

会長は、矢野さんの走り去るのも見ず目を僕達に移した。妻はやり取りに緊張したのか顔を伏せている。僕もメニューを見ていた。パスタ類と飲み物が主だ。そんなに品数はない。

「……おぉーそうだ、そうだ、お二人にも感想を聞こう」と会長の顔に笑顔が戻った。

「……？」僕らに言ったのかと思った。会長は首を上げカウンターの女の子を見た。

「おい、あの、チョコレートを乗せた、新しいヤツを持ってこい！」と声を掛けた。まもなく女の子が10個程ケーキの乗った皿と数枚の小皿を大きなトレイに乗せて、おずおずとテーブルに出した。

「ハラさん、厨房のケーキ職人が試作した物なんだ。ここの喫茶店用にと提案して来てね。売れ残っても困るんで3種類くらいに絞ってここに出そうかとね、ちょっと一緒に選んでくれますかねぇ？」

彼はどうぞと言いながら、

「後で分かるように半分食べて残して下さい」と付け足した。では遠慮なく、と僕はその一つを小皿に取って食べ始めた。会長や妻も手を伸ばした。河口さんはコーヒーだけを口にした。僕はクリームたっぷりのが好きだ。妻はその反対でプレーンなものを好む。結局3種類のケーキを3人で選び出した。話が一段落ついたとき、

「……ところでハラさん、ちょっと聴かしてくれるかなぁ。……いや大層な話ではないんだが……ハラさん実際にここへ入居するとして一体、どんな生活を考えてるの？」

と会長は親し気に声を掛けてきた。そのことは前から僕は考えていたので、言い出し始めようとすると、それを遮って、「いやKから聞いているんだが、ハラさんは定年直後の、

56？」

「すぐそうです」

「でしょう……まだまだ若い。ここへ来てもらうのは嬉しいんだが55や56では周りが老人ばかりの中で、部屋でじっと出来る歳では無いよ！　あなたの申込書を見せてもらったんだが、一寸そこの所が気になってね」

　会長は何時しか、客に対する敬語は使わなくなっていた。僕もその方が本音で話せて有難い。対面している会長のふっくらとした顔を改めてよく見た。80代前半だろうか。それでもまだ白い頭髪がかなり残っている。こちらでの野良作業のせいか赤く日焼けした顔だが、丸い目は柔らかい。帰る時の妻の感想は、「優しいお爺ちゃんって、とこかな」と話した。部下に対するあの厳しい会話を聞いたはずなのに意外だった。

　会長の顔を見て僕は答えた。

「君津駅近くのどこかでステンドグラスの教室をやれれば、と考えてますが……まぁ、ちょっと落ち着いて環境が分かってからのことですがね」

「ステンドグラス！　それって、あの教会なんかの色ガラスの？」会長は意外そうに僕の目を見た。頷いた。

「へェー、そうなんだ！　そう言えば、ハラさんの倉敷のご自宅、リビングの天井に大きな色ガラスが入ってましたね」

　会長の隣の河口さんも言葉を挟んだ。彼にもガラスのことは話してなかった。

「最近やり始めたの？」子供に聞くような話し振りだ。

「いや、もう20年程になりますか……」

　そうなんだ、と河口さんが感心気に呟いた。妻も笑顔で会長を見た。

「そりゃー　珍しいご趣味だな」と会長。

「会社帰りにやっていたのですが何時の間にかハマってしまい……」

「で、場所を借りて教室ね……」会長は興味深げに僕を見た。

「そうですね、まだまだ考え中なんですが……出来れば主婦などを相手に教室をとは思ってましたが……正直月謝だけで部屋を借りては家賃を払うのもしんどいかなぁというのと、それに今日車でここまで送って頂いて、僕が駅まで毎日通うのは無理だなぁと、そう思い直しました」

「教室と言っても何十人と集めないと月謝は大して取れんだろう？　……教会などは無理でも個人住宅で窓に入れるなど注文を取るのはどうなの？」

　会長が興味深げに僕を見た。

「いやダメですね。まず木造主体の日本家屋にはステンドグラスはあまりマッチしないように、僕は思うんですよ。それに個人的な考えですが、日本ではまだステンドグラスはヨーロッパ旅行の教会などで見学するだけの物という程度で、ランプ一つ取っても自分の家に飾ろうなんて思い付かないようですね。それに比べ西洋では、ステンドグラスランプ以前にろうそくでの灯り取りの文化が根づいてましたから、装飾としてのランプ文化の素地がありましたからね。欧米の映画を観ると、リビングや寝室には必ずと言っていいくらい2～数本のランプを置いてますよね」

「うーん、成程。そう言われればそうだな……。私も不動産業をやっている関係で、建売に携わっているが……ステンドグラスを木造の家に入れるという発想は私を含めて部下の誰からも出なかったね」

会長が頷くのを見て、河口さんも小さく合わせて僕を見た。

工房開設

会話が途切れ3人は冷めかけたコーヒーカップを取った。

……そのとき会長が目を強くした。

「……ちょっと待てよ、アッ、そうだ、あれがあったな！ハラさん一寸僕に付いて来て！」と、何かを思い出したように、もう立ち上がっていた。

4人でレストランを出た。会長がドンドン先を歩く。ビーチパラソル付の丸テーブルが並んでいた広場の前で会長は止まった。レストランへ入る前にチラッと左側に見かけた場所だ。ずーと奥には大きな2階建て程の、がっしりした倉庫のような青い建物がある。こちらを向いた壁面にその建物の窓口があって、そこが厨房となっているようだ。何人かの女性が観光客相手に注文取りをやっている。会長はその広場の手前で止まった。

右側に20mほど連なった木造のバラックの長屋が連なっていた。その前を歩きながら、ガラス窓越しに僕は長屋を覗いた。室内はロクロや焼成釜などが乱雑に置かれており、どうも今は使われていないが陶芸工房のように見えた。その長屋の並びに一戸だけ独立した小さなバラックがあった。

「ちょっと待ってて」と、会長は財布を出しながらバーベキュー場の入口にある赤い公衆電話のところへ歩いた。するとすぐに又、先ほどの矢野さんが呼び出されたのか、走って来た。少し息が切れている。そしてその独立したそのバラックの白っぽいアルミーガラスドアのカギを開けてくれた。

4人はその建屋に入った。プーンと焼き肉の強い臭気がした。広さは6×8m、15坪ほどの広さだ。焼き肉用の鉄板を置いたテーブルが二列に6卓あった。その上の蛍光灯が脂で褐色に汚れていた。両サイドはガラス窓だ。

「……ハラさんね、ここ雨天用のバーベキュー室として使っているんだが、この通り臭いだろう、排気が悪くて不評でね……」

ちょっと息を入れて会長は続けた。

「どうだろうね、ハラさん、ここでステンドグラスやらない？　……ただこんなところだから、生徒を集めての教室は無理だろうけどね」

確かにこの山奥まで通う生徒はいないだろう。教室は難しいと僕も思った。しかし……と考えた。観光客が来ることは確かだ。連休などは結構多いと先程のレストランでの雑談で会長も話していた。それに目の前を走る国道42号線も拡張工事が進んでおり、年々混んで来ていると河口さんも言っていた。何かここで観光客に簡単に作れるガラス作品で呼び込む方法は？　と思案した。

その時フッと神戸の堀内さんの教室へ通っていたころを思い出した。同じ夜間の教室で一緒にやっていた若い看護師さんが、「私は忙しくて、欠席しがちだから大作はダメ。職場の机に置けるような小さなカガミか写真立てを作るわ」と言って、そんな小品を完成させているのを僕は見た。出来た作品は、はがき大ほどの小さな可愛い写真立てで、猫の写真が入っていた。いかにも女の子が喜びそうな小物であった。

2、3㎝四方の小さな赤や、緑のステンドグラス片をはがき大の透明ガラス板の周りに3㎝ほどの幅でランダムに半田付けして額となっていた。破片を利用したのであろう不揃いなため、色ガラスの間に小さな隙間の穴がある。

それも褐色の半田線がアクセントになって可愛い。あれだったら僕なら一時間。初めてのお客さんでも、あらかじめカットガラスを用意しておけば2時間もあれば作れるだろう。透明ガラスの代わりに、はがき大、のカガミでもいい。周囲をステンドグラス破片で半田付けすれば、机の上や壁掛け用の可愛いカガミになる。作るのを教えながら僕も客を手伝ったら良い。先が見えた。

「会長ここはいいです、十分です！　お言葉に甘えて是非この建物を使わせて下さい」

「そう！　いいよ。じゃここでやりなさい」会長はにこやかな目であった。

その時の妻は、全く他人事のように言葉を挟まなかった。恐らく余りにも意外な展開に困惑して、何も言えなかったのであろう。

その時は親切な佐藤会長というボールが、ビリヤード台上の僕のそれに強く当たってくれた。それはその後の僕ら二人の人生の方向を、大きく楽しい方向へ変えてくれたのである。稀な幸運に巡り合った瞬間であった。

「でもハラさん、ステンドグラスって一体この奥深い森の中で、観光客相手に何をやる？」

会長の機嫌は良かった。本気で心配してくれていることは表情で分かった。

「ステンドグラス破片で周囲を飾った小さなカガミや写真立てを考えてます。はがきほどの大きさです。それを観光客に体験制作してもらうのです。素人でも2時間ほどで出来るヤツです」

「小さなカガミか、いいねぇ、それなら僕も欲しいよ、鼻毛を切るのにね。女房にまた伸びてるってよく言われるんだ。

でもカガミにステンドグラスをどう使うの」

「まだ案の段階ですが、はがき大のカガミや透明ガラス板、それとステンドグラスの小さな破片を用意して置いて、お客さんに自由に色を選んでもらうのです。それを銅テープで巻いてカガミや写真立ての周囲に自由な形で置いて、半田付けしてもらうというコースです」

「成程、何ならホテルの若い女の子を来さすから模擬的に試してもらっていいよ」

会長は声まで少し弾んでいた。

「ありがとうございます。……将来は大きなカガミやランプも僕が作って観光客相手に販売もやりたいですね……作りたいデザインはいくらでもありますから」

その時突然、会長が声を大きくした。

「あっ、そうだ、そうだ！　この青春の森のホームページにこのステンドグラス工房の写真を載せさせよう。うん、それがいいな。宣伝にもなるし……　早速その方に詳しい若いのを本社から来させるから、ハラさん、相談してよ……、ステンドグラスか、こりゃぁ面白い！」

話はトントン拍子だった。

そして僕らは予定通りその老人ホームに入居した。僕は、はなから冷やかしの心算の見学であったが、僕ら二つのビリヤード球は入居の方向へ転がったのだ。１９９７年、平成9年6月の事であった。


入居一カ月後にはそのバラックの中にあった焼き肉用テーブルは撤去され、床から出ていたプロパンガスのパイプも埋め込まれた。床は一面コンクリート打ちされ、臭いもきれいに無くなっていた。

そして少しして本社の若い社員が来てくれた。観光客のステンドグラス製作体験コーナー誕生のページの追加と、まだ少数だが僕が川西や倉敷で作ってあったランプ作品写真などを、青春の森共和国のホームページに載せてくれた。まったく思いもかけない工房誕生であった。


いよいよ、工房設立の準備を始めた。差し当たって作品制作の作業台が必要だ。僕の事務兼作業台はそれまで使っていた居室の食卓を持ち込んだ。食卓は大きいのを新調した。体験用作業台と僕の作った作品販売のための陳列台とを合わせ、畳大の木製作業台を5台作ってもらった。それと木製のガラス保管棚も４台制作した。それは畳大の木製箱を縦に置いた形で、奥行30㎝ほどの本箱の様な保管庫である。その保管庫一台には、原板を切った30×40㎝ほどのガラス板、計３００枚くらいを色別に区分して保管できるものである。各段に5㎝間隔で縦にベニヤの仕切りを入れて設計した。

それらの製作は会長の声掛けでホームに4名常駐している施設工事担当の従業員に頼んだ。材料代と時間単位の作業費の支払いで済んだ。

しかし床のガス管撤去や一面のコンクリート打ち、部屋のクリーンナップ、蛍光灯の更新等は結構な費用であったと思う。本来ならこちらで持たなくてはいけないはずだ。その後の会長との雑談の中で、その話をしたが取り合ってくれなかった。感謝すべきだと思った。

改修工事が終わったある日の午後、机で作業しているとふらっと会長が訪れた。

「工房らしく、綺麗になったじゃないか！」と入口で立ち止まり、笑顔で見回した。

入口の入ったところに小さな机を置いた。そこへ観光客用の体験制作の出来上がり見本のカガミと写真立てを、短い説明を付けて置いてある。ここ2日ほどで、それらの制作見本を5つばかり突貫工事で制作したのだ。それを手に取りながら、

「おお、これか、写真立てとカガミってのは？　フーン、思ってたより重量感があって洒落たものだなぁ。女の子ならちょっとした贈り物にもなるじゃないか」

会長はカガミを手に取って機嫌よくそう言った。

新工房の西側と東側の2面のガラス窓沿いには、作品展示用の畳大の作業台を2台ずつ並べた。その上には倉敷で作った12基ほどのランプを置いてあるが、机上はまだガラガラだ。中央に観光客体験用の作業台1台を置いた。一度で最大6名の客を受け入れられる。十分だ。

会長は僕の机の近くにパイプイスを寄せて座った。

「これからが大変なんです。観光客用の制作体験のガラスの準備をしなくてはなりませんし……まぁ、それも急ぎますけど、まず展示台に置く販売用の小型ランプを至急作らないとね。12基では歯が抜けたようで……」

僕は立ち上がって窓際のその展示台に腰掛けた。

「どのくらいの数を？」

「スタンド型のランプ大小合わせて30基は欲しいですね。それと絵画的なデザインの壁掛けパネルや大きなカガミなどもです」

「それだけあればね……見るのが楽しみだね。で、ハラさん、ホームページにこの工房を載せなさいと言ったんだが、そうなるとここの工房名がいるね。名無しじゃねぇ、いいのを至急考えなさい」

と言ってくれた。僕もうっかりしていた。確かにそうだと思った。

その日も、雑談は2時間ほど続いて会長は帰った。そのころ会長は、弐番館の自分の部屋に常駐するようになっていた。東京本社や自宅には帰っていないようだった。そんなことから毎日午後一、二時間は会長が工房に来て、雑談することが日課になった。仕事にはならなかった。話はその日の新聞のニュースがほとんどだった。これではいけないと思った。そこで会長が来られても作業を止めず、相槌だけで相手をする

ように対応を変えた。

　実のところ、僕も会長との雑談は楽しかった。本音で意見を言えるようになっていたからだ。もちろん先輩に対する節度は弁えている。それに何しろ関東で名の知られた老人ホームを三施設も経営する社長で、加えて老人ホーム協会の会長だ。当然敬意は払っている。それに人物的にも好感が持てた。加えて会長は物識りで、テーマはあちこちだが、時には樹の名前も教えてくれた。ある日何気に、僕は、

「この入り口の樹の花もきれいに咲き出しましたね」

「あぁ、白い花かい？」

「そうです。ここへ通うようになって初めて見ました」

　それは青春の森の入り口左に歓迎アーチのように咲いていている。その花は5月に入ると5mほどの樹が純白のドレスをまとったように満開となる。

「山法師だね」

「あれ、ヤマボウシと言うのですか？」

「僕も好きだよ。大木なのに清楚だろう」

「5月くらいから白い花を咲かせ、6月の終わりには少しピンクがかって終わりだけどね」と会長は付け加えた。花の名なんて全く興味を持たなかった僕だが、その白い花を見るといつも会長の顔を思い出す。

　さて、工房名の件である。妻と相談して「Pのヒゲ」と名付けた。

愛猫P

　次は高貴なシルバーグレーのボール、愛猫Pの最期の話をせざるを得ない。あまり話したくはないが、僕たち二人には重大な出来事なので話そう。

　Pは兵庫県川西市で、中古ながら初めて持ち家を果たしたところに飼っていた猫の名前だ。いや飼っていたという言葉は適当でないな。家族として一緒に生活していたと言うべきだろう。

　そもそもは、十三の会社で動物用医薬品研究所に務めていたころだ。隣室のO研究員の家で子猫が生まれたという噂が耳に入った。その話を家で妻に話した。彼女は大のネコ派だ。目がない。テレビに猫が映ると声まで出して画面の相手をしている。そんな妻が、

「いいよね、猫がいると……ここなら庭も広いし……」

　広いどころではない。建売2建分の土地60坪余りの一番奥の20坪ほどのところに家は建っている。優に30坪以上の草だらけの庭が高台の南向きにあった。

　じゃその子猫を貰おうか、という話になった。翌日O研究員にそれを話すと、「もう一匹しか残ってないけど、よければ取りに来て」となった。

　二人でケージを携え早速大阪の枚方まで猫を迎えに行った。一匹小さいのが残っていた。まだ目が開いたところで、よた

り歩きしながらミャォミャオと大きな口でただ啼くだけであった。今思えば一匹が残っていたというのも、何か運命めいた縁を感じる。驚いたのはその子はシャム猫だった。毛は一人前にきれいなグレーだった。だが細い目の顔は不細工で妻と見合ったものだ。

名前はそこの子供が既にPと名付けていたのでそのままにした。冴えない顔の猫だったが、仕方ないと思うような気持ちで家に連れて帰った。

ところがである。その猫が半年もすると豹変した。実にきれいな毛並みと整った顔のシャムネコになったのだ。気品のある丸顔で瞳はグリーン。本当に可愛かった。今これを書きながらも、当時を思い出し自然と切なくなる。

Pは妻に、実によく懐いた。僕が抱き上げると嫌そうな声を上げて、直ぐ離れて行った。時には僕に抱かれていて「助けて！」と言わんばかりに、Pは妻を見て手まで差し伸べ鳴き声を上げた。

「あなたは抱き方が、乱暴なのよ」とよく言われた。

また寝ているPのヒゲを引っ張って、指をよく噛まれたものだ。そのことを想い出し工房を「Pにヒゲ」と名付けた。嫌がるPを引っ張りこんでふざけてよく枕代わりに僕は寝た。そのときPの毛は、淡路島のお爺ちゃんと同じ枯草の匂いがした。大好きな匂いだった。

Pの定位置は妻の首だ。マフラーを巻くように左肩にPの顔、右に後ろ足とシッポを妻の胸へ投げ出すという、何とも不安定な姿勢だ。それも、どこからかPは走って来て、妻の身体を駆け登り、肩でそんな姿勢で落ち着くのだ。不思議な習性だった。そんなPに、妻はキャーキャー言って文句を言いながらも喜んでいた。だが一度も肩からずり落ちたことがないから、彼にはその姿勢が一番安心出来るのだろう。

冬はいいが夏は、「P、暑いから向こうへ行ってよ……」と肩に乗ったPを僕に見せながら、妻は笑顔でぼやいていた。Pは僕には絶対そんなことはしなかった。

Pの定位置は妻の肩か、台所の出窓である。シンクの水道の前に30㎝×4mほどの板張りの出窓スペースがあった。ガラス戸の向こうは庭に面していた、1枚だけ透明なガラス窓だ。そのガラス戸は最初はすべてスリガラスであった。しかしそこがPの定位置の一つと知って、一番下の一枚を外が見えるよう透明ガラスに替えたのだ。Pがその出窓で横座りした状態のまま、そこから外の庭が見えるようにした。門に客が立ったらその窓から人影を見て変な声で啼くのだ。番犬ならぬ番猫だった。

その窓で、こんなことがあった。休日のある朝、僕が奥の居間の机であぐらをかいて新聞を読んでいた。すると「フウゥー、フウゥー」と低く、か細いうなり声が何回も台所で聞こえた。見るとPが台所の出窓の定位置で、その透明なガラス窓から外の一点を睨んでうなっているのだ。

「P、どうした？」と僕は立ち上がってPの傍まで行った。しかしPは僕を見ることもなく、うなり続けた。不審に思ってPの視線の先の庭を見た。そこでは妻が隣の奥さんと敷地境界の低い網塀越しに立ち話をしていた。

それを見て唸っているのだ。Pは妻が他人と話してるのが不愉快なのだ。その奥さんにジェラシーを感じていたのだ。

「ヘェー、猫にもそんな独占欲があるんだ」と思った。僕は驚くと同時に、Pとは人と接するような配慮がいるんだと、その時思った。まったく人と同じ様な自意識の感情があるのだ。そのことを外から戻ってきた妻に話した。

「そうよ、窓から変な声で啼くでしょう！　私も吉元さんに、Pがまたこっちを見て唸ってるって、何回も教えられて知ってるよ。Pは焼きもちを焼くのね、私と吉元さんと喋ってると、いつもそうよ。変わってるわ、この子！」

妻はけろっとしてそう答えた。吉元さんは隣家の奥さんである。

変わっているのはそれだけではなかった。妻に似たのか、食生活もである。当初、子猫のPを貰って来た時は、当然ながらキャットフードの缶詰を台所の隅で与えていた。ところが皿に入れて、ものの2時間ほども経ったフードは食べないようになった。それどころかPは、小皿に入ったそれに手で皿の向こうから床板を掻いて、餌に砂を被せるような仕草まで やり始めるのだ。

「P、分かったわよ！　もう食べなくていいから、そんな嫌味なことまでやらなくてもいいでしょうが！」と妻は声を高くしたものだ。それは子供相手に、本気で言い合いをしている感じで、見ていて愉快だった。

また後日、台所の餌置き場でキャットフードを長く放置しておくと、Pは必要以上に匂いを嗅いで、気に入らなければプンと立ち去る。しかたなくその後はカリカリとチクワもメニューに加わった。チクワは僕たちの夕食用にまな板でそれを妻が切っていると、家の何処からか走って来た。で、妻の足元に座って「ニァォー」と見上げて啼き妻に催促するらしい。だがそれもほんの少量しか食べない。

食欲を心配した妻は、ある時鶏肉のササミを買ってきて軽く煮た。それを細く裂いてPに与えた。彼は喜んでそれを食べた。それ以来妻は、Pの食事の度にPの皿を置いてある台所の床にしゃがんで、ササミを裂きながらPに与えるのである。食事の終盤、裂いたササミ1本が残っても満腹したらそれを残してPはさっさとそこから立ち去るのである。

「P、もう1本やないの、食べなさい！」と声高で言う妻の声を尻目にPは相手をしない。Pの食欲は、妻の愛猫らしく実に小食だった。結局は、妻がそう躾てしまったのだ。

さらにはこんなこともあった。妻がシンクで水を出して食器を洗っていた。いつからかPはその定位置に横座りして、妻が洗い物をしている水道の流れ落ちる水を見ていた。そしてある時、Pは片手を出して掬い取るようにして水道の流れ落ちる水を飲むことがあった。飲み水は別の皿に用意してあるのにだ。それは何とも可愛い仕種で見飽きなかった。それ以来、夏などはPのためにポタリ、ポタリと落ちる程度に、水道栓を出しっぱなしにしたほどだ。

結局Pは、15年間僕らの子供として居てくれた。犬の一歳は人の7年に相当すると言う。猫も同じくらいだろう。ということはPは105歳になっていたのだ。驚くべき長寿で僕らと共に暮らしてくれたのだ。Pは晩年も、年寄り臭いところは何もなかった。最後の1週間前くらいまで何時ものように妻の肩で寛いでいた。

しかし考えてみれば、僕の何回もの転勤でPをその間連れ回した。繊細なPにとっては、転勤移動はかなりのストレスであったろう。それは引っ越し前のケージに入れるときの様子で分かった。ギャォ、ギャォーと牙を剥いて暴れるのだ。軍手をはめて妻と二人で押し入れるのだが、どうしてもケージに入るのを嫌がった。

「お父さん、可愛そうよ。もう止めよ！　私が抱いて行くから！」と、妻は泣いていた。新幹線で猫を抱いて行くなんて当然無理な話だ。何とかケージに押し込んで、新幹線で妻の横に置いて運んだ。車中、小声ながら悲しそうなうなり声を到着するまで出しっぱなしであった。当時それしか猫を運ぶ術はなかった。そんなことをPは、兵庫から東京、そして茨城への転勤に耐えてくれた。そしてそこで亡くなった。

その日の3日前くらいから何も食べなくなった。

当日夕方、バスタオルの上でPを寝かしていた。するとヨロヨロと立ち上がって横にある猫砂の入ったトイレへ行こうとした。前脚を上げようとするが、よろけて手が上がらない。

「……P、もういいから、オシッコこのタオルの上でしなさい……」と妻が涙声を掛けた。しかし彼はその動作をよろけながらも何度も続けようとした。妻がたまらずPを持ち上げて、猫砂の上においた。

「これでできるでしょう、ネ、お願いだから……ここで……」と言葉にならない声でもう一度言った。すると静かに砂の上に横たわった。……そのまま動かなくなった。妻が抱き上げた。

「P！　P！　何か言ってよ！　P！」妻と僕は悲壮な声で話し掛けた。それが15年間、共に暮らしてくれたPの最後だった。見事に妻の胸の中で天寿をまっとうしてくれたのだ。妻とそう言って慰めあった。

しかし僕が、Pの寿命を確実に縮めたと思っている。度重なる転勤のストレスがPを追い込んだのだ。

「ゴメンね、P……」と小声で僕は彼の背を撫ぜた。まったく動かなくなったが、まだ温かかった。夕方には冷たくなった。その間Pの背を二人で撫ぜながらたまらずオィオィ、声を出して泣いた。悲しみは止めどがなかった。

彼は完全に僕たちの子供であった。僕は泣きながら猫を埋葬してくれるお寺を電話で探した。

「どうぞ、お運び下さい」と、言ってくれるお寺を探し当てた。おおよその地図を聞いたが、茨城の山奥であった。車を運転して妻と二人でそのお寺へ運んだ。途中夕暮れも過ぎて、昏くなっていった。二人とも涙と嗚咽は、お寺に着くまで止まることはなかった。今考えるとその時の、次の二点が不思議だった。
・猫の埋葬寺をネットもない時代に、電話交換手との会話だけでよくぞ探し当てられたこと。
・もともと方向音痴で運転も下手な僕が、電話で地図を聞いたくらいで迷いもせずに寺まで辿り着けたことだ。それも暗い夜に。
多分それらは、車の後部座席の妻の膝で冷たくなっているPが、ハンドルを助けてくれたのであろう。

寺に着いて僧侶の指定する場所を僕は掘った。Pの遺体の背を妻が撫ぜた。僕の手でそこに埋めた。二人共頭の中を真っ白にして、新たな涙の中で手を合わせた。「P、長い間、ありがとうネ」と。悲しみが込み上げて何も考えられなかった。生まれて初めて子供を亡くした親の気持ちを味わった。

それ以来決めた訳でもないが二人ともPのことは、禁句となった。もちろん新しい猫を貰おうなんて言い出さなかった。

数年前、ふっと思い付いて妻に尋ねた。

「Pの写真はないよな?」

「うーん……実はね、4枚だけ持ってるの。川西の家の庭であなたが撮ってくれた写真よ。見る?」

「……? いや止めとこう」

「私も見ることは出来ないの。でも絶対捨てられないわ」

妻は僕を見ないでそう答えた。妻との10年前くらいの会話である。

が、最近その4枚の写真を、工房に残っていたステンドグラスの額に入れ居室のよく見える壁に飾った。内1枚は、庭で若い頃の妻に抱かれた写真がある。Pの顔のアップ写真もある。よくぞ撮って置いたものだ。いや、Pが僕ら二人へ残してくれた最後のプレゼントかもとも思う。それはセピア色に焼けてはいるが、キーボードを打ちながら疲れたらそれを見ている。涙が出るが、止めようがない。何時までも可愛い、シャム猫Pである。


そんな中で、妻も時々工房の掃除に来てくれるようになって、会長とも親しくなった。会長は妻のことを「お母ちゃん」と呼んで親しく接してくれた。

工房展示用として、小型ランプ8基ほどを急いで作った。理想通りの作品に仕上がった。倉敷時代に作ったものも展示した。

僕のランプの形は、世界初のオリジナルだと思っている。シェード(傘)はもちろんステンドグラスで作るが、ランプスタンド(支柱)もグラスで作るのだ。1cm角ほどに切ったグラス片で、シェードに合うよう、例えば、径10cm、長さ20cmほどの中空の柱状に半田付けし筒状に作り上げていくのだ。

それとは別に直径15~20cm、厚さ2cmほどの台座も作る。その中心に先ほどのガラス筒を半田付けして垂直に立てる。そのトップに、ハープと呼ばれる太さ3mmの竪琴型の市販真鍮棒部品をネジ止めし、シェードの支柱は完成する。その上にネジ止めして自作のシェード乗せる。

要するにシェードと同じガラスを使って、ランプスタンドも作るのだ。だからランプ全体に統一感と重厚感が出る。と、本人は思っている。スタンドの下から電気コードを配線し、上にソケットを付け40Wの丸電球で点灯させる仕様だ。そんな形がオリジナルだと思っている。

ランプスタンドの既製品は、ステンドグラス板の問屋にいくらでもアメリカ製の輸入品が売られている。結構な値段だが、すべて鋳型で抜いたブロンズ製である。茶褐色の細くて安っぽい印象である。それを見ると、僕は小学生の卒業旅行で買った奈良の大仏の鋳型の土産品を思い出す。シェードは時間を掛けて作るのに、それに対し鋳物スタンドでは安っぽ過ぎるのだ。神戸の工房で習ったときも、そんな市販の鋳物スタンドを堀内さん先生から提供された。

僕が作るランプシェードは、直径20cmから30cmほどで、丸笠タイプや裾広がりの筒形など形は色々で、それに合うようスタンド筒の太さなどデザインを考えていく。

例えば今の居室の玄関に置いてあるランプは40年も前に作ったものだが、前述の通り、シェードもスタンドもガラスで作ったものだ。直径、長さ共、30㎝ほどの筒型のランプだ。シェードは4×5㎝の色ガラスを、1㎝幅の白色のガラスで、周囲を額縁のように囲んである。その色ガラスの枚数はシェード全体で、50枚以上もある。その白額の中のガラスはすべて色とメーカーが異なる。だからガラスの見本集のようなランプである。

そのランプは数年前のある日、偶然思い立って居室用に工房から持ち帰った物だが、もう20年程毎夜点灯して重宝している。玄関を通りながら、時にはそのランプの制作過程を思い出しほのぼのとした気持ちになる。ランプもその思い出も僕のお宝の一つだ。そんな風に、ランプのデザインは何種類も制作出来た。

細かく言うなら、先ず作りたいシェードとスタンドのデザインをケント紙に実寸大で描いて、製作開始だ。ランプとシェードを同じガラスで制作する方法を取れば、統一感があってイメージ通りの物を完成出来ることが分かった。

シェードとスタンドの両方を作るのに、大体2カ月くらい掛かった。それらのデザインを考えだすと色々アイデアが噴出し、なかなか寝付けないほどだ。朝9時過ぎに工房に出かけ、午後4時ごろに帰る。途中昼食でホームへ一度往復するだけだ。そんな日々が続いた。

妻は居室と工房の掃除をするだけが毎日の仕事となった。工房で作業中はUSBのラジカセで好みの洋楽をBGMで流しておく。邦楽は堺正章の「街の灯り」が特に好きだが、調べてみるとそれは1973年発売でレーベルの彼も長髪スタイルだ。もう50年も前の曲である。しかし僕には、一寸前という感覚である。自分の歳があらためて怖くなる。

二人で会話もあり毎日が楽しかった。ここへ来たのは正解だったと自信を持った。その内に、スタンドランプも20基、30基と増えて工房らしくなっていった。1、2万円ほどの小型ランプは、観光客に結構売れた。

ある日、昼過ぎに「ヨッ！」と声を掛けて、会長が来られた。

「……会長、今回はもう一カ月くらい、こちらにいらっしゃいますが、いつ東京へお帰りですか？　……会長は弐番館でお部屋をお持ちとは伺ったんですが……」

自分専用の作業机で、僕は手を動かしながらそう話しかけた。

「うん、そうなんだが僕も近々こっちに全部住まいを移そうかと思ってんだ。もちろんヨメさんは東京に置いて、僕だけだがね。騒がしい東京はもう飽きたよ。それに会社を息子、と言っても娘婿だが、あいつに任そうかと考えてんだ。……尤も、女房に言わせりゃ、僕は手に負えんガンコ者らしいから、僕の転居は彼女にはウエルカムだろうがね」と、笑った。

「では、ここの朝日ホームも、新社長が見られるんですか？」

「そういうことだね」

会長は近くのパイプ椅子を引き寄せ、ヨイショと座った。少々機密めいた話なので僕は相槌を打つだけである。

その内、愚痴っぽくなって、「……最も本当は、今の親たちの世代から再教育し直さないといけないんだがね」と本音丸出しで話し出した。会長はガンコ者だろうが、考えることはスケールがちょっと大きいようだ。僕は特に持論もないので、ただそうですかと聞き流すだけだ。

話は何時ものように続き、多岐に及んだ。特に驚いたのは、会長が子供の教育に関心が強いことだった。そのため君津駅への山道の途中に、子供専用の教育用施設を造るべく土地を買ったことも話してくれた。こちらへの転宅も、その子供の施設設計があるかららしい。

また別の日、会長とも気心が分かりお互い慣れたころだった。僕も会長とは思っていることを話し合える間柄になっていた。

「会長、別にヨイショするわけではないのですが、ここの施設についてお話していいですか？」

「そりゃ遠慮しないで言って、僕も聴きたいよ」

「青春の森と朝日ホームのこの立地、会長には先見の明が、おありだと思ったんですよ……」

「この山奥を！　そりゃそりゃありがとう」

「というのも、最初はこんな山奥に遊園地や老人ホームを？　と、思ったんですが、昨今を考えたら、逆ですね！」

「？　……」

「ここ、山奥だからいいんですよ！　大きな森や池があり、人が少ない、自動車の騒音もない。さらに言うなら、羊羹を並べたようなコンクリートだけの、無表情な灰色のビル群も、勿論ない、でしょう？　それに現代はもう、車社会で移動の距離は気にしなくてもいいんですよ。不便な山奥だというのは、ハンディにならないのですよね。むしろメリットだと考えるべきでしょう。

それに日本もいよいよ高齢化社会です。イヤ！　もう既にかなり入っているでしょう。自分のこれからが心配になり出したら、このような老後施設に一気に押し寄せますよ。ましてや、こんな空気の澄んだ緑の森の中です……。ヘタしたら順番待ちになるかも。

言うまでもないですが、人は悲しいかな3食食べなきゃ、1日が送れないのですネ。僕も単身赴任生活の経験がありますが、自分で用意しないといけない状況なら、きっとネを上げてたでしょうね。買い出し、調理、後かたづけ、幸い僕は、賄い付でしたから、それは経験せずに済みましたが、自分でやれと言われたら、ぞーっとしますね。何時も外食でしょうね。

誤解しないでください。僕これ、青春の森やホームを褒めている積もりなんですよ」と、付け加えた。

「うん、そういうストーリーもあるんだなぁ」と、大真面目に頷いた。僕は更に続けた。

「……そう考えれば、今後遊園地的な娯楽施設は、大きく分けてディズニーランドのような遊戯による刺激や興奮を主流とする装置型と、この青春の森のような癒しや安らぎを求める自然型の2種類に分化して行くと思うんですよ。そんな観点で見れば、この青春の森は、これから首都圏の後者を代表する癒しの場になると思いますね。スケールも大きいですしね……少し僭越過ぎましたですかね……」

「いやいや、面白い話だと、拝聴してますよ、それは本当だろうね、ハラさん……それにね、僕の投資する物件は、買った後から不思議と道路網が整備されて来るんだなぁ。ここの青春の森の土地も買った時の道路は君津駅から延々すれ違いも難しい狭い道だったんだよ。でもいつの間にか拡張されて今は見ての通り、広い国道42号になったしね」

「そうなんですか、運があるんですね……しかし昔、僕も時流に遅れまいと、ディズニーランドへ妻と一回、行ったことがあるんですよ。でも途中で、もういいわと思いましたね。昼近くなって、女房にうどんでも食べに行こうかと会場内を探したんですが、ハンバーガーはあってもうどん屋は無かったですね。それに、あれは完全な装置劇場型ですから目も耳も脚までも、もう疲労の連続で帰ったらクタクタで、もう十分という感じでしたね。喜ぶのは子供さんだけでしょう。ただ子供も飽きないのかな？」

「うどん屋を探した？　そりゃ愉快だね……そう、ド迫力な装置で驚かすだけだがあの集客力を見ると、みんな飽きないんだろうね。……ハラさんの話、同感ですよ。装置型と癒し型、いやまったくだね。このスタイル、自信をもって発展させるよ、いいお話だ……」

会長は笑みを浮かべた。その時も何時ものように、一時間ほど話して帰りかけた。

彼が立ち上がったとき、僕は前から気になって、既に一回お願いしたことだが、それを思い出した。それは、この建屋を借りるに際しての、家賃を決めて欲しいと会長に話したのである。だが彼は、今回も僕の問いかけには、聞こえなかったかのように黙って工房を出て行った。

僕はそうか、と思った。彼はこのホームのオーナートップの会長だ。そんな人に施設の片隅のバラック小屋の家賃交渉を言い出す方が非常識だと気付いた。僕は考え直した。この遊園地を管理しているのはホテル・シルクビラの事務所だ。そこで、その月の作品販売収入の20％分に電気代として別に5千円を加え、売り上げ明細書と共に「〇月分の売上分です。

て、ホテルの事務所に渡した。

工房収入の20％分の支払いは、工房を開設ときから自主的に支払ってきたが電気代は払ってなかったからだ。が翌日、その事務所の担当者が来て、「ハラさん、あの小さなバラックの電気代で月5千円は貰い過ぎなんで、2千円を返金に来ました」と、わざわざ立ち寄ってくれた。僕は、形だけでも電気代として入金して置けばいいかと、以降はその通りにした。電気代も払わず使っていたら他の居住者に知られたときにホームに迷惑を掛け不味いと思ったからだ。

その後の工房

バラック小屋とはいえ、ステンドグラスの工房を初めて持てた。15坪ほどだが、余生を過ごす僕らの楽しいディズニーランドだ。

早速渋谷の東急ハンズへ行って木をくり抜いたローマ字のアルファベッドと電気糸のこぎりを買ってきた。１ｍ角のラワン板を雲の形に切って、それにそのアルファベッドで「Stained Glass　Pのヒゲ」と、木文字を貼り付けた。字は白、地の板は一面青のペンキを塗った。その看板を入り口のガラス窓に吊り、工房らしくなった。部屋の中には4台ほどのガラスラックや作業台。そして流司も置いてもらい工房は完成した。

朝、何時ものように立ち寄った会長もそれを見て、「ようやく、形になったね」と喜んでくれた。

嬉しかったのは、工房が出来て妻がステンドグラス制作に興味を持ってくれ出した事だ。それまではガラスは怖いと言って触ることもなかった。工房に通うようになって何時しかガラスカットや半田付けも進んで作業するようになった。これで妻が工房にいる時間が増え当然二人の会話も弾んだ。清掃好きの彼女は、お客への説明や手助けそして後片づけを一人でやってくれた。僕は販売用のランプ制作と体験品の仕上げに専念できた。

さらにはこの時期、僕は念願のステンドグラス教室を開設した。噂でホームの一人の女性がやりたいと訪ねてくれたことが切っ掛けとなった。僕は老人ホーム暮らしの年寄りには、ガラスカットなんぞ頭から難しいと思っていた。それが午後の2時間ほどだが六十代後半のその女性は黙々と夢中になってやってくれた。雑談すらしない。ガラスピースのカット1枚に半時間ほども掛かるために自然と熱中してしまうのだ。その気持ちは僕も理解できた。

思い通りにガラスがカットできたときの快感は格別なのだ。そんなことでホームの老齢の生徒さんは三人、四人と増えてきた。

教室の日には生徒さん達に、作りたい作品のデザインの提案やガラスカット作業の手伝いを妻と二人でやった。そしてそれら作品の仕上げも引き取って僕がする。噂が広まったのか、時には鴨川の一般女性からも教室の申し込みがあった。

そうこうあって、生徒は10人になった。それぐらいが限度でもあった。月謝と生徒さんへの作品用ガラスの販売で月10万近くの収入になった。それに僕や妻が作った作品も時々だが観光客に売れた。正に理想的な老後となった。

観光客用に最初に準備したのは、ステンドグラスの簡単な体験制作だ。10×15㎝程の「写真立て」と「置きカガミ」の2種類を用意した。料金は2千円。およそ2時間ほどで製作できるものを考えた。来園記念になるだろうと思った。

大よその手順は既に述べたが、興味のある人のためにあえてより詳細を記す。

即ち、まず透明ガラス板かカガミ板をお客に選んでもらい、その周囲に3㎝角程の色ガラスの小片を自由に選んで配置してもらう。透明ガラス板は「写真立て」に、カガミ板は「置きカガミ」になる。

そのガラス小片は前もって1、2㎝角や三角形の物をカットして用意した。それらは自由に選べるよう大皿に盛って作業台へ幾つか置いた。色とりどりのガラス片の盛り皿だ。それらを見ただけで「やりたい！」と言ってくれる女の子も多かった。

作業はまず、選んだガラス小片そしてカガミ或いは板ガラスのすべてを銅テープで巻き、それらにペーストを塗る。そして熱くなった電気コテで、カガミや板ガラスの周囲に置いたテープ播きしたガラス片全てに半田を垂らして固定する。その作業までを客にやってもらうのだ。それが終われば僕が引き取り、後述のように仕上げて半田線を褐色にメッキする。更に銅線の足を付けて机の上で立てられるようにする。それをワックス掛けで艶出しし完成作品として客に渡すのだ。

参考までに本格的なステンドガラス「パネル」の制作法を以下に記しておきましょう。よろしければどうぞ。蛇足するなら、ランプは次記パネル作品と作り方がまったく異なるが、ここでは省略する。

パネルとは、板状の作品のことである。ヨーロッパの古い教会の窓で見られる窓ガラスだ。


〈パネル作品の作り方〉

①ガラスを固定する様式別に、銅テープを使う方式と鉛ケイム（2つの凹が背で合わさった形の電車のレールのような太さ8㎜ほどの鉛線）を使う方式がある。僕の教室のように手芸的にやられている方法が前者、ヨーロッパの教会窓のステンドグラスは昔からやられている後者の方式である。

②銅テープ法によるステンドグラスパネル制作手順

⑴作りたいデザインをケント紙の厚紙に鉛筆で線描きする。

デザインの線（後でガラスのカット線となる）がT字型に衝突した形にならないようデザインで避ける。ガラスはカッターで90度に近い鋭角のカットが出来ないからだ。描き終わったらデザインの各パーツに連続番号を付ける。

⑵そのデザインの下にケント紙を置きカーボン紙を敷いて、デザインと番号をなぞりもう一枚コピーを作る。

⑶そのコピーの線に沿って専用のハサミで各パーツ部分を切り取ってバラバラにして紙片パーツを作る。

⑷その連続番号の付いた一枚一枚がガラスカットのパーツの型紙となる。それをピースと呼ぶ。専用のハサミで紙を切れば、デザインの各ピースが全て０・５㎜ほど小さく切れる。その両方のピースのアソビの合計が１㎜となる。そのアソビは後のガラスカットのブレや銅テープの厚さなどを織り込んでいる。

⑸次は、ガラスのカット。カッターはガラス屋さんが使うダイヤのカッターではない。それでは曲線が切れない。ステンドグラス用カッターは、長さ20㎝ほどのプラスチック軸棒の先に、径５㎜ほどの金属製の、薄い円形回転刃が付いている。

切りたいガラス原板に紙のピース一枚を置いて指で強く動かないよう抑える。鉛筆持ちの要領でカッターを持ち指先に圧力を掛け、回転刃を強くガラスに押し付ける。刃を進めながらピース型紙を１周するように周囲をなぞって行く。その際ジーというガラスのカット音が出るくらいに刃を強く当てる。音が出てない時はガラスに線の傷が付いてない証拠でカットは出来ていない。指による刃の押し付けが足りないのだ。

型紙一周の白っぽいカット線がガラスに発生したらＯＫ。ガラスの裏からその線を鉄ボール球の付いた専用の用具でコンコンと辛抱強く叩く。強すぎるとカット線以外に割れ線が発生する（カット失敗）。カット線通りに割れたらコンコンの音が低くなり、ガラスの中に割れのカット面がはっきり見えてくる。さらにコンコンを続けると終にはガラスがカット線通り割れて、ガラスがガラス板から離れる。

カットしたものをピースと呼ぶ。それに元の紙のピース番号を書いておく。そのようにしてピースすべてをカットする。

⑹カットの仕上げ。直径２㎝長さ３㎝ほどの真鍮製回転体の側面に金属ヤスリが付いた、ルーターと呼ばれるモーター式回転体ヤスリで仕上げる。カットしたガラス片にその型紙を乗せカット側面をその回転体のヤスリに当てガラス片が型紙通りになるよう軽く削る。そのようにしてデザイン通りのガラスピースが出来上がる。

⑺専用の８㎜幅の銅テープで前項の各ピースの周囲を巻く。テープはガラス側面にコの字のように貼り付ける。テー

プには片面に糊が付いているのでガラスに密着する。すべてのピースを同様にテープを巻く。テープ巻きが済んだら専用の木のヘラでテープを抑えテープ面をピースに圧着する。テープ巻きしたガラスは3日以上放置しない。テープ表面が酸化され半田が付きにくくなる。

(8)ペースト塗り。テープ巻きの済んだピースの銅テープ面に半田用ペーストを筆で塗る。

(9)半田付け。デザインケント紙の上にそれらのピースを番号通り正確に置く。すべてのピースを置いたら熱くなった半田コテで、まず少量の半田を取りピース同士を点止めする。その際小手先でピースを動かさない。その後ペーストを塗りながらピースの線に沿って半田を十分流し込み半田付けを行う。

(10)仕上げ。半田付けが終わったら、その線の上にもう一度ペーストを塗る。再度半田コテで加熱し半田表面のザラザラ部をつるつるになるようきれいに修正する。その際半田小手先をテープ面に当てたままゆっくり動かし半田を追加して半田線を少し盛り上げるようにして仕上げる。

(11)脚付け。カガミや写真立ての作品を机上で立て掛けられるよう、銅線20㎝ほどをコの字型に半田付けし脚を付ける。

(12)着色仕上げ。半田線を茶褐色に着色さすため硫酸銅の溶液を用い銅メッキする。メッキは真鍮ブラシで硫酸銅溶液を付けながら半田線をブラッシングする。作業はゴム手袋を着用のこと。そうしないと手や指が鉛で真っ黒になる。半田線がきれいな赤褐色の銅色になったら水洗したのち拭き取る。

(13)ワックス塗り。専用ワックスを筆で塗り半田線に艶を出す。

以上でステンドグラスパネル、あるいはカガミが完成する。右の工程の内、仕上げ、銅線足付け、着色、ワックス塗りはお客さんから体験作品を引き取って僕が作業した。だから初心者のお客さんでもおよそ2時間で完成出来るのだ。なお金色に着色したそれらの半田線は、半年もすれば空気で酸化銅となって徐々に黒色となる。

ステンドグラス体験は来園した観光客に興味がもたれ好調で、ゴールデンウイークなどはお客さんを断るほどの日もあった。そのころになると体験のお客は妻がほとんどを仕切った。彼女の客扱いは抜群であった。時には体験した子供さんから「先生、面白かったです。ありがとうございました」という可愛い字の手紙も貰った。指導冥利に尽きた。

さらにある時は、木更津のレストランの窓8枚を制作して欲しいという依頼まであった。デザインは任せてくれた。出来た作品の取り付けは、施主側の大工さんに頼むという前提で受けた。相場の半分の㎡10万円で、80万円の収入があった。

その月の青春の森事務所への支払いは30万円を超え過去最高額であった。この時は嬉しかった。レストランの主人がデザインを気に入ってくれたからだ。その人はその後も工房へ時々寄ってくれた。

そんな中で3年くらい経ったときであった。突然佐藤会長が、入院された。妻と二人で病院へ見舞いに行ったが、ベッドでこん睡状態。赤ら顔で大きなイビキをかいていた。そしてついには、還らぬ人となった。

会長は、千葉の田舎で唯一本音で話しができ、先輩として種々の相談相手になってくれた。何よりも、僕ら夫婦を彼の老人ホームに入居させてくれ、その上老後生活の基盤となったステンドグラス工房まで提供してくれた人であった。工房を持つことでどれだけ二人の人生が癒されたことか。老人ホームカタログの表紙で初めて見た佐藤会長との邂逅が無かったら、僕達の人生はどうなっていたか、想像すら難しい。晩年に大きな力で、僕の手玉にぶち当たり方向を好転させて下さった大切な恩人である。それはサラリーマン時代の岡本さんにも匹敵する人であった。その人を失った悲しみで予想外のショックを味わった。会葬では手を合わせていて、涙が止まらなかった。今もありがとうございましたと心の中で合掌している。

それにしても会長とは運命的である。僕たちがたまたまホームの見学に来たとき、いつもは東京本社に常駐しているはずの会長がこの青春の森共和国へ出張して来ていたのである。会長と僕たち二人のビリヤードテーブルでの出会いは、奇跡に近い確率であったのだ。何しろ無謀にも、五十五歳の若さで定年退職した時であった。もしその時会長との巡り合いがなかったら、老人ホームになど当然入っていないだろう。

ここまで書いてきたとき、妻が、「聞いて！　ゆうべ、Pの夢を見たよ」と明るく言った。Pは既述の通り以前飼っていた愛猫である。

「朝っぱらから、なんなんだよ……どんな夢？」

「このベッドで私が寝てるの。見ると私の右腕にPが寝てるのよ。昔そうやって毎日一緒に寝てたから……」

「具体的だね」

「そう、一寸暖かいの、それでPだと気が付いたのね。勿論夢の中よ」

「それで？」

「暑くなって、P一寸、あっちへ行ってよってと言って、Pを両手で持って起き上がったの。実際に寝床から起きてPを膝に、ベッドに座ったのよ……そして頭がはっきりしてきて、それを見たらそれは腕に入れた湯タンポだったの、……お笑いよね、でも……でも残念……」

妻は数年前、帯状疱疹、いわゆるヘルペスに罹って腕が赤くなった。医者に診てもらって一応治って、皮膚は元に戻ったが、まだ今もその部分が痛むらしい。だから夜は小さな湯タンポを腋に入れ温めて寝る。

「僕の夢にも出て来てくれればいいのに、もう一度Ｐに逢いたいよ」……本音だ。

……そんな話をしていた翌日、工房が終わって妻と二人でホームへの小道を下っていた。昨日の雨で地面がまだ濡れている。突然、隣を歩いていた妻が立ち止まった。

「……？」

「見て、沢蟹よ！」

少し先を見ると、十匹程の沢蟹が群れて小道を横断していた。

「へー、まるでランドセルを背負った小学生だな」

一匹が歩いてるのはよく見かけるが、このような団体は初めてだ。

「覚えてる？　会長がお元気な頃、散歩から帰ってこられた会長がレストランのシェフを呼んで、よく沢蟹の沢山入ったポリ袋を渡してたじゃない」と妻。

「まだヒルトップで軽食を出していた頃だよな」

「そう、あの沢蟹、どんな料理にしたんでしょうね？」

「会長から、いい味が出るんだとは聞いたけど、料理は知らないなぁ」

「パスタをやってたから、それにでも入れたのかなぁ」

懐かしそうにそう言って、妻は沢蟹の前で屈んだ。僕もそうした。蟹の軍団は威嚇するように、僕らに小さい両腕を振りかざしている。反対の草むらへ通り過ぎようとしていた。僕達たちもそれを待った。

心房細動＋脳溢血

70代直前のある日、僕が工房から帰る途中であった。ホームへの小路を下っていると、何か胸がドキドキし出した。痛みはまったくないので心筋梗塞ではない。少し怖くなって屈み込んだ。心臓のダメージは初めてで正直不安だった。小心な僕は数分屈みこんだろうか。そして少し慣れてそろりと歩いた。

予約を取って鴨川の亀田総合病院・循環器内科を受診した。診察結果は心房細動。心臓の周りの臓器から静電気が発生して心臓の動きに影響を与え、ドキドキするという事だった。治療は周囲の臓器から心臓に電気が入る接点部分を焼くカテーテルアブレーションという治療法以外にないという。

「心室細動ではないので、発作が起こっても死に至ることはそう心配ないですよ」と担当医は気楽に言った。

「心室細動はすぐに意識が消失し、更には数分のうちに不可逆的な心臓障害が起きます。極めて危険です」と、更に脅かされた。その詳細な解説は僕の恐怖感を逆なでした。

僕は手術を決心し暑い8月に決まった。かっての交通事故の入院で病院生活は十分凝りていた。又かと、それを思い出してうんざりした。

　で、心房細動の手術を受けたと思う。本人は病室に戻された後次の日の昼過ぎまで眠っていたので、途中経過はまったく記憶にない。目が開いて最初に白い天井が見えた。身体全体が重く感じで違和感があった。少し経って左手の感覚がないことに気付いた。脚を上げようとしても右手脚だけで、右手は上がったが、左は上がらない。それどころか左手脚があるのかどうかも分からなかった。何しろベッドから両手で上半身すら起き上がれない。

「どうなったんだ！」と内心動転した。ベッド傍のコールを右手で急いで押した。部屋に入って来た看護師は、「あっハラさん、気が付いたのね？　今先生に連絡するからそのままベッドで居て」と、手慣れた声で言った。その落ち着いた態度に腹が立った。

「ベッドから出られるものなら、とうに出てるわ！」と怒鳴りたかった。

　白衣の医者二人が、その看護師を連れてベッドの傍に来た。

「手術を担当した○○です」と年長の医者が自己紹介した。もう一人の若いのはインターンのようだ。左手脚が動かないんだ！　と叫びたかった。が先制された。

「ハラさんね、心房細動の手術を受けられたのは覚えておられるよね。カテーテルアブレーションという手術で、心臓の周囲は十分焼いて処置したんだが……」と一瞬、途切れた。

「その手術が終わり掛けた時ハラさんの頭の中で脳溢血が起きてしまったんですよ。血圧が１６０まで上がってね。脳の血管の一部が切れて出血したんですね。……十分対応はしたんだよ。本当に危なかったんですよ！」

　説明に熱意は一応感じられた。傍の若い医者が、「先生は本当に十分に処置されたんですよ！」と、声高に僕の目に訴えた。が僕は内心、「１６０くらいで血管が切れるの？」と感じていた。

　僕は血圧については大丈夫だと安心していた。年2回のホームの健康診断では何時も１２０程度だったからだ。その時この手術を受ける時期のことを思いだした。8月10日と21日の2案が医者から提示されたことを、だ。やるなら早い方がいいと10日を選んだ。その後すぐに21日に変更して貰おうかと迷ったのを思い出した。偶数日がなぜか嫌だった。何時もの迷い癖が出たのだ。やはり21日にすれば良かったんだとほんの一瞬後悔した。もちろん無意味なことだ。

　思い返せば幼児時代の鼻柱骨骨折、成人してからの盲腸、前立腺肥大症、交通事故骨折、等々入院のオンパレードだ。どう見ても今まで生きてきたのが不思議なくらいだ。

　前立腺肥大の時を思い出す。八王子の病院の担当医から手術前に話があった。肥大度のマーカーの4・9という数値からガン化の可能性がかなり高いと言われた。男性に多い前立腺ガンである。「いよいよダメか」と内心冷や汗を流して人生を諦め掛けたこともあった。だが手術した結果は悪性ではなかった。その時の担当医の言葉を思い出す。彼は僕のカルテを見ながら、「こんなにマーカーが高いのに悪性でないというのは、もしかしたらハラさんはガン体質じゃないのかもしれないね。お母さんに感謝しなければね」と笑った。

僕は親知らずの歯4本の健在そしてこの前立腺トラブル。加えて食べ物の好き嫌いがない事等々母に感謝する事ばかりだ。ホント天国へ行ったら母をハグして感謝を伝えたい。「お母ちゃん、ありがとう！」と。イヤ、その一部は不明の父から受け継いだものもあるだろう。実父にも感謝だ。僕はほっとすると共に、僕、いや人間って言うのは勝手なもんだなぁと思った。あんなに絶望していたのに悪性でないと言われると、自分って幸運に恵まれる人間なんだと思ってしまう。人は正に自己中の塊なんだ。

そんなに悩んでいたのに、それでも自分のことを楽観主義者だと思っているのだから不思議だ。真の楽観主義者ではなく本当は小心者で楽観していいんだと、自分で自分をあやしているのかも知れない。

心房細動の手術は終わった。しかし家で寛いでいても、手術後半年くらいは常に心臓ドキドキの再発の心配が頭をよぎった。幸いそれは杞憂に終わった。その後ドキドキはなかった。手術は成功したのだ。

だが今回の脳溢血というわが身に起こった不幸は、心房細動とは深刻度が桁違いだ。完璧な身体障碍者となったのだ。心の中でつっかえ棒が外れた思いだ。その後は時には苛立ち、時には楽観主義者なんて大ウソだ！　等と病床でイライラ、クヨクヨする日々が昼夜を問わず続いた。

そんなある日、病院の僕のベッド脇でウトウトしている妻の姿を見た。毎日9時のホームのバスで病院に来て、僕のラチもない話と昼食に付き合い2時の迎えのバスで帰る。妻の事だからそのスケジュールに合わせ掃除など家事は、朝早く済まして来るのだろう。連日の事でベッド傍の椅子で疲れが出たのか、居眠りしているのだ。僕は目覚めたがその妻の姿から視線を外せなかった。すると何故か急に胸が熱くなった。「……そうか僕には人生の相棒がいるのだ」と思った。涙が出た。初めての感覚で不思議な瞬間であった。ギャァギャァ言いながらでも何とか生きて行かねばと、我に還った思いだった。

脳溢血で半身不随となった身体でさて僕は、今後どんな人生を選べるかだ。そんな時に昔見た映画のセリフを思い出した。題名も思い出せないが、確か、「受け入れ難くとも生きて行くのが人生よ……エジプトの哲学者の言葉よ」とその映画では母親が娘を慰めていた。侘しくなった。次へ進もう！

身体障害者の認定調査などで君津市障害課の職員が来るなどバタバタしたが、その間に三つの結論を出した。

即ち、

・己が左半身不随で歩行も出来ない身体障碍者であることを、素直かつ冷静に受け止めよう。
・ステンドグラス制作活動は当然ながら完全に諦める。
・しかし何とか考えて、別のことで工房活動は続けたい。
以上の三つだ。退院後ぐじゃぐじゃ悩んでいたが、この方針を立ててからは何か気持ちがすっきりした。それ以外は考えないようにした。どんな内容でもいいから僕には何かの道しるべ的な目標がいつも必要なことが分かった。性格だろう。

身障者

今の僕は杖の助けでトイレなどの室内程度はヨチヨチ歩き。少し遠くの僕の工房などへは、電動車イスという、身障者である。ただヨチヨチ歩きでも出来るというのは、心底有難いと思う。身体のバランスを司る耳の奥の三半規管に、異常がないということである。それが問題ならトイレも他人の手を煩わすことになる。多分、絶望と悲嘆の連続だろう。自殺すらできない不具者になるのだ。

それに加えてこの脳溢血に、もう二つ感謝することがある。一つは、左手は麻痺したが利き手の右手が健常だったこと。もう一つは、妻に起こらず、受難は気心の知れた僕だったことだ。もしその反対だったら僕は一生、悶え苦しんだはずだ。

この身体については10年前病院のベッドで目覚め、自分の左半身付随の現状を知って嘆き苦しんだあげく、旧い次の言葉を思い起こした。それがその後の僕の貴重な座右の銘となっている。

即ち「I shall return!」。これは先の大戦でダグラス・マッカーサー元帥が日本軍に追われ、フィリピンから脱出するときに発した敗者の名言だ。落ち込んだ時はこれを心の中で何回も口にするのだ。ゴロもいいしそれで勇気が湧いてくる。よかったらあなたも叫んでごらんよ。

元帥同様今後僕も三つどうしてもやり遂げなくてはと己に誓った希望がある。それをやり遂げられたら何年か後には「I have returned!」となり、死も怖く無くなるはずだ。だからいくら殴られてフラフラになろうと、人生というリングに僕はタオルを投げ入れない。Never give up! だ。もう一度虹を見たいなら、雨に耐えないとね。

脳神経細胞再生医薬品の付植

まず第一の希望は、僕の傷ついた脳へのS社の脳神経細胞再生医薬品SB623を付植すること。本剤のニュースは僕が10年前に脳溢血を発症し退院した直後に、偶然ネットで開発研究中であることを知った。それは米国で同製剤の治験が行われていた時期だ。このことからもこの薬剤とは、運命的な出会いであり、I'm so lucky! と、感じざるを得ない。それ以来S社が本社を米国から横浜に移すなど、その進捗をずっとフォローしている。もしその治療が受けることが出来たら、僕が本当に幸運な男なのかどうか、それで証明される訳だ。

　移植に使うＳＢ６２３とは健康な人の骨髄から採取して細胞加工、培養した、何にでも分化出来る幹細胞の栄養剤である。極めて特異なタンパク質なのだ。２０２２年現在、Ｓ社が製造申請直前にあるようだ。売上予測も米国だけで１０００億円以上を期待できるという。この発表を受けそれまで１０００円台だったS社の株価が、２０１９年には1万３０００円近くまで高騰した。

　さらにはＳＢ６２３について、米国で米食品医薬品局（ＦＤＡ）から再生医療先端治療薬に、また日本でも２０１７年に「条件付き早期承認制度」の対象医薬品に指定されたとの発表もあった。その制度の対象になれば、これまで2年は必要であったのが申請後1年以内に承認が得られる。その制度を利用するためS社は本社を日本に移したのである。効果について正に世界的なお墨付きまで貰ったわけだ。

　そして、最近、「S社は２０２１年12月15日、同医薬品の市販後を見据え国内のR銀行から10億円を借り入れる契約を交わした」とのニュースも、ネットにあった。Ｓ社がＳＢ６２３商業生産の設備投資資金を手に入れたということである。いよいよ生産が始まるのだ。今年２０２２年後半には設備が完成し、同時に製造承認申請がなされるであろう。バンザイ！　申請は近いのだ。そのニュースで僕はその晩眠れるかどうかくらい興奮した。僕の希望的観測に過ぎないがね。

　この薬剤効果の動画を観た。それまで寝たっきりだった脳出血を患った米国のお婆さんがベッドから立って、笑顔で主治医のところまで歩いて行くんだよ。正に奇跡だよね。これを観た時は、正直「ウッソ！」と叫んだよ。これまでの定説では、脳の神経細胞は交通事故などで一度傷付けば絶対再生しないと、言われてきたようだ。それがこの薬剤を直接脳の出血部へ付植すれば、傷ついた神経細胞の栄養となってそれを再生させるのだそうだ。それに日米の多数の治験で副作用は移植時の一過性の頭痛くらいで、重篤な症状は一つもなかったというのも、嬉しい。

　ただちょっと怖いのは本剤の付植法だ。頭蓋骨の側面に１㎝程の穴を開け、そこから脳出血で痛んだ部分に用具を差し込んで、直接ＳＢ６２３を付植するというのだ。脳定位固定法と呼ばれる、旧くからやられている、安全な手術法らしい。しかし僕の頭側面に開いた、１㎝もの穴は術後どうするんだろう？　と考えてしまう。

　昨年、２０２１年1月までに同剤の生産を開始できると、S社の社長会見も以前あった。しかし年末急遽製造申請が一年延期となった。ところが、２０２２年を過ぎた現在、未だに申請予告の会見は開かれていない。これまでの日本で扱ってきた低分子量の医薬品とは異なり、たんぱく質などの高分子量医薬品の製造は難易度が桁違いに異なるようだ。S社がブレーンとして提携しているアメリカの大学も5校に上る。すべてその道の優秀な教授陣だ。

それにS社はアメリカで同治験薬製造に携わった技術者二人を、今回日本に呼び寄せたという。彼らも利益を追求することが信条の企業集団だ。見つけた宝の山を軽々に扱っているはずはない。何しろ米で起業したのに本社を横浜に移してまでして、早期に承認が得られる日本で申請体制を準備をしたくらいだ。必死で作業を進めていることは確かだろう。

申請延期で僕は突然梯子を外された思いだが、絶対に諦めない。SB623は僕の中で一番大きな希望のビリヤードボールなのだ。うまく僕に当たって人生の方向を大きく好転してくれるよう、マジに期待している。その薬剤により僕の最機には、棺桶まで装具も付けず自前の脚で僕は歩いて行けるようになるだろう。

後はThe world god only knows.だ。

そこで、僕の人生の更なる、希望についてである。僕はその新薬で身体が治って杖なしで歩けるようになったら、是非イタリアへ行きたい。これは一生の望みとして決行するつもりだ。

そして70年以上前の1953年制作の映画で若い人は知らないだろうけど「ローマの休日」で観た「スペイン広場」、紀元2世紀に建てられた「サンタンジェロ城」、そして元々は古代ローマ時代のマンホールの蓋だったという「真実の口」など、その映画のロケ地を訪問するのだ。そう、その広場の階段でジェラートを舐めながら、ヘップバーン気分を味わって見たいんだよ。現地の娘とでも、一緒にね。その映画のコース専用のツアーも未だにあるようだ。今年2月にはコロナワクチンも3回目、そしてめでたく7月には4回目も打った。

僕は大のヘップバーン・ファン。その「ローマの休日」はもう10回は動画配信サービスや、わざわざ買った880円の中古DVDで観ている。英語-日本語の同映画の中古脚本も買った。取り分け彼女の「Thank you!」と答えるシーンが好きだ。「!」で、イントネーションをちょっと上げる。軽やかでキュート、彼女の可愛さが一番感じられる瞬間である。それが聞きたくて何回も観る羽目になる。またその映画で、彼女が乙女から大人の女性に見事に脱皮する魅力等々、見飽きることのない世紀の名作だと思っている。

80歳ではちょっと、ミーハー過ぎるかな？ ……。ただ僕が同じ映画を何回も観るのは、ストーリーが分かっていて安心だからだ。これは歳とは関係ないようだ。安全第一の性格なんだろう。それに見る度に何かしら新しい発見もあるしね。

加えてローマについては、文庫で43冊もある塩野七生著の労作「ローマ人の物語」も、もう三回は読み返した。

どの冊もしわくちゃになって古本屋でも引き取ってもらえないほどに、痛んでしまった。イタリアの分厚い石造りの街並み、そして女性を見れば口説かなければ失礼とまで考える明るい国民性は、赤、白、緑の国旗がそれらを代弁しているように思える。だからイタリアのすべてに四十代から魅了されている。コロッセオに登れば２０００年前のシーザーも吸ったであろう、同じ空気が吸えるような気がしている。もう少し若ければローマで2、３年暮らしてみたいと思ったことがある。55歳の定年の時に気付いて居れば決行しただろうに。半身不随の今となれば、残念！

ただこれは僕一人で行くことになる。妻は飛行機には絶対乗らない。若い時に一度福岡まで行って、途中機内で吐いたのだ。だから「一人で行ってらっしゃい！」と言う。但しと後があった。「イタリアから帰ってきたら部屋の表札の一夫さんの文字に、マジックで二重線入れとくからね！」と嬉しそうにぬかす。

そして最後の願いは、趣味の絵の更なる上級の公募展入選である。一昨年と今年、嬉しいことにかって芸能人入選で騒がれた公募展に僕の描いた風景画が入選した。一昨年２０１8年の絵は、海岸に斜に並んだ5本の樹とその前の水溜まりにその枝が写った構図の、50号の「車窓」である。そして昨年２０２１年の絵は、遠くの山々の前をゆったり流れる大河を夕空がオレンジ色に染めている図だ。山水画のような１００号の「あかね空」である。

何れも動画配信の映画の一シーンを模写した絵である。勿論、色やデザインは自分の好みに変更し、再構築してある。著作権云々を言われたら「素人のお絵描きだからごめんなさい」で慰謝料覚悟で謝るだけ。売れるわけでもないし、観客は僕だけだから問題ないだろう。僕はただ、それらの映画のそのシーンだけが静止画として後世に残ることはないだろうと思った。それでは映画が可愛そうだ。模写にしろその一瞬の心に響くシーンを、キャンバス上に留めて置いてやりたかっただけだ。もちろんその絵が後世に残るようなことはないだろうけどね。

でも嬉しかった。何しろ僕の素人絵があの六本木の国立美術館に、二度も飾られたんだから。残念ながら今の身体ではそこへ観に行くことはできなかったが。ホームの社長も初回入選のときは「車で行きましょう！」とまで喜んでくれた。だが僕は「残念ながら」とお断りした。途中のトイレが心配だったからだ。

一作目の「車窓」は絵筆を持って二年足らずだったが厚かましいのを承知、ダメモトで公募展へ挑戦した。今となれば僕の無鉄砲さが幸運を招いた稀有の出来事である。

ただ僕の好みから言えば、最新作の模写作品「マダムXの肖像」がお気に入りだ。映画「レニーデェィ　イン　ニューヨーク」で偶然観た絵だ。足までの黒のサテンドレスで丸い小机に右手を置き、横を向いてスッと立っている白人女性の全身の肖像画だ。かってこんなに感動した絵を僕は観たことがなかった。すごい絵もあるもんだと思った。２０８㎝の縦長の絵で、褐色の背景が実に上品に効いている。僕も１００号の縦長で模写した。１８８４年のフランスのサロンで展示された作品で。米画家のジョン・シンガー・サージェントの代表作である。パリ社交界で浮名を流したバージニー・アメリ・アヴェーニョ・ゴートローという若い女性を描いたものだ。もともとの構図はドレスの肩紐の右側を下に外した、片脱ぎの姿で描かれて出展されたらしい。だがそのポーズが、当時官能的で品がないということでスキャンダルとなったようで、彼はそれを正装に描き直して再展示したほどだ。

動画配信のその映画でチラッと見る機会があって、その気品に魅入られ縦長の１００号ですぐ模写した。本物はＮＹ・メトロポリタン美術館の入り口直ぐの正面に飾られている。映画ではその場面が描かれていた。何れにしても先ずコロナ収束。マスクなしで工房へ行けるようになったら気兼ねなく絵筆を持てる日が、来るのだ。ワクワクしてその日を待っている。

Because、タイトルだけは、もう3作決まっている、「流木」、「華姉妹」そして「妻の朝」である。もうその3作でそろそろ絵ともお別れだろう。そんな目標があるから身体の不自由な毎日でもヒステリーも起こさずに過ごしておれるのだ。近頃の僕は歳から言って今正に陸上競技場の門を潜るマラソン走者の心境だ。あと、トラック一周ですべてが終わる。後ろは振り返りたくない。当然だろう？　競技場の門の前まで帰って来ているのに、あそこで給水を取っておけば良かったなどと反省してみても、まったく意味がないだろうからね。

以上が最近の僕の生き様だ。既に言ったように、僕は無神論者だ。それを独り言として次に語りたい。

神

彼は絶対に存在しない。もし存在すると言うのなら神の元締め、ゼウスを男性とするのもおかしい。女性の元締めも同時に創るべきだ。神が子孫を得て永遠に栄えるために。それらが僕の神に対する信情だ。だから僕は宗教も持たない。有難い読経もアーメン（「まことにそうです」の意味）の祈りも、声と言う単なる空気の波動に過ぎないと思っている。なぜなら人類が未来永劫繁栄するという前提が可能なら、この宇宙のすべては何時かは物理と化学で説明されると考えているからだ。化学も本質は物理だと思うがね。

ただ一つ付け加えるなら、僕を含めて人は大失敗を仕出かしたり大病に罹ったり或いは恋に破れたりして、大きな絶望を味わったとき、「あぁ神様、お助け下さい！」と声に出す。

すると無神論者の僕でもそれによって、なぜかほんの一瞬癒されるんだよなぁ。ホントその一時、僕は身体の痛みやシビレを忘れてるんだよ。

だから逆説的に言うなら人の心は根底ではいつも孤独で、illusionsでもいいから何か絶対的な存在を心の中で創っておかないと不安なのだ。それを神という呼び名で声にするのだ。その心の動きも、進化論による物理と化学だろうけどね。

ある意味、彼は独裁者と言える。その極端な神の変異株は遡ればエジプトのファラオ。近くは中東あたりの独裁者達である。だから歴史上独裁者はいつの世にも存在していた。そんな社会の在り様はそう極端でもないのかもしれない。彼らは大衆から神と呼ばれることで、自身は侵されないと己に言い含め精神の安寧を得ているのだろう。逆に大衆もまた然りである。

ただ僕は、独裁者でいる事の真の価値が理解出来ない。独裁者になってどんな素晴らしい歓びがあるのだろう。周囲の目や裏切り、敬意の有無を常に気にしたり財産の保全やより一層の確保が、そんなに幸福を感じさせるものだろうか。納得出来ないし、したいとも思わない。

だからどこかの国の独裁者のように、肩や胸に風呂敷を広げたように勲章をひけらかせ、家臣の中央で威勢を張る。そして何万という兵士がミサイルなどと共に行進する中で拍手されたり、バンザイ！　バンザイ！　と恭順される側の席に、時給100万円と言われても僕は座りたいとは思わない。この思いは、昔から自覚していた。だから高齢化で欲が減ったというようなものではなさそうだ。たまたまそういうことに、価値や魅力を感じない性格に生まれついたのであろう。それも運命だ。イヤ、その座に座ったことがないから、その喜びを知らないだけかも。

彼らのような独裁者もまた、運命に翻弄され独裁することに慣れてしまっているのだろう。だからそんな国民の行進を謁見し始めた数回は、優越感に浸って自分の地位に快感を感じた時期もあったろう。が、それが過ぎれば一日の単なるルーチンワークの一つに過ぎないと思い始めているはずだ。だから新たな快楽欲で、領土拡張へ戦争という手段ででも突っ走ってしまうのだろうか。

ただイラクのフセイン大統領的な独裁者抹殺の例もある。アメリカへの恐怖感が常にあるのだろう。だからクワガタ虫が人にハサミを振りかざすように、常に武力を誇示しつ続けるのだ。分からなくもない。

極論だが、仮に円やドルなど「金」というものに人格を与えるならば、現代はそれらが独裁者かつ、神であるとも言える。札束という紙片が神というのも情けないがね……どちらもカミだからいいか。独裁者や神様という単語の値打ちは、せいぜいそんなところだと僕は思っている。

その札束で思い出すのが、ブラジル出身のカルロス・ゴーン氏である。１９９９年にルノー上席副社長との兼務で日産自動車に派遣されたゴーン氏は、最高執行責任者（ＣＯＯ）に就任した。と同時に日本人では成しえなかった5工場閉鎖と2万人強のリストラを実施。当時年７０００億円近い巨額赤字を計上し2兆円の負債を抱えていた同社を4年程で黒字化させ再建に成功した。

「日産リバイバルプラン」という目眩ましの世間用スローガンのもと改革は断行されたが、後日考えればその成功がかえって彼の仇となった。世間を欺き私欲に奔らせてしまったのだ。

当時世界のビジネス界から稀代のカリスマ経営者として称賛されたのは周知の通りだ。加えてその功績により日本、フランス、イギリス国から叙勲迄受けている。

彼の成功は、日産の日本人経営者の意見等を無視し、いや、フランス流の高慢さで彼らをバカにし、自由奔放に経営の舵を振ったことにある。正に独裁者であった。さらそんな中で東京、パリ、ベイルート、リオデジャネイロ、アムステルダム、ニューヨーク等に6軒もの自身の住居を購入所有しており、その資金はすべて日産自動車に負担させたようだ。

当時の彼は世界的企業のＣＥＯを数えきれない程引き受け、プライベートでは75億円の巨費を投じフランスのベルサイユ宮殿で自身の結婚式まで挙げている。参列者は18世紀の衣装で着飾らせた。正に自己顕示欲の塊。ルイ14世にでもなったつもりなんだろう。そんなに腐るほど札束を持っていても、自分の人生最大のイベントであるその結婚式の費用を日産自動車に付け替えていたと言う。皇帝並みの華やかな挙式に自らが泥を塗ったわけだ。もう周囲が何も見えなくなっていたはずだ。以上報道が正しければの話だが。

そんな彼だったが日産在社当時、自身の役員報酬を計約50億円も過少に記載した金融商品取引法違反の罪で２０１８年、遂に日本の当局に逮捕された。それにしても金とは言え、タカが紙切れじゃない。金は心安らいで家族と三食喰えるだけあればいいじゃん。一生かけても使い切れない程のそんな紙切れを集めて、彼はどう使うつもりだったのだろう？　子供に遺そうとでも思ったのだろうか。でも子供に残した金は薬にもなるが、時には毒にもなるよ。それにしても考え方がセコイよ。

そしてゴーン氏。楽器箱に隠れ母国レバノンにまでも逃亡したのだ。今は日仏両国から国際手配されている身である。折角輝いていたこれまでの人生がもったいないよ、ゴーンさん。金に酔ってしまえばこうなるという、国際的なサンプルである。僕にはやる事すべてが理解不能な人間だ。金は人にひけらかす欲望を満たすために持つものではない。自分たち家族の日々の衣食住さえ安泰に満足出来れば、それで十分だ。そんな気持ちで過ごせればむしろ幸せだろう。預金の過多に不満を覚える毎日よりも。

何れにしてもゴーンさん、やる事が浅まし過ぎるよ。人間としてタガが外れてしまったとしか思えない。彼の一連の騒動はそんな一言に尽きる。彼にあって何故そこまで札束に執着したのだろう。父親が二度も刑務所に入っていたらしい。そんな子供時代の世間への見返しだったのだろうか？

聖書

神そのものについては基本興味はないが、何故か聖書の歴史や説話は大いに魅かれる。そのことはいつも頭の隅に漂っている。物語がダイナミックなのが面白い。歴史好きの性だろう。西洋で神と言えば、聖書とセットであろう。前項で神について語ったのでついでと言ったら叱られるが、聖書についても僕の頭を整理して置きたい。

日本人だから本来先ず、お釈迦様の仏教の歴史や教義に興味を持つべきだろう。しかし日本の仏教は子供の時から接触がない。強いて言えば観光化された奈良や京都のお寺巡りくらいか。加えて、僧侶の唱える読経は現代の日本語口語体でないので内容が分かりにくい。当然だろう。古代インドのサンスクリット語が中国語に翻訳されそれを又、日本語化しているようだ。一般の日本人が理解出来なくて当然だ。宗派ごとに教祖は分かるが、せめてお経くらい最大公約化して一本化した仏教にどこかで統一すべきだった。これが僕を仏教に馴染ませない決定的な原因だ。記憶に残るのは木魚の音と何かメロディアスに呟く声音だけである。葬式宗教と言われるのもむべなるかなだ。

こちらの勉強不足と言われれば反論はできないが、もっと内容のある合理的な講話なら聴きたいと思う。それもキリスト教の様に教会の様な定期的な場所の講話と質問の対話方式で。お寺によればそれをやっているのだろうが、大半の現代人はそんな機会を持たないし、興味もないだろう。小学校からの教科に「仏教」を入れる以外にないのかも。そうでもしないと現状の様に仏教と日本人がいつしか完全に乖離してしまうと思う。

僕だけに限って言うなら宗教については、以下のような認識である。

仏教の場合は宗派が乱立し、ご本尊はお釈迦様っていうくらいしか理解してないし、どうもその教義がはっきりと理解できない。国産のもう一つの日本古来の宗教と言える神道に至っては開祖と呼ばれる存在がなく、従ってその教えを記した聖典もないそうだ。いわゆる天照大御神に代表される八百万の神が開祖だろうか？　古事記や日本書記の武勇伝が教義と考えるべきかと思ってしまう。大雑把に言って日本の宗教は人間としての道徳観の盛り合わせ寿司じゃないか。揶揄している訳では決してない。

それに比べ、キリスト教は三位一体「父・子（イエスキリスト）・聖霊」が開祖であり、教理は聖書に示されている。即ち、そのテーマとは、「神・罪・救い」である。

ここで言う

・神とは「真（まこと）の神ヤフェ」

・罪というのは、「間違った在り方」

・救いは、イエス・キリスト（無限愛）の存在

他方イスラム教は、アッラーの御意志に従って六信・五行の規定を忠実に守り、聖書・コーランやハディース（開祖の預言者ムハンマドの言行録）で規定された善行を積み重ねるのがムスリムの勤めであると、具体的に示されている。

六信・五行は、その一例を上げれば、

・六信：神アッラーと神に従う天使ガブリエルなど４天使の存在を無条件で信じること。

・五行：「アッラーの他に神はなし。ムハンマドはアッラーフの使徒である」という信仰告白を一日五回以上唱えアッラーへの絶対服従を表明することなどである。その他極端な戒律の例は「ニンニクを食べた者はモスクに近づくな」、「男女でモスクは別になっている（カメラも入れない）」、「女性はヒジャーブ（スカーフ）で顔を隠し、目を伏せ、プライベートな部分を守り、（男性に魅惑させないよう）飾らずに」等である。

そして西欧の聖書。旧約と新約があるというのは知っていた。ただそれは、ぼやっとした記憶で全く頭の中で理解されずに残っている。今回本紙を纏めるにあたり、聖書を知るためにWEBを教科書に軽く散歩したいと思う。お付き合い頂きたい。

聖書に興味を持ったのは、映画「十戒」からである。冒頭に記した母との思い出の濃い神戸新開地の映画館で観たのを記憶している。１９５６年制作のハリウッド映画のようだから僕が中学生の頃に観ているはずだ。誰と行ったのかも記憶にない。

古代エジプト国の王子役、チャールトン・ヘストンがエジプト脱出後シナイ山へ登り「私のほかに神があってはならない！」や「汝、父母を敬え！」、「隣人の財産を欲してはならない！」そして「汝、姦淫するなかれ！」等々激しい十の戒めの怒りの声が、神に模した一部溶岩のような光り輝く大きな岩から発せられ、画面に映し出されていた。当時は意味はよく分からなかったが、あらためて今それらの戒めの言葉を読んでみると、人間道の基本となる事ばかりで、その内容の倫理性には驚く。

ユダヤの神、ヤハウェは妬みの神とも言われ、信者に自分以外に神を持つなと教えている。大体において西洋の神は高圧的である。それはイエス・キリストのおいても然りで、次のような言葉が聖書に残っている。

「だからあなたがた（信者）は行って、すべての民をわたしの弟子にしなさい。彼らに父と子と聖霊の名によって洗礼

〔バプテスマ〕を授け、あなたがたに命じておいたことをすべて守るように教えなさい」等だ。

僕はその後何時しか聖書の旧約、新約の約は翻訳の訳では無く。約は神と民衆、当初はユダヤ（イスラエル人）だが、その間の約束（律法）であることを知った。

そこで聖書についてだが要約すれば以下の様になるかと思う。千葉大学文学部教授の加藤隆氏の記事を中心に抜粋して纏めてみた。

・神と民衆の約束とは、のちにユダヤ民族に降臨する「救世主（メシア）」によって永遠の王国が実現すると預言された事である、旧約聖書はそれで終わっている。

・「聖書」は旧約聖書39巻、新約聖書27巻からなる、66巻の書物の集合体。但しユダヤ人にとっては旧約のみが聖書である。

・まとまりのあるものが最初に成立したのは前5世紀から前4世紀頃で、ユダヤ民族がペルシアの支配下にあった時期である。

・ユダヤ教が民族宗教としてそれなりに本格的に成立したと言えるのは、前13世紀の「出エジプト」の出来事の後である。

その時から、聖書の最初の部分（旧約）が生まれるまで800～900年の時間が流れている。その間ユダヤ教には長い間「聖書」は存在しなかった。その背景にはその頃、ユダヤ人の一部はエジプトの地で暮らしていたが、すでにエジプト新王国による差別と迫害を受けていた。これがユダヤ人への最初の迫害であり、救いを欲しユダヤ教の勃興となった。そしてモーゼによる「出エジプト」となるのだ。だからモーゼが神から委ねられたユダヤ民族建国のための「出エジプト」後の出来事である。十戒の内容はキリスト生誕の12300年前で、神がエジプトに疫病をはやらせ、ラムセス二世王がユダヤ民族の解放を決めた。

十戒の内容は十戒啓示は大よそ、

・十戒は神との関係を規定するとともに偶像崇拝、強欲、姦淫、偽証、盗み、殺人などを禁じている。これらの罪は放擲すれば、社会の経済的基盤を揺るがしかねるからだ。

・イエス・キリスト誕生の1万2300年頃の紀元前13世紀頃の出来事である。

・それはエジプトのラムセス二世統治時代である。

・聖書・申命記によれば、神の定める地、イスラエルに着くのはエジプトを出て約40年後である。

・エジプトを出たユダヤ人奴隷集団の旅は受難の連続だったが、遂には各人の行動の規範がなく、皆勝手気ままに行動しかけた。人々が放浪に疲れ、次第に素行が荒れてきたのだ。

・そこでリーダーのモーゼがシナイ山に籠り神の啓示を得、

40日後に山を下りて民衆の元へ帰ってきた。その手には神の預言十戒が刻まれた二枚の石板を携えていた。

・一枚目には神の扱い方が掛かれていた。私のほかに神を持つな、等である。

・二枚目の石板に記されのは人の道徳についてである。あなたは人を殺してはならない、等だ。前述の「汝、姦淫するなかれ！」もこの石板に罹れている。

所謂、モーゼの十戒は、人間として生きる信仰と道徳律が彫られているのだ。

・モーゼはそれを護ることが神との契約であると話し、ユダヤ民族として団結することが出来た。そして国の建設に至るのだ。

その後、紀元前11世紀頃ユダヤ人は、サウル王のもとで建国を成し遂げ、後継者ダビデ王およびソロモン王の治世で、最盛期を迎える。ところが、その繁栄も永くは続かなかった。ソロモン王の死後、王国は北イスラエル王国と南方のユダ王国に分裂したのである。そして北イスラエル王国はアッシリア帝国に（紀元前8世紀）、ユダ王国は新バビロニア王国に（紀元前6世紀）、それぞれ征服された。

・紀元66年ローマ帝国へのユダヤ人の反乱が発生。135年ローマが反乱を鎮圧したがその後も反乱を繰り返す。ユダヤ人の離散・放浪の始まりである。このとき、ユダ王国の人々はバビロンに強制移住させられたが、これが教科書にも出てくる「バビロンの捕囚と虐殺」である。出エジプトに続く、第二のユダヤ人迫害であった。

「出エジプト」と「バビロン捕囚」をみれば、ユダヤ人が3000年も前から先の大戦のヒットラー出現まで、差別と迫害を受けていたことがわかる。

・イエス・キリストの生涯は、伝承だが紀元後1年~同33年と言われており、誕生した後の時代に書かれた新約聖書では、ユダヤ人の待っていたその「救世主」がイエス・キリストであるということ。また、ユダヤ民族だけでなく、すべての人類が、このイエスを通して神と「新しい契約」を結ぶことが書かれている。その新しい契約とは、イエス・キリストを信じる信仰によって罪赦され永遠の命と国が与えられると言う預言である。因みにイエスとは当時ありふれた名前の一つであり、キリストとは「精油を掛けられた人」という意味である。精油：フランキセンス（乳香：植物油の実）

・旧約聖書は、「創世記」「出エジプト記」「レビ記」「民数記」「申命記」の五つの文書からなり、これがいわゆる「モーゼ五書」である。

・新約聖書には27の書からなる。それらはイエス・キリストの生涯と言葉（福音と呼ばれる）、初代教会の歴史（『使徒言行録』）及び初代教会の指導者たちによって書かれた書簡からなっており『ヨハネの黙示録』が最後におかれている。現代で言うところのアンソロジー（異なる作者による作品を集めたもの）にあたる。「旧約聖書」を『ヘブライ語聖書』、「新約聖書」を『ギリシア語聖書』と呼ぶこともある。

内容的にはイエスが生まれる前までを旧約聖書、イエス生誕後を新約聖書としてまとめられている。
・預言は「予言」ではなく、神から「預けられた言葉」という意味である。
・ただしユダヤ教の立場では、イエス・キリストを約束の「救世主（メシア）」として認めていないため、まだ「救世主」は現れていないとして今でも「救世主」が遣わされるのを待ち望んでいる。
・そしてユダヤ人イエス・キリストの受難がある。周知の通りイエスは、ムチ打ちされ血まみれになり、ゴルゴダの丘で十字架刑に処せられる。イエスをローマ帝国に銀貨30枚で売ったのはユダヤ人のユダである。イエスを迫害し、抹殺したのはローマ帝国でも、当時ユダヤ族長のヘロデ王でもなく、ユダヤ人であった。
このことは、キリスト教本流をなす宗派やイスラム教の信者たちに、ユダヤ教徒への根強い不信感と憎悪を植えつけた。そして、このユダヤ人への黒いフィルターは、差別と迫害とともに、イエスの死後２０００年経過した現代まで存続しているのである。

・しかし１９４８年5月１４日、ユダヤ人はイスラエル国としてついに独立宣言するに至った。
更に神について、寄り道させて貰う。
次の５点は――言葉のお遊びに過ぎないが――神の御業とする以外、近未来においては解明する術がないかなと思っている。即ち、
・ビッグバン以前の宇宙の起源――無限や永遠という言葉は、存在するのかと同じ命題である。
・人間の脳の完全な作用機序の解明。即ち感情または心の発生の仕組みは、どうなっているのかである。特に異性を求める心は？
・光、即ち光子のエネルギー源の解析
・時間の実態
・そして最後に、人類の男女比率
本当は一番興味があるのは「リンゴは何故落ちるのか？」である。月が落ちてこないのは地球からとび出た時の速度が地球の自転と引力に奇跡的に同期し、落下することなくその惰性で衛星化したことは習った。それはリンゴの疑問に答えてはいない。が、重力や宇宙の星間の引力の話には、多分ニュートンさんやアインシュタインさん辺りが出てくるだろうから、今回はパスしておこう。

例えば脳。重さは体重の2％ほどらしいから僕で１３００cc、

1400g程か。その程度の物質でこの複雑多様な心を創り、知識を吸収し、疑問を発展させているわけだ。そして脳の中では僕らの銀河宇宙より大きい三次元の空間すら空想できる。こんな神秘的かつ精巧なものを、2kgに満たないタンパク質で作れるだろうか？ そしてそれも進化論で説明できるのだろうか？

そこでこのような問題についての歴史的第一人者、アインシュタイン博士に登場してもらおう。彼は人の心をどう捉えていたのだろう？ 因みに、この質問に関連して博士は次のようなことを発言している。

・あるインタビューで彼は、「一部の人は、宗教は科学理論に合致しないと考えている。私は科学者で、今日の科学では特定の物体の存在を証明することはできるが、特定の物体が存在しないということは証明することはできない。従って、われわれがある物体、例えば神、が存在することを証明できなくても、その物体が存在しないということを断定してはならない」と語っている。

・そして更に、「神は確実に存在しているのです。神は人間の善行を主目的にしているのです。そして、親切、寛容、同情、奉仕などの摂理を定めているのです。当然、正義は確実に人間の義務となります。この宇宙にはたくさんの星があって、それらを一定の軌道で運行させる、その力を出せるのは、神しかいません」とまでも言っている。

・「今日の科学が神の存在を証明できないのは、科学がそこまで発展していないのであって、神が存在しないのではない。人間の五感は限られており、神の存在を感じることはできない。同様にまた、科学も神の存在を否定はできないのである」

そう、アインシュタイン博士は、神の存在を肯定しているのです。しかしそこまで言われても、僕はやはり無神論者だ。博士の右の発言の通り何時かはすべての現象が、物理で説明されると考えているからだ。ただし人類がそれまで生き延びておればの話だが……。

神とか宇宙の話が出たところで、結局我々の宇宙はどうなるのかである。現在の研究での結論から言うと、1927年にベルギーの聖職者ジョルジュ・ルメートルが1922年にアメリカの天文学者V・スライファーが発表した銀河の赤方偏移のデータと、1926年にハッブルが発表した銀河の距離のデータを組み合わせ、宇宙が膨張している証拠をつかんだと言う。そしてアインシュタインの一般相対性理論の方程式を解き、膨張宇宙の式を見出して1927年論文として発表した。この論文の中で、ルメートルは宇宙の膨張率まで計算し脚注に記載していた。

この論文はフランス語で書かれ、ベルギーの「ブリュッセル科学協会報」に掲載された。しかし残念なことにそれは当時の英語圏の研究者はほとんど誰も読まない雑誌だった。

そして2年後の1929年にアメリカの天文学者エドウィン・ハッブルが、同じデータを使いほぼ同じ宇宙膨張率を見出して発表した。だから「宇宙が膨張している！」との20世紀でもっとも重要な天文学的発見はハッブルの業績だとされているとされている。だからこそ、宇宙の膨張の理論は「ハッブルの法則」、膨張率を表わすその数値は「ハッブル定数」と呼ばれている。更に宇宙を探る最高性能の宇宙望遠鏡にハッブル宇宙望遠鏡とその名が贈られている。偉大な研究にも運不運があるわけだ。

そして現在の学会の推定では、1000億年後には全宇宙の自分で光っている恒星が全ての核燃料を使い果たし、ブラックホールも含め星々（多分岩の塊）は膨張しながらも、静寂の暗黒・死の世界となる。すべてがTHE END。ただ1000億年というのは、無限の時間の中では埃の一粒にもならない。ある意味無限という言葉は、無意味で存在する事自体がおかしいのかも。膨張が有限なのか無限なのかは、正に神のみぞ知る、だ。

そして更に前述の、光について。素朴な疑問は太陽の光。引力の法則から言えば、ごくごく微量の質量（？）であろう光子が、巨大質量の太陽の引力を振り切ってまでしてなぜ四方八方に飛び出せるのか？　である。そう言えば、引力という力も不可思議だが、今回はパスしよう。

太陽中心の核融合で誕生した光子（粒か電磁波か知らないが）は100万年も掛かって、やっと太陽表面まで到達するという。その後は教科書で習ったように、1秒間に地球7周半、月から地球まで2秒弱の速度で四方八方へ飛び散るわけだ。太陽の引力までも跳ね飛ばし光子が飛び去るエレルギーやその直進性の根源は？　物理学的に光子の中でどんなことが起こっているのか？　僕は観念的でよいからそこが知りたい。

この研究の大御所であるアインシュタイン博士のドキュメント映画を偶然観た。しかしそこでも博士は、前述の僕の疑問には答えてくれていなかった。余談のゴシップネタだが博士が死亡した時、臓器の脳と目玉が某医者によって盗まれていたと言う。僕は初めて知って驚いた。まさかそんなことをする医者が！　という思いだ。犯人はその後それを国に返却し今はアメリカ某所に、保管されているらしい。その医者は偉大な天才の脳の特徴を調べたくて盗んだという。確かに好奇心としては分からなくもない。僕でも、将来その脳を蘇生させることが出来るようになれば、前述の命題にどう答えてくれるのかは大いに興味がある。只、博士の様な科学者、取り分け天文学者を昔から羨ましく思う時があった。最近でも僕たち地球が属する銀河星雲が隣のアンドロメダ星雲に近づいていると言う、ネットニュースがあった。そんな楕円形のアンドロメダ星雲の写真を見ていて僕は「こんな事を研究している人は、宝くじなんか絶対買わないだろうな」と思った。僕とは頭の住む世界が違うと、考えたからだ。

盗まれた博士の脳。その後の研究で数学的思考と空間認識に関わる左頭頂葉が普通人に比べ、5～15％大きいと解説してあった。やはり彼は僕ら凡人とは、脳の大きさからして違ったようだ。

さらに余談だが太陽光の関連で憂うことが一つある。それは、僕らの地球が今のままで存在できるのは、今後４００年くらいではないかという米学会の最近の見解だ。知っての通り地球規模での南北両極の氷山や凍土の融解が進んでいるという。それらによって地球の太陽光反射能力が、大幅に低下してくるらしい。

加えて喧伝されている化石燃料の炭酸ガスや凍土融解によるメタンの増加等々で、その先の breaking point を超えた温暖化の加速度的進行、ついに最後は熱帯林の酸素産生能力の減少までも僕は心配する。そうなれば人は将来、酸素ボンベを背負って生活するようになるかも。いやその前に温暖化の暑さで人類滅亡だろう。妄想だと済ますわけには行かない。

「止まらない温暖化の先は？　なぜ今大胆に脱炭素化を目指し始めたのか」と題する、ナショナルジオグラフィック日本版と Yahoo! ニュースによる連携企画記事を見た。温暖化の暴走、いわゆる「ホットハウス・アース（温室地球）」を解説したものである。それによると、温暖化で東シベリアでは永久凍土が解けて陥没し、直径１㎞ほどものクレーターが発生している。それは北極圏に点在する陥没地のなかでは最大級で、今も数を増して進行中らしい。

さらにショックな報告は、オーストラリアではウミガメが温暖化によってほぼメスだけになるなど、生物への影響も確認され始めているようだ。温暖化は既に世界的に極めて危険なステージにまで、登りつめている状況だと報告は結んでいた。

更に直近の報告では、以下の報告(David Bressan 2022.7.8)があった。

「我々の研究報告が示す結果は憂慮すべきものです」と主執筆者で南フロリダ大学地質学教授のボグダン・Ｐ・オナック氏は語っている。詳細を記すなら、

・約３２００年前にこれまで知られていなかった20㎝の海面上昇が起きていた証拠を発見した。温暖期の末期に氷冠が自然に溶けた結果、海面は4世紀以上に渡り年平均０・５㎜ずつ上昇を続けたらしい。

・それ以外には中世温暖期や小氷河期などの気候現象があったにも関わらず、１９００年まで海面水位は極めて安定していた。

・「近い将来気温が１・５度上昇すれば、回復不能な損害が生じます」とオナック教授は警告する。「そこからはもう、後戻りは出来ません」南極およびグリーンランド

における氷塊量の損失に基づくと、２００８年以降の平均海面上昇は年間１・４３㎜であり、３２００年前よりも、ずっと速い。
・「仮に今すぐに止めたとしても海面水位は少なくとも数十年、もしかしたら数百年上昇を続けるでしょう。理由は単純で、地球が温暖化しているからです」
・海面上昇は世界で推定２億７０００万人を避難させ洪水のリスクを高め、海岸侵食を起こし海岸付近に住む動植物の生息地を奪う可能性がある。

要約は以上。何れにしても、地球規模でのそれらへの問題対処は近未来程度の科学力では難しいだろう。

そしてＡＩの先鋭化が心配だ。これは金が行動基準の企業研究の下に在るので、その開発の深度は素人の我々庶民の分かるものではない。ＡＩの人工知能がその修正、拡大、発生を延々と繰り返せばその正確さが故に計算ミスがなく、人の頭脳を抜く事は確かだ。

大雑把に思うのは物理的な利点より人間性の喪失の方が多大である。ＡＩに人間の幸福感という心情を希求することは不可能であろうと僕は考えている。もしＡＩが「笑う」や「恐れ」の行為が自然にできるようになる迄進化出来るのなら、僕は再考するがね。何れにしてもＡＩは僭越にも、人間が神の領域へ一歩踏み出す事である。肝に銘じるべきだろう。

余談だがその危険性については、ホーキング博士やビル・ゲイツ氏も反対しているらしい。僕も絶対に戦争につながる技術だから、ＡＩは研究すべきではないと思っている。無理か！　ただ僕が断言出来る事がある。それは人類の終焉についてである。

残念ながら、今後、
・地球温暖化
・ＡＩの先鋭化
・核戦争
・巨大隕石の接近
・そして、人口激減
のどれか或いは複合で、やはり将来人類は滅亡すると思う。

しかし同時に昨今の、これらの情報に一喜一憂させられる情報過多社会の煩わしさも気になる。何が真実か分らなくなるのだ。そう、そんな情報で作られた自分の考えすら信じていいのやらの状態になる。

結局真理は、仏教の「生者必滅、会者定離」だけってこと。諸君、お覚悟、召されい！

時間

そして次は、誰もが不思議に思う時間の正体。若い時から時計を見ていて、なぜ時間は流れるんだろうかとか良く思ったものだ。１分間という時間は、誰も正確に、同じ長さを感じるのだろうかと疑問に思った。ついには時間が流れるって一体どういう事なんだと悩んだ。別に相対性理論など小難しい数式で教えて欲しい訳ではない。単に感覚的に納得したいのだ。そうしないと歳が歳だけに目を瞑るまでの秒数を数えだす恐れがあるからだ。

急いで出した僕の時間についての結論は、こうだ。その流れるという感覚は、最初以下の二つの可能性を考えた。

一つは、人間の脳を構成する細胞の原子核のそのまた中の素粒子と関係するのでは、と思った。即ち、陽子の周囲を電子とかの素粒子が公転運動（と言っても最多存在確率の移動だろうが）を行っている。その運動が脳で時間の経過として知覚するのではないだろうか。人間の総細胞数60兆個余りの素粒子全部の回転数を纏めて脳が知覚すれば、それを時間の経過として脳が判断するというのが僕の最初の推論であった。

しかしそれでは、「シーンが無いじゃないか」と考えた。そう僕が感じる時間の流れは、周期の風景や出会った人との会話等連続のシーンの思い出しやその思索があるから、時間の流れを感じるのではと思い直したのだ。だから最近では素粒子ではシーンに到達せず無理じゃないかと結論した。

最近の僕のへ理屈はこうだ。脳内の血流を時間の流れと自覚すのではと思っている。最終的にはこの案を僕は推したい。即ち、それが思考のテーマや目で見た映像を脳で連続の事象だと認識し、人は時間の流れとして感じるのである。これは「心」の発生でもあると思っている。

一秒間に24枚以上の連続の動きを描いた絵があれば、目では物体が滑らかに動いているように見えると教わった。だから時間が流れが脳内で絵の連続性となって、人は「時が流れている」と知覚しているのだ。最近のデジタル映画では毎秒60枚程度まで作られているようだ。より滑らかな動きになっているのだろう。

僕は時間の流れもそんな理屈だろうと思っている。血流による脳活性化のパラパラ漫画版である。その程度の結論で一応今の僕は、安心して眠れる。それで十分だ。

が、アインシュタイン博士は、「時間は人間が勝手に流れていると考えているだけの固定観念であり、それは幻想だ」と言ったそうで、僕の学説？に反対している。要、Discussionだ！

そして最後の疑問の人類の男女比率である。人類が誕生して７００万年。地球上の総人口は80億人くらいだろうか。僕が不思議に思うのはその男女比が、ほぼ半々だということだ。７００万年という時間は考えれば無限に等しい。だのに男性と女性の数はほぼ同等ということだ。人間の44本のＤＮＡ染色体のX染色体とY染色体の比率で男女が決まることは、高校の生物で教えてるらしい。僕らの時代では思いもよらない知識だ。

しかし性別を決める遺伝子の設計がほんのごく僅かでも

偏っておれば、７００万年もあれば殆ど女性だけ、或いは男性だけとなって繁殖に支障を来たし、人間がすでに絶滅種となっていても不思議ではないだろう。それを無限の時間後にも男女比を50％程度の確率にしたのは何なんだろう？　これが僕には想像もつかない。やはり男女を決めるサイコロは余程精巧に設計されていると、すべきか。故にそのサイコロ創りも、神の御業と悟るべきか？　……だが繰り返すが僕は無神論者だ。What should I do!

前述の温暖化でウミガメのメスが増えているというのと合わせて僕は考え込み、そして人間もそうならないかと恐れている。僕が普段眠る前に頭に思い浮かべている、ラチもない絵空事はそんな所だ。……さらに懺悔するなら、昨夜ネットフリックスの洋画で見た美しいヌードも時には思い浮かべているけどね。こんな空想ができる間は、僕はまだ人生で現役だと思っている。

僕の恥部

言葉の遊びが過ぎたので僕の実生活に戻る。

歯の清掃と便秘、今の僕に取ってはその二つが大問題となっている。

前者は説明するまでもないだろう。「奥歯にものが挟まったような物言い」と表現の通りその不快さは清掃せざるを得ない。歯茎も歳相応に痩せて来てるんだろう。

そして後者の便秘。本項は尾籠な話も出て来るので、前もってお許しを乞うて置きます。但し元より奇を衒う積りはないので分かって下さい。

60歳を超えるころから急激にその傾向が増えた。３日もないと何か不愉快で落ち着かない。ネットを見るとみんな悩んでいるようだ。腸の蠕動運動も歳で弱ってくるのだろう。薬に頼る以外避けようがない。僕が勤めていた会社も便秘薬を出している。漢方薬だ。元社員としてちょっとでも売り上げに貢献しようと時たま用いる。それが結構効く。それとは別に普段はマグネシュウム製剤に頼る。そのマグミットは主薬が酸化マグネシュウムで便に水分を保持させ改善するという理屈だ。物理的なのがいい。

それらはもう離せない。漢方薬が望ましいが常用すると効かなくなると、昔何かで読んだ。マグミットは何時も毎食後1錠服用している。ある時４日なかった。もう限界だ。強迫感に駆られて後先も考えずその夜、便秘薬とマグミットを3錠ずつ飲んだ。翌朝5時頃、普段より1時間も早く便意で目覚めた。腹がゴロゴロ鳴っている。トイレへと慌てた。歩くための装具を急いで左脚に付けた。その際マジックテープの脱着音で隣のベッドの妻を起こすが、もうそんな配慮の余裕はない。トイレへ急いだ。……が、遅かった。途中で止めようもなく生暖かい物が尻から両脚裏を伝わって、落ちているのが分かった。実物がボトボトとパジャマの裾から出てしまったのだ。

「あぁ神様！」と、叫びたい気分だ。普段無神論者のくせに。

左の脚も革の装具も右脚の室内履きの後ろまでもグッショリ、ベッタリの感触。

ベッドから起きてきた妻も、「あぁあ、大変！」と僕に付いてきた。僕はもう諦め、妻に、「男性の介護の人を呼んでくれ！」と叫んだ。装具をはずしたりトイレでパジャマを脱がすなどは、到底妻では無理だと判断した。

トイレで座ると今度は、ふくらはぎに付着していた物が便座にベッタリ。でまた格闘。半時間程も座ってまだ出るものを絞り出した。温水洗浄機のノズルから噴き出す湯で、右手で直接尻を洗った。もう何も構っておれない。ウォシュレットのノズルで指を湯で洗った。その時丁度いつも入浴で世話になっている介護の山井君が来てくれた。冗談を言い合う仲だ。彼は現場を見て開口一番、「ハラさん、こんなのいつもやってることだから気にしないで」と言ってくれた。孫のような若い彼のその一言は実に嬉しく僕を落ち着かせた。

何とかスッキリした。温水洗浄機で十分尻や指を洗浄して、早朝の惨事は終了した。本当は洗面所横の浴室で、シャワーを浴びたいところだが使えない。僕がまだ健常な時の判断だが、普段は二人とも共用の大浴場へ行くことにし居室の風呂は浴槽内に木の棚を付けて貰い、雑物の物置として使用している。だから浴槽もシャワーも今は使えない状況なのだ。

温水洗浄機の温風で乾かした後、やっとトイレを出た。そして洗面所の雑巾を濡らし鏡の前で立って僕は脚裏をぬぐおうとした。すると妻が後ろから、「拭いてあげるからじっとしてて」と声を掛けてくれた。尻は右手だけで何とか拭けるが、脚ももの裏側までは、届かない。無理だ。観念して妻に任せた。……きれいになった。

「ゴメン……」と頭を下げた。妻が、「いいからベッドへ行って」と柔らかく答えた。冷静な声が辛くもあったが有難たかった。尻と股も十分拭いてくれた。

で、ベッドへ帰ろうと通路を見た。

「ワァオ！」３ｍほどのベージュのカーペット、それに続いてリビングがある。それらのカーペットにも点々と黄褐色の塊があった。ゴム手姿のY君が雑巾とバケツの水でその始末をやり出した。やはりプロだ、手早い。手際よく後始末を終えたY君は、汚れたパジャマのズボンを指で摘まんで、「これ持って帰って僕の所で洗っとくから」と気安げに言って帰った。

人生で初めてというほど打ちのめされた。僕は不具者だと敗北感を感じた。出来れば二度目の脳溢血を発症して逝ってもいいとさえ思った。この次起きたら危ないよと入院中に医者から言われていたからだ。安倍元首相が大腸炎ナントカの持病で、辞任されたと聞く。多分制御できない下痢に悩まされたのだろう。とても国会どころではなかったろう。その心情は察するに余りある。

ただこの事件で、温水洗浄機を発明してくれた人に改めて感謝した。醜態のあとだったので尻の洗浄は実に爽快な気分をもたらしてくれた。カーペットの拭き掃除と殺菌スプレーを終わった妻が、ベッドに横になっている僕に寄ってきた。

「……紙おむつ、する？」と何時にない真剣な表情で声を掛けた。

「いぃ、いやまだいいよ！」と素っ気なく僕は返答した。

そう答えたのには合理的な理由があったからだ。昨夜は市販の便秘薬とマグミットを3錠ずつも飲んだのだ。だからそんなにきつい軟便の症状になってしまった。排便を我慢が出来なかったのも当然だ。つい便秘の不愉快さだけしか考えなかった。軽率だった。

それにしても紙おむつはイヤだ。僕はホームの介護で介助入浴をやってもらっている。健常者のように湯舟には入れない。介助してもらっても僕が湯舟のタイル枠を、跨げないからだ。だから入浴と言っても、椅子に座って温水シャワーで身体を温めながら洗ってもらうだけだ。その際浴室で同じような介助入浴の男性住人によく出会う。そのような人が、大体二人は着替え場に居る。その人達は助けられながら紙パンツを交換して貰っている。それを見るのは明日は我が身かと辛い。僕がそれを履かされたら心が壊れると思った。

でもそんな着替えの場でも、ホームならではの場面もある。例えば後日のことだが、脱衣場で二人の男性が並んで介助を受け長椅子に座って紙パンツを履かせて貰っていた。介護の女性から、「こっちの脚を上げて……」などと言われながら。その内にそのお爺ちゃんの一人が、正月休みの話題を隣の男性へ喋り出した。

「……息子が今年初めてここへ来たんだよ。二年ぶりかなぁ……孫は連れずに一人でね……」

などと話している。するとその話しているお爺ちゃんが、懐かしそうに天井を見上げ、

「……ま、待てよ、孫は幾つになったんだっけ？　……うーん？　……なぁ幾つになった？」

とシャツを着せてもらっている隣の老人へ尋ねた。さらに傍の女性看護師にも声高に尋ね出した。そして、

「なぁ孫は、幾つになった？」とまた隣へ続けた。

「そんなのあなたのお孫さんの歳なんて僕知らないよ。知ってる訳がないでしょが！」

「そうかなぁ……」

聞いていて僕は老人ホームで介護を受けている身なんだと、改めて思わざるを得なかった。まるで漫才だが切なかった。

電動車いす

身障者になって、先ず自分一人で自由に動けるようにしたいと思った。杖を使えば何とかトイレまでは行けるほど、病院でリハビリもやった。問題は工房への往復である。一度ホーム職員のリハビリの先生に伴走してもらいながら、工房まで歩いた。健常だったこれまでなら往復10分ほどで行っていたのに、40分も掛かった。それに山道で杖が滑りそうで怖かった。毎日一人で通うことは、危険だし無理な事だと悟った。

更に脳出血による神経の損傷は、日々少しずつ進んでいるように思われた。それはシビレの度合いが段々強まって来ているので、分かる。工房を往復した時から10年も経った今なら、恐怖心が先に立って屋外では最初の一歩も踏み出せないだろう。

ところがツイていた。そんな退院後のある日、居室でネットを見ていたら「W社が次世代型電動車いすを開発」の文字が目に入った。それは日本の学生がアメリカで立ち上げた、車いすのベンチャービジネス会社であった。今回本社を横浜に移して、24台の初回生産車を試販するというものだった。動画を見ていたら、その車は操作も簡単で円運動も自在である。フル充電で20㎞走れるというのもいい。一番気になったのは登反力だ。青春の森の工房へは、途中にかなりの坂道が二か所ある。それが登れるかどうかだ。早速同社に連絡し、登坂力を尋ねた。

「一応10度程度は可能です。でも説明だけでは不安でしょう。……じゃハラさんが実際に運転して試して頂くのがベストだと思います。試乗車をお届けしますのでその工房まで走ってみて下さいよ。どうでしょう？　今なら在庫がありますので直ぐお持ちできますから」

思いがけないラッキーな提案であった。僕が最初の依頼者だと言った。が、その後、

「失礼ですが、ハラさんのご不自由なのは、左右どちらですか？」

「左半身です」変なことを聞くなと思った。

「じゃ右ハンドルタイプを届けます」と言ってくれた。

後日試乗車をW社の若い社員が運んできた。一目で気に入った。

普段よく見る会社の事務椅子の形をしていた。ボディはすべて黒。椅子に座っても前にメーター盤の類がまったくない。ひじ掛け椅子そのもので大袈裟でないのがいい。少し太った人なら尻が入らないのではと、思うほどコンパクトであった。更に説明を聞けば、勢いを付けなくても5㎝の段差を超えられると言う。それは前輪が特殊なタイヤで出来ているからだ。1㎝ほどの太いゴム線を横方向に、グルグル巻きにしてタイヤとなっていた。その横向きのゴム線が段の端を噛み込んで

坂を登るのだ。後輪はチューブレスタイヤだと言う。

運転手順を説明してもらった。と、言っても左右のひじ掛けの先のレバーを操作するだけというシンプルなメカだ。そのひじ掛けの先の右レバーは、5㎝ほどの大きなカブトムシ型の自在レバーとなっている。それが自動車でいうハンドルである。それを健常な右手で操作するのだ。そのため、「ご不自由なのは、左右どちらですか?」と質問してきたのだ。

先ず左レバーを手前に軽く引くと、手元の青いパイロットランプと真っ赤な尾灯が点く。左は変速レバーである。小さい突起を軽く触れて、表示されている時速2、4、6㎞の三段階に変速できる。人の歩く速度は4㎞だった事を思い出す。

先ず希望の速度にセットする。その後カブトムシの右レバーを自分の行きたい方向へ軽く押すだけで、360度の方向転換と前進、後進が出来る。押す度合いで加速する。安心なのは、その右レバーの手を離すとバネ式になっていて元に戻り、瞬時にそこで停車する。但し僕の場合は左のレバーも一々健常な右手で操作しなくてはならないが、力は殆どいらない。電気式だから走行時に音もまったくない。では、と思ってその車いすに乗ろうと後ろ向きで立った。膝の後ろが椅子の座席に当たり、体重が椅子にかなり掛かった。だが車は微動だにしない。

「このイス、立ってもたれても大丈夫みたいですね」

「ご安心ください。重いバッテリー2個を入れているので自重が100㎏もあります。非常に重いので、操作しない限り車体が動く心配はまったくありません」と自信気に説明した。

その椅子に座ったら、発車準備は座った椅子を右ハンドルで、座席を10㎝ほど後ろへ引っ込めなくてはならない。完全にそうしないと動かないメカになっている。例え1㎝でも椅子を前に出したままでは走らない。だから一寸椅子を出したままで放置すると、重いし盗難防止にもなりますと言った。

営業マンに伴走してもらい、工房へ向かった。結果は低速の安全運転だったが、15分弱で往復出来た。懸念していた途中の二つの坂道もスイスイであった。

この電動車イスというビリヤード球との出会いも、その後の人生を豊かにする貴重な出来事であった。身障者のヒガミから解放された一瞬であった。退院直後にネットでこの車椅子に巡り合えたのは、幸運の一言に尽きる。軽自動車並みの購入金は、妻が黙って支払ってくれた。

しかし後日この車椅子を使い出して、高齢者には難しいところもあると分かった。ちょっと考え事をしながら運転して、急に後ろも見ずにバックさしてしまうことだ。人が後ろにいれば転倒させてしまうだろう。それと出会いがしらの衝突だ。

例えば廊下の曲がり角とかエレベーターのドア前などである。そんな所でこの車を急発進させれば、人がいればすぐ目の前なのでぶつかってしまう。車重は100㎏、衝突すれば相手を完全に倒すだろう。相手が高齢者ならなおさらの事、非常に危険なのだ。だから言うに及ばないが、僕はバック時は後ろを見ながらゆっくりと動く。そして、廊下は大回りし、エレベーターの定位置はドアまで距離を置いた箱の一番奥と決めている。何れも出会いがしらの衝突を気遣う必要があるからだ。走行音がしない分、周囲に存在が分かりにくいのだ。それらは何れも、僕が「アッ、危ない！」という経験が、この車椅子で過去にあったから得られた教訓である。購入の是非は、そのような配慮が走行中いつも出来る人であるかどうかだ。

時折、「その車はいいですネ」と入居者に声を掛けられる。「……運転は結構難しいですよ、お勧めではありません」と僕はそう、はっきり答えている。

油絵

どんなことがあろうと今度は自分自身でボールを転がさなくてはと僕は焦った。この場合は人ではなく脳溢血という病魔が僕の白いボールを弾いて動かしたのかも知れない。

それは動画配信サービスで「真珠の首飾りの少女」という映画を観ていた時であった。魅かれたのは僕の好きなかすれ声のアメリカの女優兼歌手スカーレット・ヨハンソンが主演していたからだ。実のところその映画は既に1度見たことがあった。僕は読書もそうだが映画も半年も置けば、繰り返し見ることができる。忘れっぽいのが一つと2回、3回と見ても、その度に画面で何か新しい発見があるからだ。映画の途中でふっと別の事を考えてしまい画面を見落としてるのだ。洋画は字幕を追うことになるので特にその傾向が強い。この性格は実のところ内心喜んでいる。同じシーンを見てもその時の年齢や精神状態で、その映画に対する自分の感性が変わっているのだ。当然受け止め方が微妙に違う。

で、「真珠の首飾りの少女」。映画の主題はその名画誕生までのフェルメールの、画業と家族との葛藤だ。セリフは少ないが1660年代のオランダの街並みやファッションが、抑えたバックミュージックとともによく活写されていた。そんなフェルメールの映画を見ていて、「油絵か……」とポッと頭に灯りが点いた。勿論これまで絵筆など握ったことはない。

僕は最初は当然模写でいいと思った。望んでもこの身体では屋外に写生に出れるわけでもない。モデルになってくれるような女性もいない。何よりも絵なら今まで使っている工房でやれる。何かの縁だ、映画で見た「真珠の首飾りの少女」の絵を模写しようと思った。その絵の写真をコピーしようと、ネットで「フェルメール少女画」とキーを叩いた。そして、その画面をよぉく見た。……どうも昏いなぁと期待は萎んだ。模写したら工房に飾ろうと思っていたが、楽観主義者の僕にはその雰囲気が合わないと思った。

その時パソコン画面の少女肖像画一覧の端に、数点の名画

の写真が載っていた。その中に華やかな少女画が一点あった。ルノアールが1887年に描いた「サマリー夫人の肖像」であった。その表情の柔らかな優雅さ、瞳に僅かに窺える茶目っ気を含んだ視線。加えて顎を右手でY字型に構えたユニークで若々しい構図が、僕を惹き付けた。

ピンクに少しブルーを混在させた背景もいい。これだ！と気に入った。モデルは150年前のフランスの女優ジャンヌ・サマリーであった。僕はそれを1カ月ほど掛かって原画と同じ10号のキャンバスに、模写した。油絵はまったくの初めてだ。

スタートは絵の具やキャンバスの購入、その地塗りなどから始め、やっとデッサンまでたどり着いた。どの工程も時間を忘れるほどで、毎日の工房通いが実に楽しかった。何回も描き直しながらも一応完成した。

ところがここで不思議なことが起こった。工房の隅にステンドグラス製の10号キャンバス用の額を、偶然見つけたのだ。幅15cmほどの上品な灰色の額で僕がかってよく作った形式の額縁である。しかし作った記憶は全くない。それに過去造ったのなら北斎等のガラス絵のパネルを、半田付けして固定しているはずである。それが額縁だけ残っていた。僕が作ったことは確かだが、不思議だ。エンジェルの贈り物だと感謝している。〇〇症なのかも！

その額に模写したサマリー夫人の肖像を入れた。「いい

じゃん！」と僕は一応満足した。ただ彼女のあどけなさは出てない。少し大人っぽいサマリーである。致し方ない。どうやり直してもその茶目っ気が出てこないのだ。

それを工房に飾って10年以上経ったある日、それを写真に撮った。この文章を出版する時にその中でサマリーさんの模写絵を使おうと思ったからだ。ＰＣに取り込み改めて本物のルノアールの絵と見比べて見た。ヘタなのは当然だが、見事すぎるくらい本物と雰囲気が違うのだ。モニター内で並べて見比べられるのでその差は歴然としていた。両目の間隔、目の表情、肌の色等々、目を覆いたくなるくらい全てが異なるのだ。ＰＣで印刷した原画のサマリーさんをキャンバスの横に置いて、あれだけ丁寧に描いたのに何故こうまで異なった絵になるんだろう。要するに素人は見ているようで対象を正確には見ていないのだ。その時々見たいものだけを見ていて、直ぐに色を塗っているからだ。要するに基本となるデッサン力の欠如だ。やっつけ仕事では絵が描けないことがよく分かった。

その後合間を見つけて描き直している。いい勉強だ。人間の顔を描くのは難しいの一語に尽きた。風景を描くのならそれなりに観たものを配置して完成出来る。顔の場合は、単に目や鼻を描けばいいというものではなかった。

目の周囲の1本の線の太さや角度で表情がコロッと変わるのだ。要するによく言われる様に、絵画は人物のデッサン修業が第一だという事である。更にその時はまぁこんなものかと思っても、一日置けば何じゃこりゃ！　と描き直すハメになる。そこに没頭してしまうのだが。

その描き直しで発見もあった。サマリーさんがあんなにあどけないのは、両目の間隔が思っている以上に広いからだ。その収穫だけでも絵の修正の意味はあった。加えてサマリーさんの容貌に不思議なことを見つけた。

当時サマリーさんはルノアールのアトリエの近くに住んでいたようで、しばしば画家のためにポーズを取っている。本作品が描かれたとき彼女は若さはち切れる21歳だったようだ。1887年から彼女が結婚する前の5、6年間に彼女を十数枚描いているとあった。その中には劇場の弓状階段に立つ長いドレス姿の全身像もあったが、やはり僕には上半身をアップで描いた本作がいい。

ネットで偶然彼女自身の旧い当時の写真を見つけた。実際の彼女は一見明治の西郷隆盛に似たグリグリ目の男っぽい顔であった。ルノアールの絵とはまったくイメージは真逆であった。そんな本人を見てなぜあんなに可愛い女性の絵が描けたのか不思議なくらいだ。もしかしたらそんなに美人に見えるくらい、彼はサマリーさんを好きだったのではと思ったものだ。ゲスの勘ぐりだが。

以上のような中で突然工房の存続が心配される事態が発生した。

新工房

ある日新社長から工房のある敷地全体を再整備する旨連絡を受けた。バラック建ての今の工房は撤去し、その辺一帯を軽食がとれる広場にするということだった。

ホームの施設担当者からも細部の知らせを受けた。彼から、「現在の工房にある作業台、作業道具、ランプやパネルの作品群、ガラスとラック、机、その他すべてを新しい場所へ運んで置きますから心配いらないよ」と嬉しいことを電話で言ってくれた。その時は新しい工房の場所は知らされなかった。

工事が終わってシルクビラの前にあるその場所へ行った。工房のバラックや隣にあった陶芸用の20mほどの木造長屋もすべて姿を消していた。その跡の更地には観光客用に、20卓ほどの大きなパラソル付丸テーブルが配置されていた。その向こうにあった2階建てほどの青い大きな倉庫のような建物の前に、「フードコート」と書いた看板が掲げられていた。こちら向きにワイドな4枚ほどの受付用の窓が見える。

新社長

そのガラス窓の向こうで新社長と数人の従業員が、観光客の注文に対応しているのが見えた。散歩したホームの住人から、土日や連休には社長が先頭に立って、厨房に入っておられるという噂も耳にしていた。

社長は何回もの訪米経験があり英語も堪能。そうかと思えばホーム行事の盆踊りには先頭を切って踊りの輪に入るなど、老人ホームではなくてはならない柔軟な思考と人当たりの良さを発揮していた。容姿は目鼻立ちも涼しいイケメンで、旧い工房時代に時折僕はお顔を拝見する程度であった。

この新社長は、かって僕が心房細動の手術中に脳溢血を起こしたとき、彼が最初に病院へ見舞いに来てくれた。「左脚が全く動かないんですよ」と話していると、

「何とか歩けるようになりますよ」と言葉を僕に掛けながら、彼はその悪い左足をもんでくれた。不確かだがそんな記憶もある。ホームの入居者ということで気遣ってくれた好意だが、絶望のどん底にあった僕には嬉しかった。

更にはホームの事務担当の女性二人も見舞いに来てくれ、老人ホームというのは結構いろいろ気配りをしてくれるものだと感謝、感心したことがある。

改修を担当した施設長から僕の新しい工房は、建物内のフードコートの裏だと連絡を貰った。その大きな建物は50坪ほどの広さで、青色に壁を塗った頑健な鉄骨平屋建てだ。中に入ると天井のない平屋なのだが、外から見ると二階建てほどにも見え屋根が高い。まだ会長が健在な時に、新社長はその建屋に熱帯魚のケースを並べ水族館としての使用を考えていたらしい。会長はその案には不満だったようで、「彼は何を考えてるのやら……」と僕に洩らしたものだ。

施設担当から新工房使用ＯＫの連絡があった。僕は電動車いすで倉庫のようなそのフードコートの裏へ行った。

入り口の上に「Stained Glass　Pのヒゲ」の旧工房に掛けていた手製の看板が、移設して掛けてくれてあった。嬉しかった。車いす生活にはなったが、生きていてよかったと思った。

新しい工房のその建屋へ貰ったキーで入った。左側にフードコート室へのガラスドアがあった。その中で働いている人達がよく見えた。社長の姿もあった。

新工房の室内はガランとしていたが、僕の旧工房にあった5台の作業台などの備品もすべて運び込まれていた。突き当りの壁面の作業台上には旧工房から運び込んでくれたランプなどの作品、大小30点ほどがまとめて置いてあった。大きな壁掛けのペインティング・ランプ作品も、この新工房内の前後の壁に5点ばかり吊り下げてくれていた。残り2台の作業台は僕のこれからの作業用にと考えてくれたのか、物も置かず入り口近くに合わせて並べてくれていた。

車イスのままでしばらく見回していたら、隣のフードコートから社長が入って来られた。

「やぁハラさん、丁度いいや。今後使う工房のことだけど広さはどのくらい必要でしょうかね？」

エプロンを掛け赤い紙のＭＰハットを被っている。エプロンがソースで汚れていた。本格的に料理を手伝っているのがよく分かる。

「ありがとうございました。全部運び込んで下さったんですね。あれまでも！」と僕は対面の壁に掛けられた「サマリー夫人の肖像」の額を見た。久方ぶりに見るピンクの画面が懐かしい。

「ああ、施設長が全部仕切っていたからね」社長はここに来ると機嫌がいい、とホームの人が言ってたのを思い出した。

「そうだハラさん、この辺まで使ってもらって、向こうを小さな売店と観光客用の赤ちゃんのおむつ替えの和室にしようと思うんですが、どうでしょう？」と建屋の半分ほどを指で示した。

「簡単な仕切りは作りますよ」と付け加えた。

「勿論それで十分です！　ありがとうございます」喜んで僕は答えた。

正直なところ建て替えの話を聞いたとき不自由な身体になってガラスもやれないんだから、もしかしたら工房は使えなくなるのではと危惧していた。バンザイ！　だ。社長の提示してくれた広さでも20坪は優にある、申し分ない。ここで思いっきり絵を描くぞ！　と嬉しくなった。この時は故佐藤会長に代わって新社長が、僕のビリヤードボールに当たり新しい方向へ誘ってくれたのだ。

「じゃぁその様に」と、社長はフード室へ戻った。翌週から電動車いすで毎日新工房へ通勤した。

ただ工房の奥にあったステンドグラス棚は、業者に頼んですべて持ち出し廃棄した。色別にガラスが入る仕切り棚付きの特注の保管棚４台である。残った色々な色のステンドグラス板とその棚が運び出されるときは、さすがに感無量だった。55歳から70歳まで15年間の僕と妻の思い出の詰まった、ガラス棚だったからだ。

僕は絵を描こうと決心した。

昔茨城時代、妻と二人買いたてのフルセットのゴルフクラブを担いで練習もせず、厚かましくコースに立ったのを思い出す。今回の絵も同じようなものだ。かって水彩画一枚も描いたこともない僕である。でも絵を描いて騒音を出すでもなし、人手を頼んで誰に迷惑を掛ける訳でもない。ホームの人にばれたら「子供のお絵かきです」と居直ろうと思った。

描くに当たって僕には希望があった。１００号（１３０×１６０㎝）位の大きな絵を描きたいと思った。身障者となった反動と言われそうだがどこ吹く風だ。それだけ大きいキャンバスを前にすると、身体の不自由さも忘れて鳥になったような気分に浸れるだろうと思ったからだ。もしも厚顔承知でそれを公募展に出すようなことがあっても、１００号が上限でちょうどいい。幸い新工房は入り口に畳1畳ほどの作業台2台を合わせてくれている。１００号を置いても十分の広さだ。

ただ100号だと車いすに乗ってそれを移動させるのは大変だ。もちろんそんなことは言っておれない。人を当てにする癖は付けたくないの一心で、何とか購入したキャンバスを右手で作業台に置いて描き出した。

田川さん

その作業台に100号キャンバスを置いて、まず白のジェッソで地塗りを行った。一日乾かした後それに絵の下描きをやり始めた。

絵具一式も購入した。その時にも新しいことを知った。絵具の黒色である。初めての僕は、黒は当然一種類だと思っていた。違うのだ。三種類もあった。黒絵具は象牙など動物の骨を焼いて炭にしたもの（アイボリーブラック等）、木の枝や桃の種など植物を焼いて炭にしたもの(ピーチブラック等)、そして油脂類を燃やした際の煤を集めたもの（ランプブラック）等だ。黒絵具一つにも長い歴史があるのだ。それらは白色で薄めると微妙に色合いが違うようだ。何事においても色の道は難しい。

絵の構図は例によって動画配信サービスで見た映画の気に入ったシーンを基に作った。最初に書いたのは避暑地の浜辺に建つ、木造二階建ての洋風別荘であった。青色に塗装されているが、忘れられたような旧い建物だ。そのプリント写真を手にキャンバスに模写した。

数日かけて作業台の上で素描が一応終わった。描き終わった100号キャンバスを机を背に立ててみた。

「エッ！　何じゃこりゃ！」と思った。絵の上下のバランスがメチャクチャだった。建物の二階が一階部に比べて不自然に小さいのだ。小学生でももう少しマシな絵を描くだろうという出来だ。原因は大きなキャンバスを机に寝かせ、車いすに座ったまま斜め見で描いたからだ。机に置いた状態でもキャンバスの全体は見まわせるが、全体のバランスは斜景では絵の上下の大きさを正しく把握できないのだ。そのため眼下の一階部を大きく描いてしまったのだ。やはり目の前に立てたキャンバスで時々画面から引いて見るなどしないと、絵は描けないと思い知った。素人の悲しさだ。人物画だったらより微妙な表情や身体のバランスが求められる。キャンバスは絶対に寝かしたままでは無理なのだ。当然だろう。

そこで100号キャンバスを床に置き、作業机にもたれさせて描こうとした。しかし車いすでは100号だと最下部や上部に筆が届かない。そんなことから、どうしてもキャンバスを上下に動くように工夫しなくては描くのは無理なことが分かった。早速僕はキャンバス立てがモーターで上下する木製上下移動装置の素案を書いた。それをホームの施設部へ制作依頼を出した。2日ほどしてパソコンなどで何時も丁寧に相談に乗ってくれる田川さんが工房まで来てくれた。素案のメモを渡すと気軽に制作を了解してくれた。

完成した木製の電動キャンバスは3週間ほどで運び込まれた。車いすでその電動キャンバス台の前に座りキャンバスを置き、彼の言葉に従ってケータイほどのコントローラーの上下のボタンを押してみた。見事にキャンバスはゆっくりと静かに上下し、車いすに座ったままで希望の高さに動かせた。思い切って田川さんに頼んだのは大正解だった。

彼は最初、

「エッ、100号用電動キャンバス！　……大体ハラさん、キャンバスそのものがどんなものか僕はよく知らないのですが……」

と驚いた様子だった。僕の説明のあとちょっと考え、彼は、

「……少し時間を貰えますか、ハラさんのイメージ通りになるかどうかは保証できませんがやってみます」

彼は何時もの涼しげな眼をくりくりさせて頷いてくれた。

田川さんはホームの施設部に所属している40過ぎの小柄で無口かつ朴訥な感じの人だ。だが非常にクレバーで器用なのだ。最もありがたいのは誠実な人柄だ。僕のパソコンに自在取っ手を付けてモニターを目の位置に好きなように動かせる装置の制作や、リクライニングチェア横に置く移動式テーブル或いはパソコンがフリーズして動かなくなったときなど、これまでも本当に色々頼んだ。彼が、「一応やってみます」と言ってくれたらまず完成すると僕は信頼している。彼も僕の人生に当たってくれ、日常を助けてくれる貴重なビリヤードボールの一つである。どれだけ世話になっている事か。感謝以外にない。

電動キャンバスが出来てからもう8年になる。少々雨が降っても、肩と顎で挟んだ傘の柄を悪い左手で押さえながらも工房には通っている。

絵を描く場所は工房では4か所ある。

まず元のガラス時代に工房で使っていた食卓。その前の木製作業台2台を合わせたキャンバス置き場。人物の顔や細かい所はそこにキャンバスを置いて胸の前で描く。

次いでその手前の30×100㎝ほどのもたれかけ木枠の付いた高さ30㎝程の台。それも田川さんにこの部屋に放置されていた何かの台に、背を付けて加工してもらった。そして前述の電動キャンパスだ。

それらを絵具の乾き具合を待って使い分けている。2、3枚の絵を同時に制作できる。ありがたい限りだ。

所が更に、100号キャンバスを机の上に置いて細かい描写をやるときに問題が生じた。描く場所を変えるときに右手だけでキャンバスを台の上で回転させなくてはならない。その作業は乾いてない絵具を袖でこすったりと、トラブル続きであった。

そこでまた田川さんの登場である。彼に中華料理屋で食べ

るテーブルのように、木枠だけの回転テーブルを作ってもらった。その上にキャンバスを乗せる。ちょっと別の所を描きたいときは指で軽くキャンバスを目の前へ回転させればよいのだ。

それを大小2つ作ってもらった。どの作業台でもスイスイ描ける。さらには絵筆、絵具、筆洗い瓶などを置く小さな台は、すべて脚にキャスターを付けて貰った。そんな台を2台作った。各キャンバス毎にその台を工房用の手漕きの車いすで、引っ張り回して制作している。工房では電動車いすを普通の手漕ぎ車いすに乗り換えている。充電のためだ。

絵を描き出して精神的に分かったことがあった。絵を描く時は独裁者になれるということだ。どの色を選ぶか、何処に影を持ってくるか等々誰に気兼ねせず僕一人で決めたらいいのだ。まったく自由なのだ。そのお蔭で工房にいる間は手脚や顔のシビレも完全に忘れている。

後日の話だが、特に嬉しいのは工房の周囲の壁にこれまでに描いた50号や100号の絵8枚ほどを、中田さんが物干しのステンレス竿を部屋中一周させて、吊り下げてくれたことだ。ぐるっと一堂に飾るとどれも大きい画面だけに見応えがあると感激している。観客は僕一人だが……。だがあと2枚しか飾るところがない。今後は大作は止めて10号位で我慢しようと思っている。僕が逝った後の絵の処分も大変だしね。

社長と田川さんのお蔭で、僕の工房は身障者用としては世界一の制作環境にあると感謝している。その評価の中には、この遊園地の中に身障者用の洗浄機付きトイレがあるということも大きい。

全くの余談だが、そのトイレも先月1カ月ほど使えなくなった。排水が流れなくなったのだ。原因はトイレと汚物貯蔵タンクの間5mほどの塩ビパイプ配管が地中で変形していたからしい。業者の話では、犯人は周囲の大木の根っ子が伸びパイプを押して、排水の通り道を細めたと言う。植物の想像もできない自然の力である。木にも自我があるのだ。後日それは直ぐ改修された。

で、工房行き。雨に濡れれば身体が解けるように心配する妻と言い合ってでも、工房通いを強行している所以はそんな素晴らしい制作環境だからだ。僕は、水H2Oは濡れても放って置けば蒸発するのにと常々思っている。未だに濡れるのを病的に嫌う妻の気持ちがマジで理解出来ない。

絵は来年以降も余命の限り続けたい。今の調子なら絵というボールのお蔭で、僕はもう一と転びは出来ると考えている。その制作中の忘我の時間は何物にも替えがたいからだ。何しろ文章を書いたり絵筆に浸っておれば、半身不随もシビレも何も全く忘れ健常者に戻れるのだから。考えれば幸運な時代に生まれたものだと思う。

指折り挙げると、

・多分僕の数年の余生の間には日本で戦争はないだろう。

但し僕の逝った直ぐ後に、中国の台湾進攻があり得る。むしろ情報満載のパソコンが手元にあって気軽に使える。むしろ情報過多だが。

・動画配信でかっての名作映画も家のチェアに背を預け寛いで見れる。

・ネットで何でも取り寄せられる。

・W社の電動車いすやトイレ温水洗浄機など、病身の僕にはその時の最高の文明の利器に出会えているのだ。

・そして今は、日本は平和でいい国だと思う。

しかし残念なことは、

・中国とロシアのトップは、どうも独裁しか頭にないようだ。

しかし最早現代は、日本人、アメリカ人、ロシア人等と言っている場合ではないと、世界の政治指導者は自覚すべきだ。すべて「人は地球人だ」と考えなきゃ。それに万人が認める政治制度なんて元より神様でも創り出せないんだから。当分は古代ギリシャ以来培ってきた民主主義で行こうや。それが今の僕の結論だ。

ギャンブル好きの親父役のロバート・デ・ニーロが、何かの映画で言ってたなぁ。「希望があったらサインを見逃すな！運命に手を差し出されたら何が何でもその手を掴め。しっかり掴んで離すなよ、いいな。でないと死ぬ時に後悔する羽目になるんだぞ」と。更にはこうも言っていたなぁ。「死は寿命ではなく希望のない状態だよ。死ぬことより質が悪い」って。

僕には絵を与えてやると神様からのサインがあった。手を差し伸べてくれたのだ。それに従うまでさ。そうすれば例え短くても余生は退屈しないで済むだろう。この小説モドキの執筆も神様のサインと思おう。

熱中症

工房通い際していて今夏は「こりゃぁ危ないかな」という思いをしたことがある。

工房へは既述の通り毎日9時過ぎに出かけている。7月の初め工房で11時頃まで絵を描いていた。もちろん天井の大きなクーラーは部屋に入ると同時に運転している。扇風機も回っている。ところがそんなある時、ゆっくりとだが気分が悪くなってきた。近くに置いてある温度計を見たら、まだ8月に入ってないのに33度を超えている。

エッと思った。先週までは27度程度だった。急に気温が上がって来たのだ。最も悪いことにこの建物は窓はあるが、開いてない。僕が自由に開閉できないからだ。それに保温性のいい鉄骨トタン張りだ。蓄熱性が良すぎるのだ。絵を描き始め少しして、何か気分が悪い。少し吐き気も感じる。

「アッ、これが、熱中症か！」

僕は間違いないと思った。その言葉はよく聞いているのだが自分の身に起こるとは思いもよらなかった。僕は絵筆をかたづけすぐホームへ帰った。10年近く通っているが、こんな吐き気まで感じた経験は初めてである。今年の暑さも酷いがそれ以上に僕の体力低下が進んでいるのだ。熱中症という言葉を工房で思い浮かべたのも初めてだ。これは気を付けねばと思った。

夏場2カ月程は絵を描くための工房行きを諦めるか？　とも考えた。……それは無理だ、とても我慢できない。一日中居室で動画配信の洋画ばかりは見ておれない。パソコンにテレビも映るが好きでない。座りっぱなしでは、尻も痛くなる。じゃ、どうする？　そうか工房へ行ったときにクーラーで既に涼しくなっていればいいのだ。

答えは出た。朝食が始まる前の7時過ぎに工房へ行って、前もってクーラーのスイッチを入れておけばいいのだ。「合理主義、バンザイ！」の気分だった。早速翌朝から工房の冷房機のスイッチを入れに、朝食前の早朝に工房へ行った。

この行動にも余禄があった。7時ごろの工房への10分程の道中が素晴らしいのだ。幅3mほどの山道の両側は樹々ばかりのうっそうとした短い森である。時たま青空がのぞける緑のトンネルの中を、ゆっくりと歩くほどの速さで車いすを進める。小鳥の声、谷から吹き上がってくる冷風、マスクも外し思いっきり深呼吸をしながら進むのだ。

工房のある無人の遊園地に入った。7時過ぎではまだ従業員も来ていない。目の先の径２００mほどの緑紺色の丸い池に、数艘のスワンボートが繋がれていた。その横に小さな民家があって、ざるそばなどを食べさせる和食レストランとなっている。その池を周遊する小道が直ぐ向こうに見え、そこへの進入路の入り口両側に青銅色の古めかしい狛犬が石柱の台座の上に二頭踏ん張っている。

池の向こうには見上げるような小山がある。そこまで麓から細いいろは坂が頂上まで見える。そこには「森神様」が祭られていると、過って佐藤会長が言っていた。

「この遊園地を護るものが何か欲しいと思って造ったんだよ。残念ながら上まで登る人はいない様だ。賽銭箱がいつも空だからね」と笑っていた。

池の周囲には日中は客を乗せて走る可愛い2両連結のミニ蒸気機関車も今は小さな停車場に停まっている。その池は谷合いに偶然出来たもののようだ。それについても会長が、「ここは結構深いんだよ、30mはあるんだよ。谷合に水が溜まったんだね」と言っていたのを思い出す。

人の行動は厄介なことでもマイナスばかりではないのだ。早朝のクーラーのスイッチ入れはめんどくさいが、途中の清々しい空気や風景はマイナスどころか何か儲けものをした思いになる。もちろん9時過ぎに工房へ再び行ったら25度ほどに冷えていた。予定通り11時過ぎまで絵筆と快適に戯れ時間を堪能した。

この早朝行である日工房からの帰る途中小道の一番低い谷沿いの森の道で車を停めた。そして下からの谷風を思いっきり吸い込んだ。すると突然何故か心が沈んで衝動的に激情が走った。そして森の中の谷の奥を覗きこんで、「お母ちゃん！僕のお父ちゃんは誰?!」とあらん限りの大声で叫んだ。自分でも予想だにしなかった抑えがたい激情の発露であった。あと喉が少し痛かった。丁度小説らしきこの文章で不明の実父のことを書いていたので、ふいに思い出したのだ。80にして僕に幼児還りが起こったのだろうか？　叫んだあとすっきりはしたがすぐ自分でも怖くなった。……実父のことはもう忘れよう。当然亡くなっているだろうし。そう心に納得させた。

で早朝の工房行。今年の暑さが異常なのか、それとも自分の体力の衰えが急激なのか迷うほどだ。ちょっと気になったのは昨日の朝妻が言った一言だ。

「変なのよね。南側の山の斜面に生えている大きな松、何本かがまとまって茶色になってきているのよね。あれ団体で枯れて来たんじゃない？　ここへ入って25年こんなこと初めてよ。すぐ温暖化を考えてしまうけど」

その言葉に僕も気になって朝食のあと妻の言うベランダ側の南の山を見た。崖上の森の鮮やかな緑の中にきれいな茶色の大きな斑点が二つ見える。やはり樹がまとまって枯れている。茶色の円は５ｍはあろう。こりゃ変だと反対の入口側の山を見た。こちらも崖があってその上の山の樹々は同様に茶色の斑点が散在してる。25年も住んでいるがこんな光景は初めて見た。

「本当やな、あの丸い10本ほどは全部茶色になって枯れてるよ。……不気味やなぁ。でも木にも熱中症ってあるのかな?」

「何をのんきなこと言ってんのよ、私が気にしてるのは山火事よ！」と妻。

「なるほど、その方が怖いね……」

ここから見える森は切り立った崖の上ばかりだ。その分人災の火事はないだろうから安心出来る。しかし自然発火は心配だ。それにしても暑い。

去年の7月の平均気温を調べた。１５０年も前からの平均気温の一覧表があった。１９０２年から１９９３年までの7月は、当然変動はあるが22度から26度くらいで前後している。しかし２０００年以降は28度台が確実に多くなってきている。暑くなっていることは確かである。

そんな時にワシントン州シアトルを始め各都市で気温が史上最高を更新、43度を優に超えたという。カナダに近いシアトルで！　とまた怖くなった。しかし、「気温にも地球規模で１００年単位のサイクルがある」というのを何かの本で読んだ。短いピリオドでは今年のようなこともあるかと自分で慰めた。

そんな心配の中でも例によって妻はノーテンキである。暑い暑いと夕食を終えて部屋に帰るなり、「動物園の白クマさんの様にリンゴの入った大きな氷柱を、部屋に立てようか！　暑かったらその氷二人で舐めたらいいしネ」

　これが90近い女性の言う事か？　本当に彼女のIQを疑う。今の僕は誰にでも同情してもらえると思う。

　僕は何時ものように工房へ行った。工房は今朝も食事前にクーラーのスイッチを入れてあったので26度ほどには冷えていた。暑さを気にせず頑張れる。

輪廻転生

　暑い暑いとばかり言ってみても仕方ないので、話題を変えたい。80歳になったことだし、死後についての僕の仮説？を披歴しておきたい。そう逝った後の事である。独り言だと思って聞いて欲しい。でも僕は最近そのことをよく考える。

　これまで煩いくらい僕は「無神論者」で「合理主義者」、「この世は物理と化学で成り立ってる」などとほざいて来た。本当にそう思っている。ただし輪廻転生についてはあるストーリーで信じている。

　死者の魂が別の人或いは動物として再び生まれ変わるというようなことを、そのまま信じているのではない。それは絶対ないだろう。一度死んだ細胞は分解され、NとCそしてHの元素に戻るだけだ。僕の輪廻転生は、ある年齢になって自分を自覚したら地球のどこかで人間として住んでいたというものである。その人間は自意識を持ち幼児期を過ごして学校へ行き、そして大人になっているという「生まれ変わり」である。自意識とは今の僕と同じようにその人間は、種々の状況や環境を理解しそして自分という人間が存在し生きているのだということをはっきりと自覚している状態だ。

　元より当人に前世などは絶対なく「オギャ！」と産声を上げ赤ちゃんから育った人間だ。だからその人は新品の人間である。ただ自分のことを自分として自覚し、悩みながら生きて行く人間が後のある時間に存在するということである。その人間は自分には前世等はなく今在る自分一人だと思っている。それは今の僕のようにだ。

　グチャグチャややこしいが、そんな状態を想像して欲しい。そんな風に僕は又、人間としていつかどこかで生きている。これが僕が考える輪廻転生だ。ちょっと無理筋の発想かな？

　もちろんその人間の顔は鼻柱骨骨折などとは無縁の、すっきりと鼻筋の通った男である。いやあるいは女であるかもかもしれない。そして人として楽しみや幸福を味わい、恋もし、笑い、そして悲しみ、怒り、涙し、時には病魔に苦しみ一生を送るのである。

　でも嗤わないで欲しい。元々の仏教では霊魂は認められていない。生命は生まれ変わる輪廻転生の結果だと教えている。

仏壇の位牌も本来の仏教にはなく、それは儒教から来ている。

そう、偶然だが本当の仏教は僕の持論に近いのだ。ただその際僕の極論に任せれば輪廻転生のその自我の感情は人だけでは無く、馬や犬あるいは昆虫や魚としても生まれ変わりとして存在する。いわゆる生物だ。ただし最低の条件として自意識のある生物であることが必須だ。だから生物といっても細菌やウイルスはその範疇には、今のところは入らないと思っている。それらは温度や湿度或いは光等の環境による増殖の化学反応だけに個体は支配され、それらに自意識はないだろうから除外できる。

植物はどうかだ。そこで思い浮かぶのがビタミンB12と葉緑素の類似性だ。それらは共に同じ形の分子構造で、分子量1400程の複雑な構造の高分子である。唯一異なるのはB12は中心に一つ、鉄（Fe）分子を、葉緑素はマグネシュウム（Mg）分子を持っているだけの差だ。B12は人の血液の赤い色素であり、他方緑色の葉緑素は植物の葉に存在し、光エネルギーを利用して二酸化炭素と水から植物内の有機物を生成する。何れも生体内で、極めて重要な役割を担っている。こんなに人間とよく似た成分を共有している植物に自我的な感情は無いのかどうかは、僕は未だ判断出来ないでいる。ご承知のように花の「ひまわり」は漢字で向日葵と書く。太陽に花を向けるからだが、あの行動を自我でやってないという証明はまだされていないのではないか。もしかしたら予測も出来ない機能を植物が持っていて、ヒマワリも自分の意思で首を回しているかも知れない。

話を自意識にフォーカスするが、以前、新聞で「連れ合いを気にする魚」と題した大学の先生の面白い記事を読んだ。南米にいるコンビクトシクリッドというややこしい名前の魚は、夫婦で子育てをすると言う。これは他の動物界でもよく聞く話だが、今回はさらに進んだ内容だ。

先生はそのオスをペアのメスと同棲させ、あるいは別のメスをその水槽に入れるなどして色々な組み合わせ実験をやった。結果「オスは別のメスにも優しくするが、ペアのメスがいる前ではそんなそぶりは見せなかったと」言う。結論として「まるで連れ合いを気にしてるかのようだ」と結んでいた。

そして今チンタラとネットサーファーをやっていたら「女性を労わる馬」というタイトルで一枚の写真が出てきた。よく見ると馬が若い金髪の女性をまるでハグするかのように、左前脚一本で抱いているのである。読み進むと、その女性は最近妊娠したようである。更に驚いたのは、その馬も妊娠していたのだ。要するに馬は同じ状況の女性を抱きしめ「お互い、頑張ろうね！」とばかりに励ましているように見える。でもお腹もまだ大きくない女性の妊娠を馬がどうやって感知したのかである。超音波でも出すのだろうか。既報の通り僕も愛猫Pと生活していたので「Pには僕らと同じ感情がある」と思ったことは度々あった。そんな事で、人間なんて他の動物と大して変わりないのだと自ら肝に銘じている。

更には最近の日経で京大の先生が「鳴き声は文章、鳥語、発見」というタイトルの興味深い文章があった。それは小鳥のシジュウガラの、「ジャージャー」という鳴き声は「ヘビが来た」という文章だと世界で初めて解明し、スウェーデンの国際学会で発表すると言う。１００個以上の巣箱を作り15年以上もの歳月を費やした研究成果である。ヘビの剥製まで作って観察したとのことだ。

それを要約すると、その小鳥は天敵の種類を察知し仲間に集合を掛けるなど、20個ほどの単語を使い２００種類以上の文章を作っていると結論付けていた。正に素晴らしい人間的な労作だ。これらは魚や小鳥或いは身近な犬、猫達も含めその個体には自意識があるのだから、そんな結論も合理性はあると僕は思った。だから魚や、犬、猫、馬を見て侮ってはいけない。彼らは自意識を持って我々の行動や表情を見、思わぬ視点から値踏みしているかもしれないのだ。

だけど翻って転生の事、願わくば僕は人間としてまた生まれたい。そして出来れば日本人としての出生が望みだが、その確率は世界の人口から考えてまず難しいだろう。だって改めて声を大きくするほどのことでもないけど、日本っていい国だって思わない？　勿論どこの国民も自分の母国が一番素晴らしいと思ってるんだろうがね。

しかし指折り数えても近世の日本は一般的にだが、

・第一に、多くの国民が賢く性善説で行動でき、合理的に自我を抑えられる。血の一滴も流さずトップ同士の話し合いだけで、明治維新を成し遂げ近代の礎を創った訳だ。隠された暗部もあろうがこれは世界にも例を見ない、快挙かつ誇れる人間的な政権移譲だと思っている。
・自由主義、三権分立国で選挙制度も一応しっかりしている。
・国土が適当に狭く陸地続きの国境がない。
・単一民族、単一言語。それにより互恵と謙譲の精神が根底にあるだろうと、概ねお互いを信頼し合える。
・特に言語は表現が豊富。生姜の椒（はじかみ）を初め凸凹（でこぼこ）や斑（まだら）泡（あぶく）などが漢字にあるなんて僕は知らなかった。花の朝顔は英語でモーニンググローリーと言うらしいが、日本語の朝顔の方が断然いい。「かりそめ」や「しっとり」「木漏れ日」等情感のこもった日本語も好きだ。
・国民性も温厚、好戦的でない。寺子屋教育がはしりとなった就学率、識字率の高さ。江戸時代２５０年もの間、国内で大きな戦争がなかったという事。更にその後、血の一滴も流さずトップ同士の話し合いだけで、明治維新を成し遂げ近代の礎を創った訳だ。隠された暗部もあるだろうが、これは世界にも例を見ない、快挙かつ誇れる人間的な政権移譲だと思っている。

・有数の経済立国。国民が勤勉な証だろう。
・街が清潔。犯罪発生率も低く地下鉄も女性が夜でも安心して乗れる。
以上は何百年もの先輩達の努力だろう。
・狂信的な宗教もない。時には一瞬出現するが。
・地理的に温暖で河川や森が多く四季がある。故にそれに触発された芸術が発展する。
・食物が多彩で美味しい。料理の種類も豊か。
・国民皆保険——筋肉鎮痛の湿布薬が国保で出るなんて日本だけらしい。
・勿論他国民と同じく多くの欠点もあろう。それは十分信頼しうる日本の今後の世代が英知を集めて、更に改善してくれるだろう。
・ただ一つの慚愧に堪えない汚点は、第二次世界大戦の愚挙である。開戦時のボタンの掛け違いもあるがやはり戦争に走ったのは不味い。唯一つ救われるのはそれによる軍閥の一掃であろうか。物事には表裏二面がある証左だ。

その四季について今思い出したので、忘れない内に書いて置こう。

地球の地軸が、23度一寸傾いている。それで四季があるのはそれはご承知の通りだ。何かで読んだのだが、その傾いた原因は過去に隕石の衝突があってそうなったらしい。それまでは地軸は水平だったようだ。ずーと夏ばかり、或いは冬ばかりだ。

で、前記に戻って、楽観主義者の僕がこの日本で思うことは、こんなに統治のしやすい国民は世界中見回してもいないんじゃないかということだ。勿論いい意味で。その分政治家が育たないがね。彼らのカンペのないディベート力を見ていると情けなることがある。国会論戦やインタビューを聴いていてそう思う。義務教育に自発的な弁論の場が欠けているのだろう。

僕は常々会話力を養うため、ディベート大会や社交ダンスを若い時期から教育に取り入れるべきだと思っている。男女が30㎝ほども密着し腕を組んで踊れば、何かお互い話をせざるを得ないからだ。自然と社交性と会話力が育まれる。今の日本人、挨拶も出来ない大人が多いからね。大体パソコン、AI等と処理能力の大きい機器が氾濫し出した現在、子供の会話力等人間学の教育はどうあるべきかは実に悩ましいテーマである。勿論専門のその道の先生たちが研究してくれていると思うので一応安心はしているが。

子供の頃の学業の基は数学的基礎、古典、現代の内外著述書との接触、そして倫理・道徳による人間道の完成であろう。そして一番重要なのは、日本史、世界史等の民族の歴史である。それらに関してはかっては隣国の孔子や孟子等の巨星がその著作で日本人も導いて貰えた。だが近年、その人口14億人を抱える大国は、日本はおろか国際社会とも会話が通じず、一人の人間の強力な上意下達の国に変容してしまった。実に残念である。故に僕は余計に愛国心が高まるのである。いや、日本人としてではない。地球人としてである。

僕が母国をそんなように思うようになったのは、伊勢雅臣博士の「和の学び舎・日本志塾・神武天皇東征記」を読んだからである。神武天皇が天照大神の孫の孫ってことと、初代天皇になったのが2600年前であることをそれで知った。

そんな時に思い出すのは、日本と同じ風景の建国譚を持つイタリアである。愛読書「ローマ人の物語」に詳しいがそれによれば、ローマ建国、その発祥は紀元前13世紀頃の、現トルコの西方にあった、トロイという国から話は始まる。当時ギリシャに攻められ10年の攻防の末、置き土産のギリシャ兵が潜んでいる木馬を城内に引き入れてしまいトロイは敗北したという、映画にもなった有名な逸話である。

その際トロイ王の娘婿アエネアスと幾人かの人々が落城した城を船で脱出した。その落人伝説ではアエアネスは、美と愛の女神ビーナスの息子であるとされている。一行はエーゲ海、イオニア海を経てテレニア海を、イタリア半島西岸に沿って北上し半島中部の海岸近くで、定住の地を得、その逃亡行を終了する。その地の王がアエネアスに娘を与えて難民一行の逗留を許したのである。アエネアスが亡くなった後その息子が王となり治世していた時代に、その近くのアルバロンガと名付けた7つの丘からなる土地に新しい街を建設した。

その何代か後の子孫に、ロムルス、レムスという双子の兄弟がいた。語り継がれた昔話では、兄弟はオオカミの乳を吸って大きくなり羊飼いに育てられたという。そして二人は成長しその辺りの羊飼い連中のボスにまで成長した。が、領地の諍いが元になってロムルスは弟レムスを殺しその地の王となった。そのロムルスの名を取って、その地をローマとしたのである。彼の統治で特徴的なのは、王の相談役元老院を作ったことである。

その建国は紀元前753――覚えやすい七五三――年4月21日の事である。伝承によればロムルスがラテン人による王政ローマを樹立しその年が建国紀元元年となる。テヴェレ川に面したローマの七つの丘が整備され、一族の活動の中心となって行った。ローマ帝国発祥の地である。

加えてローマの二代目のリーダー、ヌマが良かったと「ローマ人の物語」は彼を称える。

晴耕雨読型の人望の高かった一市民だったヌマを、元老院は三顧の礼でローマのリーダーとして迎えたのだ。ヌマはエジプトの王の様に神にはならず、メソポタミアの様な神と人間を繋ぐ神官になる事もしなかった。勿論豪族の首領というギリシャの王とも異なった。ヌマは共同体の意を体現しそれを率いていく指導者となったのである。

それは現代では大統領的と言えるものだ。だから当然世襲制ではない。ヌマの統治の特徴はそれまで暴力と戦争で物事を進めてきた武骨なローマ人に、秩序（法）の大切さを教えた。何れにしてもヌマの治世43年間に戦争がなかったことがリーダーに恵まれたローマを象徴している。

神武天皇の東征は前６６０年。こうして見れば日本とイタリアの国の勃興時期は大差ないのだ。それくらい古い時代に日本国とそのリーダーとして天皇家が誕生した訳だ。天孫降臨の解説やその思想が古事記や日本書紀にあるらしい。その東征の各地には、古くより語り継がれてきた逸話も十指に余るようだ。神武天皇の活躍はキリスト生誕の実に７００年も前の話で、各地の逸話からも実在したようだ。その後の紀元５８０年頃の聖徳太子と共に日本人精神のバックボーンを創成したとも言える。それらは正に誇らしい祖国の歴史だ。それは西欧のキリストにも勝るとも劣らぬ教義だ。

それに突飛な話だが、毎食後世話になっている歯間ブラシや糸ようじ、電動歯ブラシそしてウォシュレット等々如何に利益追求が第一の企業とは言え日本の商品網の豊かさには常々感心している。そんな気配りの国に僕は生まれたのである。

こう並べれば君だって又転生するなら日本にしたいだろう？　３千余年来の日本の先人に感謝しなきゃね。

ただ極めて大きな問題が日本にはある。人口減だ。かっては年出生数が１００万人を超えていたのに近年は、70、80万人と減っているらしい。それは小さな街が毎年一つずつ消失しているに等しい。女性の自立の快適さ覚醒に加え育児の労力と苦労の情報過多が加わり、若者が結婚から身を引いてしまうのだろう。ある意味現代人は損得勘定が先に立って、ロマンスを追い求める心が失われて行きつつあるのだ。それは生物の本能の喪失とも言える。

計算高い大人に早くなり過ぎるのだ。可哀そうに現代っ子は、人生の最大の愉悦であるロマンスなる甘い香りを知らずに大人になって行くのだ。

原因は偏に働き方改革やＡＩ革命などと、物理的な効率のみを信奉している政治家の真の人間的な改革への無関心にある。僕に言わせれば人口増推進の方向が根本的に間違っていると言いたい。人間ルネサンスが必要な時期になっているのだ。地球温暖化と同様、あと3年この出生率の問題を放置したら手に負えない事態を招くだろう。公共工事を後回しにでもして強い覚悟を持って子育て助成に特化して税金を使う以外ないと思う。

かって人口減に悩まされたスウェーデンなど北欧諸国やフランスの様に出生率改善に成功している国もある。例えばフランスは家族給付の水準が全体的に手厚い上に、特に第3子以上の子を持つ家族に有利になっているのが特徴である。また以前は家族手当等の経済的支援が中心であったが、１９９０年代以降保育の充実へシフトしその後さらに出産・子育てと就労に関して幅広い選択ができるような環境整備、すなわち「両立支援」を強める方向で進められている。そんな事は日本でも分かり切っている常識だろう。要は国の政策が如何にそれらに特化できるかだ。

常々思うのだが、日本の国家予算はあれもこれもと総花的になり過ぎていると思う。そうではなく、ここ4、5年は少子化一本にし、新幹線や道路網の整備は後に回す等課題の優先順位をはっきりさせ予算化にすべきだ。総花的になるのは地元優先になる議員に任せるからだ。だからその時のプライオリティー一番の懸案を総理大臣の専権事項として決めさせれば良い。そうすれば問題の解決速度も早まるしその内閣で何が改善されたのかが国民に分かりやすい。

ちょっとクソジジイの愚痴が過ぎた。勿論、賢い日本政府と国民だ。間違ってもどこか国のように「逆・一人っ子政策」などという歴史的な愚策は取ることはないだろう。ただ少子化が進みだした某国なら女性の卵子と男性の精子を人工授精させ、豚などの哺乳動物の子宮を利用して胎児の育成を考えるなど出生数改善の技術的研究を既に行っている可能性はある。本能を無視した、神の領域にまで足を踏み入れるのだ。恐ろしいがかの国ならやりかねない。

勢いに任せただけの、余談でした。

で輪廻転生、再度何処かで生まれた新品の人間の話に戻る。何れにしてもその人間は今の僕が背負っている、避けて通りたかった失敗やついつい回想してしまう恥ずかしい思い出とは、生まれたときから無縁であることは当然だ。

その新しい人の目には今の僕とは全く別の風景が眼前に広がっているはずだ。そう考えれば転生も実に待ちどうしい。

そういう意味で僕はその新人生にワクワクしている。それに時間が逆回転することは絶対ないので、その新しい自意識を持った人間が生まれた時代は現在より時間が経過した未来の時代である。決して自意識を持った自分が石器時代に生れマンモスに追いかけられたり、桶狭間の戦いで信長軍に切り込まれたりの昔帰りはまったく心配無用である。

どんな人間として自意識を持って生まれて来ても僕は楽観している。なぜなら人というのは慣れることと飽きることを知っているからだ。どんな悲惨な人生の人間に生まれようとその人は何とかその環境に自分を順応させ、慣れて生きて行くだろう。換言すれば、大金持ちや王族の皇太子に生まれ落ちてもすぐにその環境に慣れて飽きていくのさ。そう両者とも、平凡な普通の人とすぐ同じ心境になる訳だ。

そういう意味ではすべてにおいて、人は言うなら精神的には真に平等なのだ。それが飽きることや慣れることの効用とも言える。そう想うなら僕の言う Reincarnation は例えあったとしても、悩むべきことでは無い。だから死後どうなるかなどと恐れず今生きている一瞬、一瞬を楽しむことにだけに専念し流れに任そうと僕は思う。まぁどっちにしても人類を含め全宇宙、不変、不滅の物は絶対に存在しないことは真理だろう。だから残念ながら何時かは我々人類の滅亡は、覚悟しましょうや。

さて僕のこと。昔から好きな一句は、

「露と落ち露と消えにし我が身かな、難波のことも夢のまた夢」

これはご存じ秀吉公の辞世の句である。このようなスケールの大きな諦観は彼が実際に六十年余を生き抜いた体験から発露した心情であろう。このような人生の無常観を持つ詩は決して部下の代作したものではないと想像する。

公のこの歌を僕は心に仕舞い、もう何が起こっても鷹揚にすべて受容れようと思う。この句を今後生き方の羅針盤にしたい。そう悟っておれば核爆弾が落ちて頭が無いまま9日間は生き延びるというコックローチのように絶望とは無縁でしぶとく生き抜く老人、イヤ高齢者になれるだろうからね。

以上で僕の80歳までの記憶に残っている道程と最近頭の中を過るテーマを思い浮かぶままに綴ってみた。

黄色い糸

話があっちこっち迷走し収拾がつかなくなった。そんな時に思い出すのは今の工房であった、数年前の出来事だ。晩年唯一の青春ティックなお話である。ただしもしかしたら僕の妄想だったかもしれない。もちろん妻は知らない。

「シーッ!」だ。

それは僕が工房で絵を描き出して、だいぶ経った80前の話だ。

ある日「青春の森」の事務所の子が僕の工房のドアを開けて入って来た。珍しいことである。僕は何時ものように100号キャンバスを前に絵を描いていた。室内にはUSBで黒人歌手のパーシー・スレッジの名曲「男が女を愛する時」が低く流れていた。

「ハラさん、ちょっといい?」

「何か?」

「先程、来園したお客さんなんだけど、ヒルトップを見たいというので案内したんですよ……」

と真顔で話し始めた。ヒルトップは既に述べたがこの「青春の森」を入ってすぐ右のところにある、木造平屋建ての正倉院のような、小さな喫茶店の建物である。そこは僕がここへ入居してから作ったステンドグラスの代表作品がホームの好意で周囲の壁に飾ってくれている。それは工房「Pのヒゲ」を開設して4、5年後の60歳前後に作った作品である。葛飾北斎の代表作「富嶽三十六景」の浮世絵を含め20点ほどの連作である。どれも大よそ30号キャンバス大の大きな作品群だ。市販の額のように斜になった4辺の額縁の厚さも5㎝、幅15㎝はある。

中の絵の部分も60×80㎝ほどもあるステンドグラスパネル

である。要するに北斎の浮世絵、富嶽三十六景を額も含め総ステンドグラス造りにした作品群だ。裏から照明されている。

因みに富嶽三十六景と言えば大波の「神奈川沖浪裏」か赤富士の「凱風快晴」が有名でそれらも造ったが、僕は「尾州不二見原」が好きだ。背丈の三倍はありそうな丸い樽枠の中で褌一丁の裸の職人がねじり鉢巻きで、槍がんなを振り上げ桶の内面の板を削っている構図だ。樽はまだ底は無くその真ん中右遠くの富士山が小さく覗いている。こんな構図は天与の才のある人にしか、思い浮かばないであろう。

北斎は90歳でこの世を去るまでに3万点もの作品を残したそうだ。ざっくり1日に1点以上、描いていたことになる。すべてが秀作だ。北斎は、いわさきちひろ（絵本作家）やピカソとも対比できる美の巨人である。北斎については１９９８年にアメリカ「ライフ」誌が企画した「この１０００年間に、偉大な業績をあげた世界の人物１００人」に日本人でただ一人、ランクインしていると言う。正に絵を描くために生まれてきたような人だ。よくぞ日本に誕生してくれたと思っている。

さらに驚いたのは彼は生涯で脳卒中に二度倒れたという。絵は無理だけどその点は僕と似ている。その記事を見て余計に北斎さんが好きになった。ホント、しびれるような先生だ。

思えばこのステンドグラスの北斎シリーズを制作していた60歳頃が、ステンドグラス作りで僕が最も脂が乗っていた時

期だった。その頃は店に来るステンドグラス体験の客は殆ど妻に任せ、前後5年間ほどはその北斎作品等の「Painting lamp」の制作に僕は没頭した。構図が凄いなと感心し一つ完成する度に、感激したのを覚えている。

で入って来た事務所の男の子の話は、

「お客さんがヒルトップに飾ってあるステンドグラスの額を一つ譲ってもらえないかって？」

「ああ、あれねぇ……う、うんーん、あれは将来の僕の遺品として、この青春の森へ譲って置こうと思っているんよ。僕がここで生きた証だからね」

「あぁ、そうだね、値札も付いてないし連作だもんねぇ……じゃお断りしとこうか」

「悪いね、そういうことで……あっ、ちょっと待って、そのお客さんこちらへ案内してもらえるかな、折角だから僕からお話しさせて貰うわ」

彼は分かったと言って踵を返した。半時間ほどが過ぎた。僕は客は諦めて帰ったんだと思っていた。すると、

「ハラさん、お連れしたよ」と入口が開いた。後ろに明るい華紺の膝までのサマーコートを羽織った50代くらいの女性がスッと立っていた。生地がメッシュ様の超薄手なので、下の半袖のシルバーグレーのサマーセーターが透けて見えた。色白の彼女は、夏の盛りなのにその網地の長いコート姿がよく似合った。紺色が揺れて逆に涼し気に見える。コツ、コツと

白銀のハイヒールで部屋に入って来た。

「アラ、ごめんなさい！　わぁー大きな絵！　お仕事中だったのですね？」よく透る明るい声がした。

「……あぁ、いいんです。子供のお絵かきですから……」

「ウーン変わった構図ですわね、流木ですか？」彼女は僕が描いている絵を見てそう尋ねた。

「そうですタイトルも、流木です」

その絵の構図は大雨で流されて来た大河の中に横たわる、一本の木を下部に描いたものだ。それは蛇のような幾本もの細い根が絡まったままの大木で、黒い雲の下の大河をゆっくりと流れている。木は中ほどで大きく二つに折れている。残った小枝にはまだ緑の葉が二枚付いている。命と希望の残り火である。河の向こうには緞帳の様な大きな崖が屹立している。それは今のホームの裏手に実在する。どこかの豪雨災害のニュースで見たシーンに触発されて画面を作った。

「……流木は僕自身ですよ」と彼女に笑いかけた。

「そのように伺って絵を拝見すると、この画面全体が人生の縮図というか何か哲学的ですわね。私この絵、好きだわ……うん……」頷きながら彼女はそう付け加えた。

「……でも絵ではなくステンドグラスの先生なんでしょ？今の事務所の方にそう伺いましたが……それにこの入り口に、ステンドグラス　Pのヒゲって面白い形の看板もありましたわよ」

「ええそうです。絵はお遊びです。昔ここで20年ほどガラスの教室をやってたんですが……脳溢血で今は見ての通り車いすです」

「ガラスから絵ですか。同じく色をお扱いになるのですから、よろしいのじゃないですか」

にっこり笑ったその顔は、若者には通じないだろうが昭和30年代にNHKテレビで活躍していた十朱幸代を彷彿とさせた。最近ならアメリカの女優ジェニファー・アニストンに似ているとも言えた。

「でもあの絵もいいですね」彼女は対面に掛けてある100号の絵を指さした。

「あの絵、空のあかね色が下の大河に写った構図がゆったりとした時間を感じさせて、どこか懐かしい思いにさせられるわ。いいわ！　……でもこんなにぐるっと一面、ご自作の作品に囲まれて楽しいですわね。……ごめんなさい、分かりもしないのに……」と、壁面一周の9点ほどの絵と数点のステンドグラス作品を見回してそう言った。

「おっしゃる通りです。ただしここの絵の構図、パソコンで見た動画配信の映画の気に入った一シーンを参考にして描いたものなんです」

「えー、そうなんですか。……でも動きのある映画の一シーンをよく覚えておられますわね」

「白状しますとそのシーンを静止させカメラで接写するんで

す。でパソコンにその写真を保存してプリントしたものです……これがその接写写真です」

　僕は犯行を自白するかのようにA４のプリント画像を取り出し、彼女に見せた。

「アラアラ、ホント……でも何でカメラに一旦収めるんです？　直接静止画をそのままプリント出来ません？」

「静止画をスニッピング・ツールで切り取ってプリントしようとすると、画面が真っ黒になってダメですね。やはり著作権などの関係で映像はコピーできないようにしてるんでしょうね。……人物なら問題でしょうが風景なんて自然の所有物なんだからいいと思うんですがね、そう思いません⁉」

　自分でも意気込み過ぎたとすぐ後悔した。そうですわねという雰囲気で軽く頷き彼女は続けた。

「何しろ近頃はすぐ訴訟ですからね。最も弁護士さんはニューヨークは日本の３倍以上いらっしゃるんでしょう。アメリカは訴訟社会でしょうから、……ごめんなさい、何でこんな話に？　ねぇ」

　気さくな彼女の話し方が嬉しかった。彼女はさらに、「でも先生……」と言いかけたが、直ぐ、

「あら、あら！　私ったらついつい無駄話ばっかり」

「そうだ、何か作品をご希望だとか？」

「そうそう……ええ、弟が家を新築したのでそれなら先生のを、と」

この工房を知っていたかの物言いだった。

「でも、よくここが分かりましたね」

「ええ先生、だいぶ昔になりますがこの青春の森のホームページにガラス作品を紹介されてたでしょう？　それを偶然見たことがあって素敵なステンドグラスだなぁと覚えていたんですよ」

「そういうことですかありがとうございます。……こんな身体になってホームページの僕の作品コーナーは残念ながら消えましたがね。ステンドグラス教室を止めたからです」

「惜しいですわね、遊園地だけのページよりガラス作品の写真は美術館的な雰囲気もあって、返って見ごたえがあったのに……」

「……で何か作品をお好みとか？」

「そ、そうなんですよ。先生は北斎の連作を作ってあそこの大きな建物に飾っておられますよね？」

「ええ、五十三次の中から好みの構図だけですがね」

「ステンドグラスの浮世絵、それも北斎なんて初めて見ました。素晴らしい発想ですわ。それもステンドグラスの額縁入りなんて重量感もあって……」

　僕はつい嬉しくなって、

「ペインティング・ランプって呼んでるんです。勝手な自称ですがね。まぁ一人で楽しんでますよ」

「絵画ランプですか。とってもいいネーミングですわ」

「で、どれを?」

「そうそう弟には先ほどの喫茶店に飾ってあった海の字の額入りの作品を……」

その作品は海という毛筆字をステンドグラスパネルにしたものだ。字は不透明な橙赤職のガラスを使っており、字の太さも5㎝ほどもある。背景は白とブルーの波模様になっている。海の字の大きさも60㎝角はある額入りのペインティング・ランプだ。裏に照明も入っている。幅10㎝ほどの額込みのサイズは80×100㎝になる。広い玄関にでも飾ってもらえれば見栄えがするだろう。どこかの高名なお坊さんが正月に書いた毛筆を作品に借用したものである。

僕は出来れば作品販売は断ろうと思っていたが、彼女にはそれを言い出すタイミングを完全に失っていた。ところが彼女は更に続けた。

「それと……もう一つ、私のお部屋用なんですが先ほどお話に出た北斎の桶職人の構図の尾州不二見原というタイトルの作品も!」と言った。彼女は胸で両手を、お願い! という感じで握っていた。目には笑みを浮かべている。40代かもしれないと思った。

その仕草に僕は売り物ではないと話す気持ちを、完全に呑み込まざるを得なかった。一見無邪気な彼女の表情に気圧されたのだ。子供にお菓子をせがまれた父親の心境であった。

僕はそこまで望まれるのなら、いいかと思った。

多分あの尾州不二見原は彼女の部屋で、一生大事にしてもらえるだろう。何かの縁だ、彼女に遺産を託そうと思った。

「分かりました。ただし私はこの通りの身体です。作品の搬出や運搬はそちら……あっ、そうだお名前を伺ってなかったですね……僕はハラカズオです」

「アッ、そうでした。私ったら作品を何十点も拝見した興奮で……失礼しました。こ、こういう者です」

と言って肩に掛けた黒いバッグから慌てて名刺を取り出した。「警視庁第二方面隊 ○○警察署刑事第二課組織犯罪対策室室長 大原真由美」とあった。「ケ、刑事さん!」僕は無意識にそう呼んでしまった。女デカ! 一瞬テレビドラマを思い浮かべた。

「あっ、違った、ご、ごめんなさい! つい何時もの癖が出ました。その名刺、お返し下さい。すみません。ここでこの名刺を出すのは不適切でしたわね。ついつい外にいると習慣でごめんなさい……」

そう言って刑事の名刺を僕の手から慌てて取り戻し、バッグから出した財布の中から別の名刺を差し出した。「青い雲ピアノ教室 大原真由美」と可愛い文字で印刷された、角のないブルーの名刺であった。住所は横浜市青葉区となっている。

「女性の刑事さんをナマで見るのは初めてで、失礼しました」

僕は第一印象の美しいお嬢さんのイメージは頭の中から

吹っ飛んだ。

「いいんですよ、イメージのよくない職業ですから。でも刑事をナマで見たというのは、初めて聞きました。先生は面白い表現をなさいますね」

「歳だとおっしゃりたいのでしょう」

「またぁー、先生、僻みが出ていますよ。お気を付け下さい！」

彼女の言い様に、何か距離感が縮んだように感じた。

「……では実務に戻って頂いて、あの二つの作品を頂くとして値札がないのでお伺いしますが、お幾らですか？」

彼女の目は、急に大真面目になった。

「値段ねぇ……困ったなぁ……ウーン、商品として考えたことがないので……」僕は下を向いて考えた。

「本当はそんなに作品を好きになってもらったんだったら、僕としては差し上げるのが一番いいのですが、それでは大原さんが反って困られるでしょう……ウーン……そうだ、じゃぁ1点一万円、計二万円頂戴します。その後のネゴシエーションは絶対になし！　Shut up please. ですヨ。OK？」

「……、お金も払えないお買い物って、初めて……でも、あの作品が一万円ってのはどう考えても……ウーン、……でも……ハイ、分かりました。お気持ちを頂いて大切にしますわ。I swear!」

軽やかに英語で返し、誓ったつもりなのか右手を軽く上げて、微笑んだ。彼女の言葉に無駄はなかった。クレバーな人なんだと思った。僕は久方ぶりに気持ちが軽やかになった。彼女は多分40後半の僕の子供と言える世代だろう。だが自分が老人扱いされなかったのが嬉しかった。

「じゃぁ今後、引き取りの日などが決まったら連絡下さい。あっ、そうだ、僕の家の電話を書きましょう。メモをお持ちですか？」

「じゃ、これに入れて下さい」彼女はバックからメタリックなピンク色のスマホを、僕に差し出した。

「ウーン、ゴメン！　これ、僕、使えないんです。未だにケータイはガラパゴス島です。縄文人なので……この通りですよ」と言って、僕は首に吊り下げた二つ折りのケータイを見せた。

「アラアラ、お珍しい！　それにガラ系と略さずフルネームを聞いたのも初めてですわ」

「尊敬に値するでしょう！」

二人で笑った。僕は家の電話と首に吊り下げているガラ系ケータイのそれを彼女に伝えた。彼女は白い指で、入力した。快い一時間ほどはすぐに経った。僕はどこかで心が浮き立っているのを感じていた。

工房で絵を描き出して初めての経験だった。既述の通り工房時代は観光客にステンドグラス体験コーナーを用意していた。妻は客対応が主だったが、僕は半田付けなどの技術面の指導を担当した。体験はほとんどが二十歳代の女性だった。男性の申し込みは皆無と言ってよかった。女性の場合、その体験で半田付けが上手く行かないことが、多かった。コテ先をコチョコチョ動かし過ぎて、半田に熱が溜まらず冷えて表面が凸凹になるのだ。だから僕が女性のお客さんの後ろから手を持って、半田付けを誘導した。そんな密着する姿勢では髪の香りまで感じる場合もあった。たとえ相手が美人でも、半田コテを持った手を堂々と上から僕が握って作業を誘導するのだ。妻もそれには違和感はないようだった。今回大原さん相手にそんな経験が蘇った思いである。

僕はその流れで、単身赴任時代の茨城、神栖町の若い女の子を思い出した。スナック、ブスのアイちゃんである。彼女の店へ通い出して3回目くらいだった。チークダンスをしていて、突然アイちゃんは耳元で囁くように言った。

「ハラさん、私に黄色い糸感じなかった?」

「黄色い糸、何のこと?」

「突然変なこと言い過ぎたわ……いいのよ、忘れて……」

「そう言われたら余計に気になるなぁ。何なんだよ、糸って?」

「……昔聞いた話をふっと思い出したの。黄色い糸って男と女の運命の糸のことよ……私、ハラさんと運命の糸で繋がっているように思ったの。最初に店に来た時ハラさんの席に付いたでしょう……その時話していて、あぁと思ったの。これが黄色い糸の、繋がりなんだって!」

「……運命の赤い糸ってのは聞いたことはあるけど、黄色い糸ってのは初めて聞いたよ」

「赤い糸は二人だけの糸よ……でも黄色い糸は、神様が二人を結んでくれる糸よ」

「へェー糸にも、赤と黄があるんだ……でも運命の糸なんて君みたいな若い現代っ子の言うセリフじゃないな」

「茶化さないでよ……」

アイちゃんはより体を密着させて、僕の胸に顔を埋めた。ママは店の奥で翌日の持ち帰り用昼食の調理に余念がない。僕の居ることすら忘れているようだ。

そんなアイちゃんだったが、その後フィと店に来なくなり、ついには失踪してしまってママですら連絡が付かなくなった。僕にとっては単身赴任時代の切ない思い出の一つである。イヤもしかしたら、アイちゃんが僕とのその黄色い糸をハサミでチョキンと切ったのかもしれない。だが今考えると、アイちゃんのことはあれでよかったと思う。そういうことに初心な僕である。ヘタをしたらあのまま続けて熱くなった僕が、男女の修羅場を演じていたかも分からないのだ。ピンク色のアイちゃんというボールが僕に当りその後姿まで消して、危ういところで僕のボールの方向を急転させてくれたのだ。神の御業であろうか。

ところが今回ペインティング・ランプを買ってもらった大原さんのことを思うとき、なぜかアイちゃんが言っていたその、黄色い糸を思い出した。自分でも初めて会って何を逆上せてるんだ、このクソジジイが！　という思いではある。多分、真由美さんへの感情は、僕の一人相撲だろう。それでもいいから彼女とは天与の糸で繋がっていると、思いたい。大体恋というのは、独断の「一瞬の思い込み」以外の何物でもないんだから、この心情に罪はない。いや残り時間を考えれば、次の世に生まれ変わったときも二人でその黄色い糸を手繰り寄せて出逢いたい。そんな思いは無風状態であった八十路男の心中の小さな池に、石一つ、ふいに彼女が投げ込んだのだ。何重かの丸い波紋が水面をゆっくり広がって行った。その輪を感じているだけで僕は幸せだった。ただそれは、この歳になっても精神性は若くあろうという僕のポリシーにも沿っていた。その想いのみが救いだった。

10日ほど経って、大原さんと約束した作品の引き取り日になった。約束の11時をちょっと過ぎた頃、荷台の付いた薄いメタリックパープルの乗用車が工房の前に停まった。車から降り立ったのは、大原さんだけではなかった。二人は工房に入って来た。今日の真由美さんは上品なモカ色のワイドパンツと白の袖なしの短めの上着姿だ。

色白で上背があるので高齢者の僕でも美しいと思った。きれいなヒップのラインに一瞬魅入った。

「あっ先生、絵も描くんだ！」連れの女性は遠慮がなかった。

「いらっしゃい、東京からだと2時間？」

「そう、2時間半くらいかな。でも私、アクアラインは好きだから運転していても全然疲れないよ」

真由美さんは前回よりも砕けた口ぶりで話しかけて来た。

「お子さん？」一緒に横に立った女性を見ながら僕は尋ねた。

「イヤダー先生！　失礼ね……妹よ！　私たちまだ独身よ」

大袈裟にツンとした素振りで、大原さんは笑った。

「ゴメン、縄文人はだめだね！」

「面白い先生、姉から伺っていた通りのイメージだわ。妹の大原アキラです、……いつも断っているんですが、男みたいな名前でしょう！　父が悪いのよ。親の世代の映画俳優で小林旭という人がいたみたいで、姉が生まれていたので絶対に今度は男が欲しいと言ってたらしいの。で、生まれて来る子の名前はその旭に決めてたんですって。でも生まれた私が女だったから仕方なく、アキラとカナ書きにしたのよ、ネ……でももう慣れましたけどね」

意外にもそのアキラさんは、僕に近寄って手を差し出した。握手しようというのだ。日本人女性では珍しいタイプだと思った。が、フランクで爽やかな所作だった。それに現代っ子で脚が長い。二人とも160は優にあるだろう。175㎝の僕と目線の高さはヒールが加わりほとんど同じだ。それに顔は日焼けしているが、色白の真由美さんと同様アキラさんも目鼻立の涼しい美人である。薄いブルーとグレイの、粗いタータンチェックのワンピース姿もあっさりと趣味がいい。あとで真由美さんから聞いた話だが、アキラさんはイギリスの南西部ウェルズで5歳から16歳まで親戚の叔父に預けられ、学生生活を過ごしていたらしい。ケルト文化にも詳しいと言う。不思議と姉妹は下が活発で、上はおっとりしている組み合わせが多い。この大原さんの姉妹もそんな例である。

二人は工房内を一周するように、釣り下げられた絵や机に置いてあるガラス作品を話をしながらゆっくりと見て回った。

「じゃ、真由美さん、ヒルトップの二枚の作品下ろしに行ってくれる。僕、事務所の人に手伝うよう電話しておくから」

「分かりました。じゃ姉貴、行こうか!」アキラさんが姉に声を掛けて部屋を出た。

半時間ほどが過ぎた。工房の入り口が再び開き二人が戻って来た。

「先生、見て下さい、荷作り、あれでどうでしょう?」真由美さんが言った。

僕は充電中のコンセントを抜いて、手漕ぎの工房用車いすから通勤用電動車いすに乗り換え外へ出た。ピックアップトラックと言うのか、その車の荷台に「海」と北斎の「尾州不二見原」がそれぞれ大きな座布団4枚で二重にサンドイッチ包装されていた。包装された作品は座布団で包まり、厚みが20㎝以上になっていた。それらは布テープでグルグル巻きにされ、更にロープで固定してある。これなら大丈夫だと思った。荷台を閉じた後、なぜか真由美さんが恐縮そうに僕に近寄り声を掛けた。

「……先生、妹が是非お願いしたいことがあるらしいのですが、ダメなら諦めるそうですので聞いてやって頂けますか?」

「それはそれは……いいですよ、聞きましょう! アキラさん何ですか?」

僕は二人を工房の中へ招きながら、尋ねた。

「是非お願いします」と隣のアキラさんは頭を下げた。最初会った雰囲気を思い出しイヤに低姿勢だなぁと可笑しかった。工房に入って彼女はスタスタと奥の作業机まで歩いた。

「先生、このバラの作品です!」とアキラさんはこちらを向いて対面の壁を指さした。ペインティング・ランプはこの部屋にも、大きいのが5枚掛けてある。「大公の聖母」と「青いバラ」、「ひまわり」そして無題の鳥の抽象画的作品の小品の5点である。前者はイタリアのルネサンス最盛期の巨匠ラファエロ・サンツィオが1500年頃に描いた絵のペインティング・ランプである。聖母マリアが赤子のイエスを抱いてこちらを見ている構図で黒を背景にした20号大の有名過ぎる名画のステンドグラス版だ。そして7輪ばかりを花瓶に生けた「ひまわり」と題するものもある。

アキラさんが欲しいという「青いバラ」はその「大公の聖母」の隣に掛けてある。ブルーのオパール(乳白色)ガラスのバラの花を18輪ほども黄色の丸い鉢に生けた作品である。デザインは僕のオリジナルだ。横長の1m角を超す大作である。額だけでも幅15㎝ほどもある。そのブルーのバラのガラスは、アメリカのメーカーが何十年も前に生産を中止し廃版になった板である。当時ステンドグラス教室の先生、堀井さんのところにその原板が2枚残っていた。内1枚を是非にと僕が譲って貰ったガラスだ。生花のバラの花を妻に買ってきてもらい僕がそれをスケッチし、ペインティング・ランプに仕上げた。そのバラの花びらのガラスは、何ともきれいなオパール掛かったブルーのガラスである。手作りガラス板の常でガラスの厚みが原板の場所によって2から4㎜くらいの差がある。カットするのに苦労したことを覚えている。しかしその厚さの差が乳白色のブルーの濃淡に微妙な差を醸し出すのだ。僕はアキラさんに、「そこに差し込みがあるだろう？電源を入れてごらん」と言った。

「……ああこれだね！　これも照明が点くんだ」パッと画面が照らし出された。

「ワーォ、きれい！」三人とも無言であった。たくさんのバラの花弁がオパール掛かった不透明のブルーに輝いていた。そのブルーは見ているだけで時間を忘れるほど美しかった。葉のグリーンも色深くて趣がある。

「じゃぁ先生、これも運び出していい？」とアキラさん。

僕は快くいいよと答えた。アキラさんが作業台に上り真由美さんも手伝い何とかトラックに運び込んだ。見ると座布団が余分に何枚か積んであった。ステンドグラスということで準備は万端を期したようだ。それらをロープで固定させた。

真由美さんが近寄ってきた。

「で、先生お支払いですが……先の二点も含めてどうあってもネゴシエーションはなしですか？」と下を向いて真由美さんが僕に尋ねた。

「そうですよ、前回右手を上げて誓って頂いたでしょう？」と僕。

「それはそうですが……」真由美さんはそう言って下を向きバッグに手を入れた。

「何よ！　ネゴシエーションなしって？」妹のアキラさんが姉の顔を見た。

「いいのよ、先生と私の話なんだから」

「何なの、私、のけ者？　……アッそうだ、あの青いバラの作品のお支払いは私が出すよ姉貴。先生あれお幾らお支払いすれば？　……、持ち合わせで足らなければ姉貴に借りますから十分取って下さい」

「お姉さんのと同じです」

「姉貴お支払い幾ら？」

「1万円……」真由美さんは力なくアキラさんに言った。

「ウッソー！　あれが1万円！　でも、でも先生！　先生計算は出来るの？」

「アキラ、失礼ですよ！」

「いいんですよアキラさん、僕の頭をご心配でしょうが、円周率はまだ下14桁まで言えますよ！　……だからアキラさんそのバラの作品も1万円。本当は差し上げたいのですが、それでは気まずいでしょう。だから1万円！　若いお二人に言っても理解できないでしょうが、僕くらいの高齢者、ジジイじゃないですよ！　そう高齢者になればもう欲しいものもないのですよ、残念ながら……だから金も要らない、年金だけで十分。この歳になるとあの世には何も持って行けないってことが、精神的に確実に実感できるんですよ。断捨離っていうやつですね。だからあの作品も、1万円。でもアキラさん、あの青いバラを欲しいと言って頂いたときは嬉しかったですよ、お姉さんが選ばれた作品同様僕が愛着を込めて作った作品ですからね。……どれもそうですが……」

「そういうことなら理解しました。1万円なら姉に借りなくても大丈夫です」と笑いながら財布を取り出した。

「……あのう悪いが領収書はなくていいですか。教室をやっていたときは出してたんですがね」

「もちろん結構です。お気が変わったら正規のお値段でまたもう一度、請求下さい、お支払いしますから、フッ、フッ……」と真由美さん。

「ありがとうございました。青いバラ、結婚する時は持って行って大切にしますわ、少なくとも10年以内にはね、ねえ姉貴！」

そう笑うアキラさんにも、やっと僕の真意が理解して貰えたようだ。今晩はよく眠むれるなと思った。

「アラ、アラ、もうこんな時間！　……そうだ先生、この遊園地にホテルがありましたよね？　……名前何んだったかなぁ、ネットで見たんだけど」と真由美さんは僕を見た。

「ここから5分ほどのシルクビラです」

「そう、そのホテルレストランもあるでしょう？」

「昼食でしょう？　大丈夫だと思います。洋食以外にこの土地名物の、じねんじょの麦ご飯もありますよ」と僕は頷いた。

「じゃ先生、お昼ご馳走させて下さい！」

「いいですね、ご馳走になります……じゃちょっと妻に連絡します。ホームの昼食をキャンセルしないとね」

「うん、……あっそれだったら奥様もご一緒にお昼お誘い下さいません？」

真由美さんは真剣な目で、僕を見た。

「……そういうことなら誘ってみますよ」

妻も加わり4人でホテルのレストランへ行った。食事も終わり大原姉妹は作品を積んだトラックで、横浜へ帰った。

その後3カ月ほどの間に、真由美さんとは二度会った。先ず買ってもらった2枚のステンドグラス作品を家に飾った写真が出来たのでお見せしたいということで、また工房へ来てくれたのだ。僕は「写真なら送って貰えば……」という言葉がのど元まで出そうになったが、呑み込んだ。もう一度彼女に逢いたいという思いが胸の底に揺らいだのだ。彼女一人で工房に来た。部屋に作品を飾った写真を見ながら二時間ほど喋って帰った。

その次は更に二週間ほどしてまた僕のケータイに連絡してきた。

「親友の出産祝いで小さなランプが欲しい」との申し出であった。

アキラさんと工房の奥の青いバラの作品を下ろしたとき、机の上でそのランプを見たと言った。30㎝ほどの4面や5面のランプは、まだ20基ほどは残っていた。その内の一つだ。値段は前回同様一万円。ついでに、自分と妹用にと小さなランプも二つ買ってくれた。その時も二時間ほどいた。前に食事で行ったシルクビラのレストランでコーヒーを飲みながらのお喋りとなった。

魅力的な美人と二人である。ホームの入居者が来ないか、内心はビクビクものだった。その時に僕の身体の脳溢血についても話した。そしてその話は、脳神経細胞再生医薬品、SB623にまで及んだ。

「その手術をお受けになって先生が横浜まで出かけられるようになったら、是非連絡下さい、美味しいビーフステーキのお店へご案内しますわ。約束よ！」とまで言ってくれた。

僕は神様が結んでくれるという黄色い糸のことを、さらに強く感じると共に、これはむかし観たニコラス・ケイジの映画、「天使のくれた時間」じゃないかとも思った。なぜか真由美さんとの二回のデートは妻には言えなかった。絵そして黄色い糸。それらの幸運は、僕が脳溢血を発症していなかったら巡り逢うことは決してなかったろう。

そう、僕に奇跡が起きたのだ。

そして帰り際に工房で彼女が、「もう一度、シルクビラのステンドグラスを見たい」と言った。

二人で出かけ点灯した作品群を一周した。そして工房に戻った。彼女が、「そうだコーヒーを淹れて来たんだ！」と言って車からステンレスポットを出してきた。僕の大きな移動式のキャンバスの前で彼女の用意した紙コップに、注いでもらった。その時立ったままで二人の目が合った。お互い何故か、視線を外さなかった。紙コップを机に置いた。僕は自分でも分からないまま彼女をハグしかけた。そして言葉を掛けようとした。すると僕の唇に彼女は人差し指を当て、「何も言わないで」という風に僕の言葉を遮った。二人でさらに強くハグし合った。キッスに至らなかったのは、最後の砦を残しておきたかったのだ。かってのアイちゃんの時と同じ心境だった。

二人は離れた。僕はそのまま彼女の整った横顔を見ていた。ふっとその時、或ることを思い付いた。話せば高校性みたいねと冷やかされそうだが、思い切って口にした。

「大原さん……、今夜だけでいいんだが、お願いがあるんだけど……」

「何？　先生」

「……その前に決して笑わないって約束して」

「何よ？　変なの……分かったわ、約束するよ！」真由美さんは真面目顔になった。

「真由美さんは何時ごろ寝るの？」

「変な質問。……んんー、ベッドに入るのは10時半後頃だけど本を読んだりしてるから眠りに付くのはやっぱり11時かな」

「じゃその11時ジャストに、一夫さんおやすみって、天井に向かって言ってくれる。僕も11時のその時、同じように、真由美さんおやすみって言うから」

「うん分かった。声を出してだね」

「そう小さくね」

「よく眠れそう、でも楽しみ……先生中学生みたいね」

真由美さんの目が優しく頷いた。しかし高校生以下かと、一瞬僕は落胆した。そんな戯言で彼女との仲を深めようなんて、僕は余程用心深いのか卑怯者なんだろう。しかしそれは完全な無意識過下での幸福感のみの言動であった。イヤまだまだ幼稚なのだ。今後もその延長で良いのだ。それが僕なのだ。どんなことがあってもそれで居直ろう。

古人の、禍福は糾（あざな）える縄の如し、とはよく言ったものだ。それは逆に、幾つ、幾十になっても希望に巡り合えると言い換えてもよい。Don't you think so too?

人生まだ一花、咲かせられるとはこういうことだ。例え仇花でもと、心がほころんだ。それに僕は激情というものは、若い時だけの特権ではなく老いてからも噴出するものだということを初めて知った。

だが後日安心した。聖書の教えでも激情は若い時と、老いた後にも生まれるとネットにあったからだ。それは邪心ではない。心配するなということだ。ただ僕が先に逝くことは確かだろうから、大原さんとのことは残念ながら更なる進展は絶対にない。まぁそれでいい。これはすべてが、僕のビリヤードボールが神のキュースティックに突かれた結果だ。そう考えよう。イヤそんなことも考えなくてもいいのだ。その内僕もどんな人とでも状況にすぐ慣れ、ついには飽き、時には諍い、また笑い合う平凡な男女関係になってしまうことを思い出した。例え、すこぶる美人の真由美さんとでもだ。

近い将来の何時か、彼女は正気を取り戻して僕との黄色い糸を切ってしまうだろう。それは自然なことだ。静かに覚悟しよう。だから今はそのことは心の奥に煌めいたままで仕舞っておこう。もしかしたら真由美さんとのことは妄想かも知れないしネ。何しろ三十過ぎだと強がっていても、僕は八十路男だ。それに恋は実現しないからロマッチックなのかもしれない。だから何時までも胸の中で色が褪せないのだ。

ただ真由美さんの事を考えていると、逢いたいという飢餓感と幸福感で心の中に温かい青空の雲の様なものがふわぁと浮き出てくる。僕はそれを感じるだけで「今、生きている」と実感出来た。それで十分だ。黄色い糸で結ばれた真由美さんとのハグは、晩年唯一の僕のお宝である。その想い出は永遠の記憶として天国へ持って行こう。

それに、僕は死を恐れていない心算だ。Because、人は生まれ出たその瞬間を覚えてないように、死ぬ時もまた然りだろう。その一生は、一瞬の朝靄。


さて、……僕の半生も妻を筆頭にいい人達と、いい機会に巡り合えた面白い人生であった（過去形が妥当だろう）。奇異な結婚、迷える子羊の浮気、民芸品輸入、家の二軒新築、喫茶店経営、ステンドグラス工房開設、脳溢血発症、身障者、絵、黄色い糸等々、スケールは小さかったが思い付くままに好きな事をやった。結果、半身不随の病禍という過分なお釣りも支払った。

勿論その時々は僕は真剣だった。しかしよくよく考えれば僕は、そう、original な事を生み出して新規の起業をやるとか、人の幸せの一助となるボランティアな行為は何一つ出来なかった。この小説らしきものも一応纏めた。

しかしこれも自分の人生をなぞっただけである。新品の主人公やストーリーを創作したものではない。常に人生の表皮ばかりを撫でて生き、自己満足していると言っていい。

孫悟空のようにお釈迦様という「運命」の手の平でバタバタ踊っていただけで、結局手の平からは外へは半歩すら飛び出せなかったのだ。せめてもの救いは、高い塀の中で臭い飯を食わずに済んだことくらいか。幾つになっても、甘ちゃんの言い訳だ。

反省？　いやー、C'est la vie（それが、人生さ）、しゃぁないやん！（コテコテの大阪弁！）

Because、僕って男は所詮その程度の人間を演じるために生まれたのさ。そう思えば気が楽だ。

しかしこのように僕の過去を改めて振り返って見ると、「戦後の昭和」という時代は、人口増、良い意味での喧噪、適度な文明による景気上昇、そして人への気遣いの慣習等々、日本の歴史の中でも黄金期と表し得る時代の一つであったと思う。そんな時代に生まれ合わせた僕も幸運なのだろう。通りで子供が青バナを垂らし袖で拭きながら走り回っていたが、何か時間がゆっくりと回っていたように思う。口癖だが自己満足だ。だから今年中に達成したい四つの希望、そう、ＳＢ６２３の脳付植、より高位の絵画展挑戦、黄色い糸、そして自分史の出版等の内一つ位は達成出来るだろう。幸運な僕だ、多分それは可能だ。叶えられなかったものは、更なる希望として僕の生命の火が消えるまで胸の内で燃やし続ければいい。それで何とか退屈せずに逝けそうだ。

ちっぽけな命だったけど僕はこの人生、結構気入ってるんだ。ワクワクとドキドキ、そして絶望の中で右往左往しただけだけどネ。だから燃え尽きて僕が fade away するまで頑張らにゃ！

それにこの本で、日本の片隅で生を得た、原一夫という一人の男がいたこと。そしてその男は運命という範囲の中ではあるが精一杯暴れ回ったという自覚を持って生を終わろうとしている。今はそんな心情である。自分の意思で一片の足跡も一応は残せた。それで十分じゃん。それに八十路にして、大原真由美さんという美人にも巡り逢えた。正に人生で、愛と死はコインの裏表だという事も身をもって実感した。以前観た映画の通りだ。

それにどうもがいても、自分が生まれ出る時代と母親は選べないのは自明の理だ。それが「運命」という途方もない言葉である。

最近夕食後の妻との会話。

「……僕ら何で生きてんだろう……」とポツリと僕。

「……惰性でしょう……」と妻。

「そういうことか……」至言だと思った。母の子宮から飛び出したその惰性で80まで生きてきたのだ。

本誌、何とか脱稿した今の気分は自分で自分に、引導を渡した想いだ。……合掌。

昼食の時間になった。さぁ、今日も「お絵描き」は終わった、帰ろう。僕は壁のサマリーさんに、「Let's meet again tomorrow!」と、右手を上げ工房のカギを掛けた。近くの樹々からか細いさざ波のような、ヒグラシの響きが聞こえてきた。

献辞

この拙文を、僕がこの世で時間を共有させて頂いた全てのビリヤード球の方々に、心より謝意を込めて謹呈させて頂きます。

取り分け母、妻、岡本さん、ステンドグラス堀内先生、老人ホーム「サンラポール南房総」でお世話になっている介護及び職員の皆様、施設田中様、本社河合様、新社長、佐藤会長そして黄色い糸に……。

（注）本編の登場人物及び組織は事実をベースにしているが、すべて架空のストーリーである。

了

ザ・ビリヤード
或る尻軽八十路男の半生譚

2023年5月16日　第1刷発行

著　者　原一夫《はらかずお》

発行者　太田宏司郎
発行所　株式会社パレード
　大阪本社　〒530-0021　大阪府大阪市北区浮田1-1-8
　　　　　　TEL 06-6485-0766　FAX 06-6485-0767
　東京支社　〒151-0051　東京都渋谷区千駄ヶ谷2-10-7
　　　　　　TEL 03-5413-3285　FAX 03-5413-3286
　https://books.parade.co.jp
発売元　株式会社星雲社（共同出版社・流通責任出版社）
　　　　　　〒112-0005　東京都文京区水道1-3-30
　　　　　　TEL 03-3868-3275　FAX 03-3868-6588
装　幀　藤山めぐみ（PARADE Inc.）
印刷所　創栄図書印刷株式会社

ISBN 978-4-434-31960-0　C0095